中国社会科学院研究生重点教材
MAJOR TEXTBOOKS FOR POSTGRADUATE STUDENTS
CHINESE ACADEMY OF SOCIAL SCIENCES

经济模型理论与应用基础

Economic Modelling: Theory and Application

李军 ◉ 著

中国社会科学出版社

图书在版编目（CIP）数据

经济模型理论与应用基础 / 李军著. —北京：中国社会科学出版社，2008.10
（中国社会科学院研究生重点教材系列）
ISBN 978 -7 -5004 -7192 -9

Ⅰ. 经… Ⅱ. 李… Ⅲ. 经济学 - 研究生 - 教材 Ⅳ. F0

中国版本图书馆 CIP 数据核字（2008）第 136416 号

责任编辑 丁玉灵
责任校对 李 莉
封面设计 王 华
版式设计 王炳图

出版发行 中国社会科学出版社
社 址 北京鼓楼西大街甲 158 号 邮 编 100720
电 话 010 - 84029450（邮购）
网 址 http://www.csspw.cn
经 销 新华书店
印 刷 北京奥隆印刷厂 装 订 广增装订厂
版 次 2008 年 10 月第 1 版 印 次 2008 年 10 月第 1 次印刷
开 本 710 × 980 1/16
印 张 20 插 页 2
字 数 333 千字
定 价 36.00 元

中国社会科学院
研究生重点教材工程领导小组

组　长： 陈佳贵

副组长： 武　寅

成　员： 陈佳贵　武　寅　黄浩涛　施鹤安　刘迎秋

秘书长： 刘迎秋

中国社会科学院
研究生重点教材编审委员会

（按姓氏笔画排序）

总　序

中国社会科学院研究生院是经邓小平等国家领导人批准于1978年建立的我国第一所人文和社会科学研究生院，其主要任务是培养人文和社会科学的博士研究生和硕士研究生。1998年江泽民同志又题词强调要“把中国社会科学院研究生院办成一流的人文社会科学人才培养基地”。在党中央的关怀和各相关部门的支持下，在院党组的正确领导下，中国社会科学院研究生院持续健康发展。目前已拥有理论经济学、应用经济学、哲学、法学、社会学、中国语言文学、历史学等9个博士学位一级学科授权、68个博士学位授权点和78个硕士学位授权点以及自主设置硕士学位授权点5个、硕士专业学位2个，是目前我国人文和社会科学学科设置最完整的一所研究生院。建院以来，她已为国家培养出了一大批优秀人才，其中绝大多数已成为各条战线的骨干，有的已成长为国家高级干部，有的已成长为学术带头人。实践证明，办好研究生院，培养大批高素质人文和社会科学人才，不仅要有一流的导师和老师队伍、丰富的图书报刊资料、完善高效的后勤服务系统，而且要有高质量的教材。

20多年来，围绕研究生教学是否要有教材的问题，曾经有过争论。随着研究生教育的迅速发展，研究生的课程体系迈上了规范化轨道，故而教材建设也随之提上议事日程。研究生院虽然一直重视教材建设，但由于主客观条件限制，研究生教材建设未能跟上研究生教育事业发展的需要。因此，组织和实施具有我院特色的“中国社会科学院研究生重点教材”工程，是摆在我们面前的一项重要任务。

“中国社会科学院研究生重点教材工程”的一项基本任务，就是经过几年的努力，先期研究、编写和出版100部左右研究生专业基础课和专业课教材，力争使全院教材达到“门类较为齐全、结构较为合理”、“国内同行认可、学生比较满意”、“国内最具权威性和系统性”的要求。这一套研究生重点教材的研究与编写将与国务院学位委员会的学科分类相衔接，以二级学科为主，适当扩展到三级学科。其中，二级学科的教材主要面向硕士研究生，三级学科的教材主要面向博士研究生。

中国社会科学院研究生重点教材的研究与编写要站在学科前沿，综合本学科共同的学术研究成果，注重知识的系统性和完整性，坚持学术性和应用性的统一，强调原创性和前沿性，既坚持理论体系的稳定性又反映学术研究的最新成果，既照顾研究生教材自身的规律与特点又不恪守过于僵化的教材范式，坚决避免出现将教材的研究与编写同科研论著相混淆、甚至用学术专著或论文代替教材的现象。教材的研究与编写要全面坚持胡锦涛总书记在2005年5月19日我院向中央常委汇报工作时对我院和我国哲学社会科学研究工作提出的要求，即“必须把握好两条：一是要毫不动摇地坚持马克思主义基本原理，坚持正确的政治方向。马克思主义是我国哲学社会科学的根本指导思想。老祖宗不能丢。必须把马克思主义的基本原理同中国具体实际相结合，把马克思主义的立场观点方法贯穿到哲学社会科学工作中，用发展着的马克思主义指导哲学社会科学。二是要坚持解放思想、实事求是、与时俱进，积极推进理论创新”。

为加强对中国社会科学院研究生重点教材工程的领导，院里专门成立了教材编审领导小组，负责统揽教材总体规划、立项与资助审批、教材编写成果验收等等。教材编审领导小组下设教材编审委员会。教材编审委员会负责立项审核和组织与监管工作，并按规定特邀请国内2—3位同行专家，负责对每个立项申请进行严格审议和鉴定以及对已经批准立项的同一项目的最后成稿进行质量审查、提出修改意见和是否同意送交出版社正式出版等鉴定意见。各所（系）要根据教材编审委员会的要求和有关规定，负责选好教材及其编写主持人，做好教材的研究与编写工作。

为加强对教材编写与出版工作的管理与监督，领导小组专门制定了《中国社会科学院研究生重点教材工程实施和管理办法（暂行）》和《中国社会科学院研究生重点教材工程编写规范和体例》。《办法》和《编写规范和体例》既是各所（系）领导和教材研究与编写主持人的一个遵循，也是教材研究与编写质量的一个保证。整套教材，从内容、体例到语言文字，从案例选择和运用到逻辑结构和论证，从篇章划分到每章小结，从阅读参考书目到思考题的罗列等等，均要符合这些办法和规范的要求。

最后，需要指出的一点是，大批量组织研究和编写这样一套研究生教材，在我院是第一次，可资借鉴的经验不多。这就决定了目前奉献给大家的这套研究生教材还难免存在这样那样的缺点、不足、疏漏甚至错误。在此，我们既诚恳地希望得到广大研究生导师、学生和社会各界的理解和支持，更热切地欢迎大家对我们的组织工作以及教材本身提出批评、意见和改进建议，以便今后进一步修改提高。

陳佳贵

2005年9月1日于北京

目　录

前　言

经济模型是一种重要的经济分析工具。在经济预测、市场分析、政策模拟、理论论证及计划制定等许多方面，经济模型都有着广泛的运用。可以说，经济模型已成为现代经济学的一种语言形式。因此，对于学习经济与管理专业的学生以及从事与经济分析及管理决策有关的实际工作者，在一定程度上了解与掌握经济模型是十分必要的。

目前，学生对经济模型的学习，通常是从学习特定类型的经济模型开始的，而相对缺乏对经济模型一般性理论与实际运用的学习。对特定类型模型的学习固然是重要的，甚至可以说这是学习经济模型的核心。问题是，这些特定类型的模型通常是局限于特定问题的模型，较少深入、系统地论及经济模型的本质性与一般性问题。虽然目前关于经济模型的书籍很多，可以说当今世界上流行的有关经济模型的书籍多数在中国都已有中译本，但这些著述大多是关于特定类型的经济模型的书籍。

本书主要是从经济模型的一般性与实践性角度出发，论述经济模型有关的基本理论与应用问题，而不是对某种特定类型的经济模型的系统论述。如何学习经济模型？学习经济模型应具备哪些知识？如何实际运用经济模型？对这些问题的回答，构成了写作本书的初衷。

本书是在作者所著《经济模型基础理论与应用》一书基础上修订而成的，旨在为初学经济模型者提供必要的基础知识、技能训练及应用实例。本书试图给初学经济模型者展现经济模型的一种基本概貌，使之能够把握学习和运用经济模型的有关基本要领，为其进一步深入和系统学习特定类型的经济模型提供必要的基础。

全书共分为十章。第一章到第五章主要论述学习经济模型应具备的知识结构；第六章和第七章是关于计量经济模型的有关基本理论与应用问题；第八章是关于数理经济模型的有关基本理论与应用问题；第九章是关于经济模型在财政经济分析与预测中应用的有关问题；第十章是关于评价模型及其应用的有关问题。

经济模型进行经济政策效应的模拟分析；企业可利用经济模型进行相关市场的预测；经济学家可利用经济模型论证某经济命题是否成立，等等。在经济关系分析、经济走势预测、经济历史事件再现分析、经济方案模拟分析以及制定经济发展计划等多方面，经济模型都大有作为。

谈到模型，很多人容易联想到的是一些具体的实物模型。例如，从启迪儿童智力的各种玩具模型，到广泛应用于生产与科学实验活动的各种物理模型等，都是实物形式。与实物模型不同的是，目前的经济模型主要表现为数学公式、几何图形、图表以及以软件为载体等相对抽象的形式。这容易给经济模型披上一种神秘的外衣。

事实上，不论是具体的实物模型还是抽象的经济模型，它们都有一个相同的本质：即模型是对一定事物的简化；或者说，模型是以简化方式表现的事物。

模型的一个有用之处，就在于它可以略去与关注问题不相干的细节，集中体现事物重要的和关键的方面。模型不是对真实世界百无遗漏的复制，而是按特定的需要刻画关键特征或关系。也就是说，简化是模型的一种价值所在。地图的价值就在于它是对真实地理环境的一种简化。可以想象，与实际地貌一样大的地图是多么没有意义。

模型的另一种特殊功效是，模型不仅可以让人们以相对低的成本认识世界，而且可以取得在真实情况下无法实现的成效。例如在现实中，不可能用真的洪水去测量一个堤坝的抗洪能力，也不可能用真的地震去测量一个建筑物的抗震强度，而通过模型的模拟试验就容易解决这些问题。经济模型具有类似的功效。例如在现实经济中，不可能通过真实再现过去的经济场景来测量一项经济政策的效应。经济上的真实试验，不仅成本极高，甚至是不可能的。但是，通过建立适当的经济模型，就可以用很低的成本实现对经济的模拟。

目前，建立经济模型的技术手段主要是利用现代计算机技术。通过开发出各种功能强大的经济模型软件，使经济模型中有关大量的繁琐估计、检验以及方程求解等，在软件中都变得非常方便与快捷，从而极大地提高了建立与应用经济模型的效率。因此在建立经济模型时不用担心那些繁琐的计算。事实上当前在建立经济模型时，在很多情况下是离不开相关经济模型的软件支持的。与计算机技术的成功结合，使经济模型已经走出了神秘的学术领域而进入广泛的实用阶段。

当然，经济模型不是一种完美的、万能的工具，不能期望它能解决所有经济分析的问题。但是可以看到，人们利用经济模型的确可以做许多事情。而学好经济模型的一个关键就是要经常使用它。

案例学习 1－1：一个企业销售额的预测模型①

图 1－1 给出某企业销售额曲线及与该企业外部市场相关的固定资产投资额曲线。从图 1－1 可以看到，两条曲线形状非常相似，表明该企业的发展与外部该项投资有很强的相关关系。

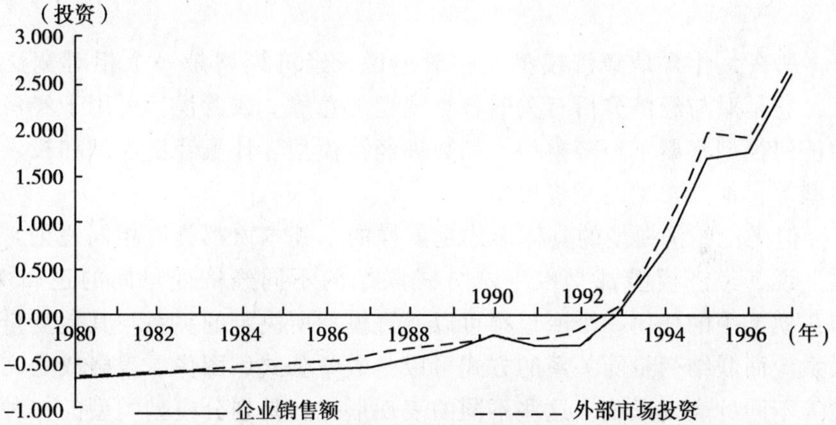

图 1－1　企业销售额与外部市场投资额曲线

说明：由于二者在数量级上有很大差异，为了能比较两条曲线的趋势，将两个指标的时间序列数据经过了标准化处理。经标准化处理后的数据序列，其均值为 0，方差为 1，而二者的相关性不变。

因此，按照此数据提供的经验，可建立一个简单的由外部市场决定企业销售额的预测模型。按照计量经济学的理论方法，对企业销售额与外部相关固定资产投资额进行线性回归，得到如下方程：

$$Y = -0.443 + 0.026X$$

$$(-1.6) \qquad (36.7)$$

$$R^2 = 0.996 \qquad D-W = 1.8$$

其中 Y 为企业销售额，X 为外部相关市场的固定资产投资额。括号内的数值为 T 检验值。从各检验值来看，上述方程是可以通过检验的。

于是，只要对外部市场的固定资产投资额 X 的可能取值做出判断，就可以得出由外部因素所决定的企业销售额的估计。如果对 X 不好直接做出

① 注：此案例的数据来自一个真实的企业。

判断，可采取不同情况的模拟分析，比如可分高、中、低三种可能的情况来进行。由此，这种按高、中、低三种可能情况的测算，至少可以得到企业销售额的一个可能范围的判断。其中对 X 值的判断，通过判断其增长率可能比直接判断其绝对数额要容易把握。如果对上述模型还不能很好理解，没关系，这里仅是给出一个具体模型的示意。

第二节 经济模型的内涵

那么，什么是经济模型？一般地说，经济模型是一个相对宽泛的概念，它是对与经济分析有关的各类模型的总称。或者说，可用于经济分析的任何模型都属于经济模型。如数理经济模型、计量经济模型和投入产出模型等，都是常见的经济模型。

但无论经济模型的具体形式是怎样的，其本质都具有相同之处。从本质上说，经济模型都是以一定方式联结的不同经济变量间的逻辑关系。即：模型中的任何一个变量都可以通过模型所决定的关系与其他变量发生联系。而联结变量间关系的方式可以是数学公式、图像、表格或是文字表述等不同的表现形式。这些不同的表现形式，是划分模型类型的一种重要方式。当然，还存在其他划分模型类型的方式。

要深刻理解经济模型的内涵，需要从多方面来把握。因此，对经济模型的理解需要注意以下几个方面：

（1）目的性

首先，任何一个具体的经济模型都应具有明确的目的。也就是在建立模型前应明确：为什么要建立模型？要模型解决怎样的问题？例如，建立一个经济模型的目的，可以是对未来的预测，也可以是对历史的分析；可以是预估一项经济政策的效应，也可以是对多个方案进行评价与选择；可以是对纯经济理论命题的证明，也可以是对具体现实经济现象的实证分析，等等。不同的目的，导致模型在变量选取、运行机制乃至建模方法等方面均会有所不同。

（2）方法性

建立经济模型需要一定的科学方法。显然，模型不是随意建立的，而必须要有一定的科学方法。就经济模型本身而言，建立模型的方法本身是一个相对更为关键性的问题。正是由于有不同的建模方法，才有诸多不同类别的经济模型。例如有计量经济模型和投入产出模型的区分，就在于这是基于两种不同的建模方法。选择不同的建模方法，建模时的相关条件要求、数据及技术等均会有所不同。

（3）机理性

经济模型存在运行机理的问题。模型的运行机理是指决定经济变量间相互作用关系的理论、原则以及实现过程的设计。经济模型不是对一些元素的随意组合。模型变量间的相互作用关系，是需要在一定理论的指导下进行设计与安排的。例如，在建立一个国际贸易模型时，中外经济的相互作用是通过汇率、商品贸易，还是通过别的途径发生联系，所涉及的就是模型运行机理的问题。

（4）简化性

经济模型是对一定经济问题或现象的一种简化表达。模型并非越复杂越好，规模越大越好，考虑的因素越多越好。看一个模型是否成功，主要看其是否可以实现预期目的。只要能够实现目标，模型应以简洁为原则。简化问题、考察重点、抓住关键，是模型价值的意义所在。

（5）适度性

在反映真实与简化之间存在适度考虑与选择有关因素的问题。如果模型强调高度真实，高度反映现实，由此导致模型过于复杂而难以构建，以至于对解决问题没有任何的作用。如果模型过于理想化而忽视现实，把重要的因素忽略掉，由此导致模型无法解释现实经济的问题或现象，同样对要解决的问题没有任何的帮助。这两种情况下建立的模型实际上是无效模型。因此，抓住重要而关键的因素，在真实与简化之间找到一种适度的真实性与现实性，是建立一个好的经济模型的关键要素之一。

（6）适用性

不同的经济模型具有不同的特定适用范围。不存在一个普适的，可以解决所有问题的模型。任何经济模型都有其成立的特定条件，都有特定的适用范围。因此，不能期望建立一个一劳永逸的模型，而是需要在不同的情况下有不同的考虑，采用适当的模型。

（7）局限性

经济模型并不能适用于解决所有经济分析的问题。经济模型的局限性，既有模型理论与方法本身尚不完善的内在原因，也有现实无法满足模型条件要求的外在原因。至于现实经济中相关信息与资料的不充分，更是构建模型中的常见问题。因此，在建立模型时不能完全理想化，而必须要学会因地制宜。

(8) 技巧性

经济模型的建立与应用还存在很强的技巧性问题。就像同是一把钳子，一种机械工具，在不同人手里做出的“活儿”可能大不一样。经济模型就是这样一种工具，存在较强的使用“艺术”问题。即不同人建立与运用经济模型，其成效可能很不一样。

如果你现在还不能有效地运用模型，那么首先请不要怀疑经济模型的科学性，更不要全面否定它。要知道，影响经济模型建立与应用成效的因素是多方面而复杂的。掌握经济模型没有捷径可循，只有多运用才能逐步领会经济模型的真谛，除此以外，没有更好的学习方法。总之，要完整地理解经济模型的内涵，既要看到其有效性，同时也要看到其局限性。

案例学习1-2：澳大利亚储备银行编制的计量经济模型①

澳大利亚储备银行自20世纪60年代起开始编制计量经济模型。该模型主要用于描述澳大利亚经济的运行状态，进行经济预测及政策模拟分析，为制定政策提供支持。该模型约由100多个方程构成。模型的理论框架是由四个市场构成：生产要素市场、商品及劳务市场、货币市场及非货币资产（债务）市场。

该模型研制者认为，建立该模型的一个重要收获是帮助他们理解经济活动。这种帮助既来自于建立模型时的直接帮助，如理解政府财政的作用和货币在传导经济中的冲击作用；同时，这种帮助也来自于通过对模型的缺陷进行研究，间接地帮助人们理解经济。他们认为，企图建立包罗万象的模型是一个教训，一个成功的模型应随经济因素的变动而进行不断地设计与更新。

第三节　经济模型的构成要素

任何经济模型都有两个基本的构成要素：变量及变量间的关系。

变量，即经济变量，指所要考虑的相关经济因素。如果没有变量，就没有建立模型的“材料”，也就谈不到模型。经济变量通常以一定的符号来表示。例如，经济中的消费可用字母 C 表示，收入可用字母 Y 表示。经

① J. 卡迈克尔、W. 蒂斯著：《澳大利亚储备银行编制经济计量模型的点滴回顾》，载乌家培、张守一主编《经济模型在国民经济管理中的应用》，经济科学出版社1987年版。

济中的价格、利润、人口、工资、进口、出口、储蓄、投资、财政收入、财政支出及利率等，在纳入经济模型内考虑时，都可作为经济变量来看待。而作为变量，就存在变量的取值问题，经济变量也是如此。如价格 $P=3$ 元/件，就是价格 P 的一个具体取值。一个经济变量的所有可能的取值，就构成经济变量的定义域。

关系，即指经济变量间的关系。仅有变量而没有建立起变量间的关系，也谈不上是模型。模型就是通过一定的方式将一些变量联结成一个系统，从而可以通过这个系统实现不同变量间的彼此相互作用。选定一些经济变量，并建立这些变量间的关系，这个过程就是建立经济模型的过程。

例如，对消费 C 和收入 Y，通过一定方式建立了如下关系：

$$C=200+0.7Y$$

上述方程实际上构成一个消费模型，它确定了收入 Y 和消费 C 之间的定量关系，即给出收入 Y 的值，通过模型就可以得到对应消费 C 的值。

注意在 $C=200+0.7Y$ 中，经济变量分别是 C 和 Y，它们的关系，是由变量、常数及数学函数关系共同确定的，具体来说就是线性函数关系。而对于线性函数来说，只要常数项（截距）和变量前的系数（斜率）确定了，C 和 Y 的关系就确定了。可见，在由一个方程构成的经济模型中，方程的函数形式、有关常数项以及有关系数，是决定该经济模型的关键要素。

1. 变量

（1）外生变量与内生变量

在经济模型中存在两类变量：一是外生变量（exogenous variables），即在模型系统以外决定的变量，是模型系统的输入；二是内生变量（endogenous variables），即由模型决定的变量，是模型系统的输出。经济模型的运行过程，就是通过确定的外生变量，由模型决定出内生变量的过程。

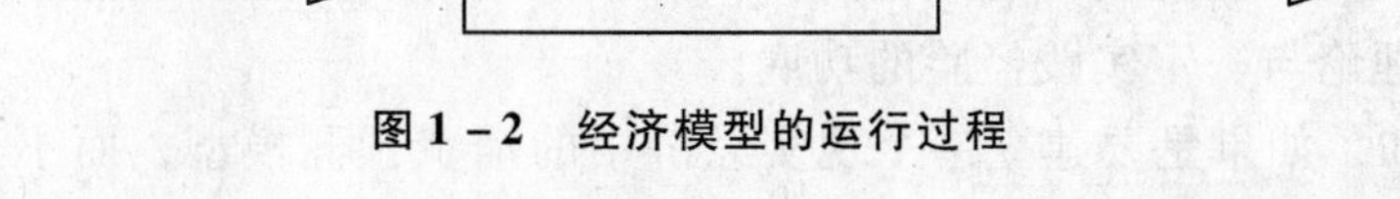

图1-2　经济模型的运行过程

外生变量与内生变量是经济模型中常见的术语，对此要有正确的理解。一些初学者习惯于把它们按自变量与因变量（或解释变量与被解释变量）来理解。实际上，这样的理解并不完全恰当。具体来说，外生变量与内生变量是对模型系统这个整体而言的，而自变量和因变量（或解释变量与被解释变量）则是针对具体的方程或模型的某个局部而言的。

以某个由方程构成的模型为例，一个变量可以是某个方程的自变量（解释变量），但未必就是模型的外生变量，因为该变量在模型的其他方程中可能是因变量（被解释变量）。举例说明，如果一个模型是由单一方程

$$Y = aX + b$$

构成。其中 a 和 b 为常数。这时 X 是方程的自变量，同时也是模型的外生变量。但是，如果这个模型扩展为如下方程组：

$$\begin{cases} Y = aX + b \\ X = cT \end{cases}$$

式中 c 为常数。在这种情况下，X 虽然是方程 $Y = aX + b$ 的自变量，但已不是模型的外生变量了，因为在这个模型中，X 是由 T 决定的。此时只有 T 才是外生变量，因为在 Y、X 和 T 这三个变量中只有 T 没有被任何变量解释。在图 1-2 中，模型用一个框图来表示，其含义是：模型是一个整体系统，不论构成这个模型的内部是简单还是复杂，外生变量必须是在进入模型前已被决定的。

（2）变量的选取

要建立一个模型，首先要选取变量。选择变量的工作看上去似乎简单，其实不然。确定变量是建立模型过程中的一个非常重要的环节。在某些情况下，选择变量显得容易。例如，如果任务就是要建立一个反映消费与收入关系的消费模型，这时首先要选择的变量自然就是消费和收入。但是在很多情况下，问题涉及的范围并不是很明确，这时选择变量可能是困难和复杂的。

模型变量的选择需要考虑多方面的因素，如模型的目的、问题的深度、涉及的范围、所依据的理论以及可支持的数据情况等，都是重要的影响因素。如果变量选得太多，模型规模容易过大，可能会把问题搞得过于复杂而不利于抓住关键和重点；如果变量选得太少，则容易遗漏重要影响因素，从而不能正确而有效地解决问题。恰到好处地选择变量，需要有一定经济理论与一定实践经验的功底。

例如，如果是要建立一个现实经济中的消费预测模型，而不是限于研究消费与收入的理论关系，这时选取模型的变量就不是轻松的事，因为影响消费的因素有很多。比如，收入、价格、利率、税收以及消费者心理预期等，可能都是影响消费的重要备选变量。严谨的做法是把与消费有关的

重要影响因素一一列举，然后逐个考察，最后确定那些与研究目的有相对紧密关系的重要因素。而这种考察既需要依据相关理论进行，也需要从可操作性、方便性和数据可支持性等其他多层面上进行，是一个需要综合考虑的问题。

2. 经济变量间的关系

模型对经济的描述是通过变量间的关系来体现的。经济变量间的关系可以反映经济现象、经济行为以及相关制度与机制效应等多方面的内容。因此，建立变量间的关系是建立模型的核心环节。变量间的彼此作用，既可以表现为直接作用，也可以表现为通过若干环节的间接作用。

对变量间关系的考察可从两个方面进行：一是变量间的作用方向；二是变量间的作用数量关系。方向是指变量间相互作用的方向性，即变量间是正向关系还是负向关系。如果是正向关系，则一个变量的变量值增加或减少，相应变量的变量值将随之增加或减少，即保持同向变动；如果是反向关系，则一个变量的变量值增加或减少，相应变量的变量值将随之减少或增加，即保持反向变动。数量关系是指变量间彼此作用程度在数量上的大小。变量间彼此作用影响程度的大小，是衡量一个变量是否为另一变量的重要影响因素的一个衡量尺度。

有两种确定变量间关系的方式：

首先，按可遵循的相关理论或规则来确定变量间的关系。例如，GDP与产业增加值的关系，按国民经济核算规则应有如下关系：

$$\mathrm{GDP} = V1 + V2 + V3 \tag{1-1}$$

式中 $V1$ 为第一产业增加值，$V2$ 为第二产业增加值，$V3$ 为第三产业增加值。因此，如果在建立一个包含有 GDP 和产业增加值的宏观经济模型时，如果不知道或忽略了在国民经济核算规则中有（1-1）关系式成立，而试图建立一个用 $V1$、$V2$ 和 $V3$ 作为解释变量来估计 GDP 的方程，就是一种徒劳的行为，甚至会产生误导性结果。

其次，根据相关经验来确定变量间的关系。现实经济中并不是在任何经济变量间都可以找到可依据的、现成的有关理论或规则来指导其关系的建立。这时通常需要借助一定的经验来进行判断。例如，财政收入和 GDP 之间并不存在理论上的必然关系，即在财政收入和 GDP 之间没有一个恒等公式使它们发生直接联系。但是，经验数据经常表明在财政收入和 GDP 之间存在着显著的相关关系。可能是直接的线性相关关系，或者是对数的线性相关关系，或是其他别的某种相关关系。因此，可通过经验数据建立财政收入与GDP的有关经济模型。基于数据分析而得到经验是一种相对规范的做法。然而这种经验有时也需要来自多方面的经验，甚至是直觉。同时，经验还需要有一个不断积累的过程。

上述两点不是截然分开的。实际中更多的情况是需要将理论、规则与经验综合起来运用。同时，选择变量与建立变量间的关系也不是截然分开的。不必等到把所有的有关变量都确定后才开始建立模型，也不是模型建立后就不能再添加新的变量。建立一个成功的模型，需要一个反复思考与反复修正的过程。

案例学习1-3：一个消费模型的建立

目的：建立消费与收入关系的消费模型

具体步骤：

(1) 选择变量：选择的变量是消费与收入，其中消费用C表示，收入用Y表示。

(2) 可依据的有关理论：收入是影响消费的重要因素。对此，诸多消费理论都有论述，其中经典的理论是凯恩斯消费理论。凯恩斯消费理论有三个要点：①收入是决定消费的最主要因素；②边际消费倾向（marginal propensity to consume）在0和1之间；③平均消费倾向（average propensity to consume）随收入增加而降低。

(3) 建立变量间的关系：凯恩斯理论的第一点是说消费取决于收入。于是，消费C和收入Y的关系可用函数$C=f(Y)$表示。凯恩斯理论的第二点是说边际消费倾向在0和1之间。边际消费倾向是经济学中一个常见概念，其定义是：当收入增加1个单位时对应消费的增加量。用数学公式表达就是$\frac{dC}{dY}$。于是，凯恩斯理论的第二点要求是$0<\frac{dC}{dY}<1$。凯恩斯理论的第三点是说平均消费倾向随收入增加而降低。平均消费倾向即总收入中用于消费的比例，用数学公式表达就是$\frac{C}{Y}$。于是，按凯恩斯理论的第三点要求，$\frac{C}{Y}$随Y的增加而下降。

为此，需要找到一个具体函数，使该函数满足凯恩斯理论的三个要求。设模型的方程为：

$$C=\overline{C}+cY \tag{1-2}$$

其中 $\overline{C}$ 和 c 为待估计的常数，且系数 c 必处在 0 和 1 之间。

于是，可以证明（1-2）方程在形式设计上能够满足凯恩斯消费理论：首先，按 $C=\overline{C}+cY$，收入 Y 将决定消费 C。其次，可以计算出 $\frac{\mathrm{d}C}{\mathrm{d}Y}=c$，因此要求计算出的系数 c 在 0 和 1 之间。第三，$\frac{C}{Y}=\frac{\overline{C}}{Y}+c$，因此当 Y 增加时 $\frac{C}{Y}$ 下降。可见，方程（1-2）在形式上满足凯恩斯理论的三个要求。

现在的问题归结为对 $\overline{C}$ 和 c 这两个系数的估计。用中国某城市的居民收入和消费的数据，采用计量经济方法进行估计，可得如下方程：

$$C=241+0.83Y$$

注意，不同的收入和消费的数据所得到的对 $\overline{C}$ 和 c 的估计结果是不同的。一般不同的经济发展水平下的 $\overline{C}$ 和 c 通常是不一样的。其中 $\overline{C}$ 称为自主性消费，即不管是否有收入都要进行消费的部分。c 是边际消费倾向，一般而言，总体经济发展水平越高，c 的值越低。上述方程中 c 的估计值为 0.83，属于较高的消费倾向，因此可以判断此城市是经济尚不很发达的城市。这个结论对本案例的学习不是重要的，重要的是可以看到，估计出的消费倾向 c 为 0.83 是介于 0 和 1 之间，从而验证了凯恩斯的消费理论。

第四节　经济模型的类型

经济模型泛指与经济有关的各种各样的具体模型。经济模型实际上是对这些具体模型的统称。因此从学习的角度说，仅知道经济模型总体上的特性是远远不够的，还需要掌握一些具体的模型技术。因此，有必要先了解经济模型的一些基本类型。

1. 数理经济模型

数理经济模型主要是指用数学语言描述经济问题的模型，其目的在于通过数学工具进行演绎推理，从而得到某种有经济意义的结果。利用数理经济模型进行经济分析一般遵循这样的过程：首先，明确问题与条件假定，明确相关的经济理论。其次，用数学语言描述问题。即根据已知条件或假设条件，根据相关的理论或规则，定义经济变量间的关系。第三，对公式进行数学演绎推理，得到某种数学表达的结果。最后，对推导出的结果进行分析，主要是从经济意义上进行解释，得出有意义的结论。

理解数理经济模型的一个要点是，在数理经济模型中，变量间关系的建立主要是按一定理论或规则的定义来进行，即形成的是定义式，而不是按统计经验或数据间的某种相关性来建立。注意，数理经济模型的建立不是以统计数据为基础的。否则，如果模型是按统计经验或数据间的某种相关性来建立，则应归结为计量经济模型的范畴。数理经济模型从建立到演绎推理，都是在严格的数学推演中进行的。因此，如果模型的前提条件和依据的有关理论是成立的，那么经过严格数学推导出的结果也必然是成立的。事实上，数理经济模型是经常采用的一种理论分析论证方法。

2. 计量经济模型

计量经济模型是依据计量经济学（Econometrics）的有关理论与方法，在一定经济理论的指导下建立的经济模型。计量经济学目前是经济学领域很有影响的学科，已形成具有丰富内容的相对独立的学科体系。如计量经济模型可分为线性回归模型、时间序列模型、协整模型和面板数据模型等，这些模型的内容都可成为相对独立的课程。

英文“Econometrics”（计量经济学）最早是由挪威经济学家弗里希（Frisch）于1926年模仿“Biometrics”（生物计量学）提出的，由此标志着计量经济学的诞生。弗里希和简·丁伯根（Jan Tinbergen）因此于1969年获得首届诺贝尔经济学奖。计量经济学从诞生之日起就显示了极强的生命力，经过20世纪四五十年代的大发展和60年代的大扩张，已经在经济学科中占有非常重要的地位。

计量经济学是以数学、统计学和经济学这三种理论为基础发展起来的。与数理经济模型不同，计量经济模型的一个重要特征是以统计数据为基础，即离开统计数据就无法建立计量经济模型。另一方面，数理经济模型主要以数学工具为手段，只要能掌握一定的数学工具，在一定经济理论的指导下就可以建立数理经济模型。因此数理经济模型在学科特点方面不是很突出。相比之下，计量经济学并不是简单地把数学、统计学和经济学综合在一起，而是要利用这些理论的综合创建出新的理论，从而形成相对独立的学科体系。如果一个人有良好的数学、统计学和经济学基础，这并不等于可以不学自通地掌握计量经济学。好的数学、统计学和经济学基础是学好计量经济学的必要条件，但不是充分条件。

3. 投入产出模型

投入产出模型的理论基础是投入产出分析理论。投入产出分析以生产中的投入要素和产出成果为特定研究对象。因此，投入产出模型的应用对象也十分明确，即投入要素与产出成果。而投入要素与产出成果之间的关系主要是由生产上的技术关系所决定的。

投入产出分析是美国经济学家瓦西里·列昂惕夫在 1936 年的一篇题为《美国经济制度中投入产出数量关系》的论文中提出的。投入产出分析最早的实际应用是在 20 世纪 40 年代。美国劳工部统计局在列昂惕夫的指导下于 1924—1944 年间编制了第一张官方的投入产出表（1939）。之后开始在世界范围内被广为接受，各国陆续开始编制投入产出表。中国 20 世纪 60 年代开始研究投入产出分析，而真正开始编制投入产出表是在 20 世纪 80 年代以后。

投入产出分析基本是以核算恒等式为基础，以系统的部分与总体间存在线性关系为假设条件，主要以线性代数为研究工具。投入产出分析最初是由研究一国的国民经济各产业部门间的联系发展起来的，因此被称为部门联系平衡法或产业关联分析等。目前基于投入产出分析理论的投入产出模型主要有静态投入产出模型、动态投入产出模型、投入产出优化模型和非线性投入产出模型等。

4. 数学规划经济模型

数学规划经济模型是以数学规划理论与方法建立的经济模型。之所以把由数学规划方法建立的经济模型单独归为一类，主要有两个原因：一是数学规划方法在方法特点上的确与上述方法有很大的不同。数学规划是运筹学的一个重要分支，也是现代数学的一门重要学科，它的研究对象是数值最优化问题。二是数学规划方法在当今的经济学中有广泛的应用，经济中的许多优化问题最终需要用数学规划方法进行解决。因此，基于数学规划方法建立的经济模型具有许多有别于其他类型经济模型的特点。

5. 其他

以上主要是从模型的方法论角度来看经济模型的类型。实际上，这样划分模型的类型，并不意味这些不同类型的模型之间存在截然分明的分界线。不同类型的模型之间通常存在相互包容的一面，因此经济模型的类型划分只具有相对意义，而不具有绝对意义。也就是可从不同方面来考察经济模型的类型划分。

例如，可从模型的应用领域、模型的数据时间特性以及模型的表现形式等许多方面进行考察。从经济模型的应用方面看，可以有宏观经济模型、微观经济模型、区域经济模型、财政模型、金融模型、贸易模型、人口模型和能源模型等。从经济模型的数据时间特性方面看，可以有年度经济模型、季度经济模型、月度经济模型、横截面数据经济模型、面板数据经济模型等。从经济模型的表现形式特征看，可以有数学经济模型、图形经济模型、语言经济模型、逻辑经济模型、几何经济模型、网络经济模型、仿真经济模型等。

事实上，对经济模型进行恰当的分类同样是一件非常困难的事情。这首先是因为不论在理论方面，还是在应用方面，目前的经济模型所涉及的内容与问题都是非常广泛和复杂的；同时，各种不同类型的经济模型间也越来越多地存在相互包含、相互借鉴和利用的情况。因此，经济模型的分类只具有相对意义而不具有绝对意义。例如，“中国宏观经济年度计量经济模型”这个说法，就是从多种角度展现该经济模型的类型，即该模型是宏观经济模型，也是年度时间序列模型，又是计量经济模型。

如果问目前究竟有多少不同类型的经济模型，对此恐怕是没有人能说清的，因为划分经济模型类型的方式都不是唯一固定的。实际上，有多少类模型并不重要，重要的是要掌握一些基本的模型。而从目前经济模型运用的情况看，数理经济模型与计量经济模型是更为基础性的模型。

案例学习1－4：政府支出效应的数理分析

举例说明如何建立数理经济模型，并如何用于经济分析，从而可以看到数理经济模型的功能。

问题：在边际消费倾向为0.6的情况下，政府支出增加1元将使国民收入增加多少？

解答：由国民收入恒等式可知：

$$Y = C + I + G + NX \tag{1-3}$$

其中Y为收入，C为消费，I为投资，G为政府支出，NX为净出口。假定投资I和净出口NX不受政府支出G的影响。

按经典消费理论，消费取决于收入，用数学语言描述，就是：

$$C = C(Y) \tag{1-4}$$

前　言

经济模型是一种重要的经济分析工具。在经济预测、市场分析、政策模拟、理论论证及计划制定等许多方面，经济模型都有着广泛的运用。可以说，经济模型已成为现代经济学的一种语言形式。因此，对于学习经济与管理专业的学生以及从事与经济分析及管理决策有关的实际工作者，在一定程度上了解与掌握经济模型是十分必要的。

目前，学生对经济模型的学习，通常是从学习特定类型的经济模型开始的，而相对缺乏对经济模型一般性理论与实际运用的学习。对特定类型模型的学习固然是重要的，甚至可以说这是学习经济模型的核心。问题是，这些特定类型的模型通常是局限于特定问题的模型，较少深入、系统地论及经济模型的本质性与一般性问题。虽然目前关于经济模型的书籍很多，可以说当今世界上流行的有关经济模型的书籍多数在中国都已有中译本，但这些著述大多是关于特定类型的经济模型的书籍。

本书主要是从经济模型的一般性与实践性角度出发，论述经济模型有关的基本理论与应用问题，而不是对某种特定类型的经济模型的系统论述。如何学习经济模型？学习经济模型应具备哪些知识？如何实际运用经济模型？对这些问题的回答，构成了写作本书的初衷。

本书是在作者所著《经济模型基础理论与应用》一书基础上修订而成的，旨在为初学经济模型者提供必要的基础知识、技能训练及应用实例。本书试图给初学经济模型者展现经济模型的一种基本概貌，使之能够把握学习和运用经济模型的有关基本要领，为其进一步深入和系统学习特定类型的经济模型提供必要的基础。

全书共分为十章。第一章到第五章主要论述学习经济模型应具备的知识结构；第六章和第七章是关于计量经济模型的有关基本理论与应用问题；第八章是关于数理经济模型的有关基本理论与应用问题；第九章是关于经济模型在财政经济分析与预测中应用的有关问题；第十章是关于评价模型及其应用的有关问题。

本书的写作得到了多方面的大力支持。中国社会科学院数量经济与技术经济研究所资深研究员周方老师对本书进行了认真的审阅，并提出了细致的修改意见。中国社会科学院数量经济与技术经济研究所所长汪同三学部委员、中国社会科学院世界经济与政治研究所所长余永定学部委员以及北京工业大学经济与管理学院应用经济学科部主任李双杰教授，对本书进行了积极的推荐。中国社会科学出版社张红编审曾为本书的前期成果——《经济模型基础理论与应用》一书提供了颇有价值的见解，这些见解对本书的修订仍发挥了积极作用。有许多同事、朋友及我的学生都曾对本书提出了宝贵意见或提供了不同形式的帮助，限于篇幅这里不一一列举他们的名字了。在此，我对所有为本书提供过帮助的人表示深深的感谢！当然，文责自负！

需要说明的是，本书中的许多内容是结合本人在实际课题研究中的体会而写的，对此我深感不够成熟。同时由于本人水平有限，书中难免出现不当，甚至错误，对此望能给予谅解，并欢迎批评指正！

李　军

2007 年 12 月 8 日于北京

第一章　经济模型概论

内容提要

经济模型是经济分析的一种工具，也可以说是现代经济学的一种语言形式。目前不论在学术研究领域，还是在实际经济部门，经济模型都有广泛的应用。作为本书的第一章，主要介绍和论述与经济模型有关的基本问题，涉及经济模型的内涵、要点、构成要素以及模型类型等方面的内容。本章旨在展示经济模型的基本概貌。

第一节　为什么要学习经济模型

一个企业的销售收入在未来会怎样变动？政府的经济增长目标需要多少投资的支持？假如中国大量进口石油，会对中国和世界经济产生怎样的影响？一个经济理论命题如何得到证明？这些问题以及与此类似的诸多问题，在现实经济中是大量存在的。经济模型，一种经济分析的工具，可以帮助解答这些问题。

掌握一种工具是件重要的事情。从大的方面说，工具是人类认识世界、改造世界的实现手段与能力的体现。对此，石器、青铜器、蒸汽机、计算机乃至信息网络等，都可以作为划分人类不同文明阶段的标志。从小的方面说，一个人所能够掌握怎样的工具，是其个人工作技能乃至生存能力的体现。例如在目前的美国，一个 SAS 软件熟练使用者就能很容易找到工作。

像其他科学一样，经济学科也有本领域的研究工具，经济模型就是其中的一种重要的研究工具。甚至可以说，经济模型是当今经济学科领域中的主流研究工具，已成为现代经济学的一种语言形式。因此，对从事经济分析工作的人来说，不论他是在学术研究部门，还是在实际工作部门，了解并在一定程度上掌握经济模型都是非常必要的。

经济模型之所以重要，首先在于它有广泛的应用。例如，政府可利用经济模型进行经济政策效应的模拟分析；企业可利用经济模型进行相关市场的预测；经济学家可利用经济模型论证某经济命题是否成立，等等。在经济关系分析、经济走势预测、经济历史事件再现分析、经济方案模拟分析以及制定经济发展计划等多方面，经济模型都大有作为。

谈到模型，很多人容易联想到的是一些具体的实物模型。例如，从启迪儿童智力的各种玩具模型，到广泛应用于生产与科学实验活动的各种物理模型等，都是实物形式。与实物模型不同的是，目前的经济模型主要表现为数学公式、几何图形、图表以及以软件为载体等相对抽象的形式。这容易给经济模型披上一种神秘的外衣。

事实上，不论是具体的实物模型还是抽象的经济模型，它们都有一个相同的本质：即模型是对一定事物的简化；或者说，模型是以简化方式表现的事物。

模型的一个有用之处，就在于它可以略去与关注问题不相干的细节，集中体现事物重要的和关键的方面。模型不是对真实世界百无遗漏的复制，而是按特定的需要刻画关键特征或关系。也就是说，简化是模型的一种价值所在。地图的价值就在于它是对真实地理环境的一种简化。可以想象，与实际地貌一样大的地图是多么没有意义。

模型的另一种特殊功效是，模型不仅可以让人们以相对低的成本认识世界，而且可以取得在真实情况下无法实现的成效。例如在现实中，不可能用真的洪水去测量一个堤坝的抗洪能力，也不可能用真的地震去测量一个建筑物的抗震强度，而通过模型的模拟试验就容易解决这些问题。经济模型具有类似的功效。例如在现实经济中，不可能通过真实再现过去的经济场景来测量一项经济政策的效应。经济上的真实试验，不仅成本极高，甚至是不可能的。但是，通过建立适当的经济模型，就可以用很低的成本实现对经济的模拟。

目前，建立经济模型的技术手段主要是利用现代计算机技术。通过开发出各种功能强大的经济模型软件，使经济模型中有关大量的繁琐估计、检验以及方程求解等，在软件中都变得非常方便与快捷，从而极大地提高了建立与应用经济模型的效率。因此在建立经济模型时不用担心那些繁琐的计算。事实上当前在建立经济模型时，在很多情况下是离不开相关经济模型的软件支持的。与计算机技术的成功结合，使经济模型已经走出了神秘的学术领域而进入广泛的实用阶段。

当然，经济模型不是一种完美的、万能的工具，不能期望它能解决所有经济分析的问题。但是可以看到，人们利用经济模型的确可以做许多事情。而学好经济模型的一个关键就是要经常使用它。

案例学习 1-1：一个企业销售额的预测模型①

图 1-1 给出某企业销售额曲线及与该企业外部市场相关的固定资产投资额曲线。从图 1-1 可以看到，两条曲线形状非常相似，表明该企业的发展与外部该项投资有很强的相关关系。

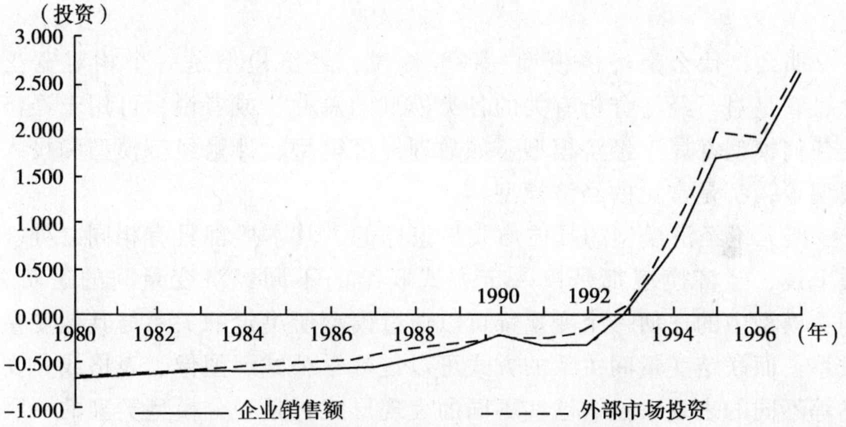

图 1-1　企业销售额与外部市场投资额曲线

说明：由于二者在数量级上有很大差异，为了能比较两条曲线的趋势，将两个指标的时间序列数据经过了标准化处理。经标准化处理后的数据序列，其均值为 0，方差为 1，而二者的相关性不变。

因此，按照此数据提供的经验，可建立一个简单的由外部市场决定企业销售额的预测模型。按照计量经济学的理论方法，对企业销售额与外部相关固定资产投资额进行线性回归，得到如下方程：

$$Y = -0.443 + 0.026X$$
$$(-1.6) \qquad (36.7)$$
$$R^2 = 0.996 \qquad D-W = 1.8$$

其中 Y 为企业销售额，X 为外部相关市场的固定资产投资额。括号内的数值为 T 检验值。从各检验值来看，上述方程是可以通过检验的。

于是，只要对外部市场的固定资产投资额 X 的可能取值做出判断，就可以得出由外部因素所决定的企业销售额的估计。如果对 X 不好直接做出

① 注：此案例的数据来自一个真实的企业。

判断，可采取不同情况的模拟分析，比如可分高、中、低三种可能的情况来进行。由此，这种按高、中、低三种可能情况的测算，至少可以得到企业销售额的一个可能范围的判断。其中对 X 值的判断，通过判断其增长率可能比直接判断其绝对数额要容易把握。如果对上述模型还不能很好理解，没关系，这里仅是给出一个具体模型的示意。

第二节　经济模型的内涵

那么，什么是经济模型？一般地说，经济模型是一个相对宽泛的概念，它是对与经济分析有关的各类模型的总称。或者说，可用于经济分析的任何模型都属于经济模型。如数理经济模型、计量经济模型和投入产出模型等，都是常见的经济模型。

但无论经济模型的具体形式是怎样的，其本质都具有相同之处。从本质上说，经济模型都是以一定方式联结的不同经济变量间的逻辑关系。即：模型中的任何一个变量都可以通过模型所决定的关系与其他变量发生联系。而联结变量间关系的方式可以是数学公式、图像、表格或是文字表述等不同的表现形式。这些不同的表现形式，是划分模型类型的一种重要方式。当然，还存在其他划分模型类型的方式。

要深刻理解经济模型的内涵，需要从多方面来把握。因此，对经济模型的理解需要注意以下几个方面：

（1）目的性

首先，任何一个具体的经济模型都应具有明确的目的。也就是在建立模型前应明确：为什么要建立模型？要模型解决怎样的问题？例如，建立一个经济模型的目的，可以是对未来的预测，也可以是对历史的分析；可以是预估一项经济政策的效应，也可以是对多个方案进行评价与选择；可以是对纯经济理论命题的证明，也可以是对具体现实经济现象的实证分析，等等。不同的目的，导致模型在变量选取、运行机制乃至建模方法等方面均会有所不同。

（2）方法性

建立经济模型需要一定的科学方法。显然，模型不是随意建立的，而必须要有一定的科学方法。就经济模型本身而言，建立模型的方法本身是一个相对更为关键性的问题。正是由于有不同的建模方法，才有诸多不同类别的经济模型。例如有计量经济模型和投入产出模型的区分，就在于这是基于两种不同的建模方法。选择不同的建模方法，建模时的相关条件要求、数据及技术等均会有所不同。

（3）机理性

经济模型存在运行机理的问题。模型的运行机理是指决定经济变量间相互作用关系的理论、原则以及实现过程的设计。经济模型不是对一些元素的随意组合。模型变量间的相互作用关系，是需要在一定理论的指导下进行设计与安排的。例如，在建立一个国际贸易模型时，中外经济的相互作用是通过汇率、商品贸易，还是通过别的途径发生联系，所涉及的就是模型运行机理的问题。

（4）简化性

经济模型是对一定经济问题或现象的一种简化表达。模型并非越复杂越好，规模越大越好，考虑的因素越多越好。看一个模型是否成功，主要看其是否可以实现预期目的。只要能够实现目标，模型应以简洁为原则。简化问题、考察重点、抓住关键，是模型价值的意义所在。

（5）适度性

在反映真实与简化之间存在适度考虑与选择有关因素的问题。如果模型强调高度真实，高度反映现实，由此导致模型过于复杂而难以构建，以至于对解决问题没有任何的作用。如果模型过于理想化而忽视现实，把重要的因素忽略掉，由此导致模型无法解释现实经济的问题或现象，同样对要解决的问题没有任何的帮助。这两种情况下建立的模型实际上是无效模型。因此，抓住重要而关键的因素，在真实与简化之间找到一种适度的真实性与现实性，是建立一个好的经济模型的关键要素之一。

（6）适用性

不同的经济模型具有不同的特定适用范围。不存在一个普适的，可以解决所有问题的模型。任何经济模型都有其成立的特定条件，都有特定的适用范围。因此，不能期望建立一个一劳永逸的模型，而是需要在不同的情况下有不同的考虑，采用适当的模型。

（7）局限性

经济模型并不能适用于解决所有经济分析的问题。经济模型的局限性，既有模型理论与方法本身尚不完善的内在原因，也有现实无法满足模型条件要求的外在原因。至于现实经济中相关信息与资料的不充分，更是构建模型中的常见问题。因此，在建立模型时不能完全理想化，而必须要学会因地制宜。

（8）技巧性

经济模型的建立与应用还存在很强的技巧性问题。就像同是一把钳子，一种机械工具，在不同人手里做出的“活儿”可能大不一样。经济模型就是这样一种工具，存在较强的使用“艺术”问题。即不同人建立与运用经济模型，其成效可能很不一样。

如果你现在还不能有效地运用模型，那么首先请不要怀疑经济模型的科学性，更不要全面否定它。要知道，影响经济模型建立与应用成效的因素是多方面而复杂的。掌握经济模型没有捷径可循，只有多运用才能逐步领会经济模型的真谛，除此以外，没有更好的学习方法。总之，要完整地理解经济模型的内涵，既要看到其有效性，同时也要看到其局限性。

案例学习 1－2：澳大利亚储备银行编制的计量经济模型①

澳大利亚储备银行自20世纪60年代起开始编制计量经济模型。该模型主要用于描述澳大利亚经济的运行状态，进行经济预测及政策模拟分析，为制定政策提供支持。该模型约由100多个方程构成。模型的理论框架是由四个市场构成：生产要素市场、商品及劳务市场、货币市场及非货币资产（债务）市场。

该模型研制者认为，建立该模型的一个重要收获是帮助他们理解经济活动。这种帮助既来自于建立模型时的直接帮助，如理解政府财政的作用和货币在传导经济中的冲击作用；同时，这种帮助也来自于通过对模型的缺陷进行研究，间接地帮助人们理解经济。他们认为，企图建立包罗万象的模型是一个教训，一个成功的模型应随经济因素的变动而进行不断地设计与更新。

第三节　经济模型的构成要素

任何经济模型都有两个基本的构成要素：变量及变量间的关系。

变量，即经济变量，指所要考虑的相关经济因素。如果没有变量，就没有建立模型的“材料”，也就谈不到模型。经济变量通常以一定的符号来表示。例如，经济中的消费可用字母 C 表示，收入可用字母 Y 表示。经

① J. 卡迈克尔、W. 蒂斯著：《澳大利亚储备银行编制经济计量模型的点滴回顾》，载乌家培、张守一主编《经济模型在国民经济管理中的应用》，经济科学出版社 1987 年版。

济中的价格、利润、人口、工资、进口、出口、储蓄、投资、财政收入、财政支出及利率等，在纳入经济模型内考虑时，都可作为经济变量来看待。而作为变量，就存在变量的取值问题，经济变量也是如此。如价格 $P=3$ 元/件，就是价格 P 的一个具体取值。一个经济变量的所有可能的取值，就构成经济变量的定义域。

关系，即指经济变量间的关系。仅有变量而没有建立起变量间的关系，也谈不上是模型。模型就是通过一定的方式将一些变量联结成一个系统，从而可以通过这个系统实现不同变量间的彼此相互作用。选定一些经济变量，并建立这些变量间的关系，这个过程就是建立经济模型的过程。

例如，对消费 C 和收入 Y，通过一定方式建立了如下关系：

$$C=200+0.7Y$$

上述方程实际上构成一个消费模型，它确定了收入 Y 和消费 C 之间的定量关系，即给出收入 Y 的值，通过模型就可以得到对应消费 C 的值。

注意在 $C=200+0.7Y$ 中，经济变量分别是 C 和 Y，它们的关系，是由变量、常数及数学函数关系共同确定的，具体来说就是线性函数关系。而对于线性函数来说，只要常数项（截距）和变量前的系数（斜率）确定了，C 和 Y 的关系就确定了。可见，在由一个方程构成的经济模型中，方程的函数形式、有关常数项以及有关系数，是决定该经济模型的关键要素。

1. 变量

(1) 外生变量与内生变量

在经济模型中存在两类变量：一是外生变量（exogenous variables），即在模型系统以外决定的变量，是模型系统的输入；二是内生变量（endogenous variables），即由模型决定的变量，是模型系统的输出。经济模型的运行过程，就是通过确定的外生变量，由模型决定出内生变量的过程。

图 1-2　经济模型的运行过程

外生变量与内生变量是经济模型中常见的术语，对此要有正确的理解。一些初学者习惯于把它们按自变量与因变量（或解释变量与被解释变量）来理解。实际上，这样的理解并不完全恰当。具体来说，外生变量与内生变量是对模型系统这个整体而言的，而自变量和因变量（或解释变量与被解释变量）则是针对具体的方程或模型的某个局部而言的。

以某个由方程构成的模型为例，一个变量可以是某个方程的自变量（解释变量），但未必就是模型的外生变量，因为该变量在模型的其他方程中可能是因变量（被解释变量）。举例说明，如果一个模型是由单一方程

$$Y = aX + b$$

构成。其中 a 和 b 为常数。这时 X 是方程的自变量，同时也是模型的外生变量。但是，如果这个模型扩展为如下方程组：

$$\begin{cases} Y = aX + b \\ X = cT \end{cases}$$

式中 c 为常数。在这种情况下，X 虽然是方程 $Y = aX + b$ 的自变量，但已不是模型的外生变量了，因为在这个模型中，X 是由 T 决定的。此时只有 T 才是外生变量，因为在 Y、X 和 T 这三个变量中只有 T 没有被任何变量解释。在图 1－2 中，模型用一个框图来表示，其含义是：模型是一个整体系统，不论构成这个模型的内部是简单还是复杂，外生变量必须是在进入模型前已被决定的。

（2）变量的选取

要建立一个模型，首先要选取变量。选择变量的工作看上去似乎简单，其实不然。确定变量是建立模型过程中的一个非常重要的环节。在某些情况下，选择变量显得容易。例如，如果任务就是要建立一个反映消费与收入关系的消费模型，这时首先要选择的变量自然就是消费和收入。但是在很多情况下，问题涉及的范围并不是很明确，这时选择变量可能是困难和复杂的。

模型变量的选择需要考虑多方面的因素，如模型的目的、问题的深度、涉及的范围、所依据的理论以及可支持的数据情况等，都是重要的影响因素。如果变量选得太多，模型规模容易过大，可能会把问题搞得过于复杂而不利于抓住关键和重点；如果变量选得太少，则容易遗漏重要影响因素，从而不能正确而有效地解决问题。恰到好处地选择变量，需要有一定经济理论与一定实践经验的功底。

例如，如果是要建立一个现实经济中的消费预测模型，而不是限于研究消费与收入的理论关系，这时选取模型的变量就不是轻松的事，因为影响消费的因素有很多。比如，收入、价格、利率、税收以及消费者心理预期等，可能都是影响消费的重要备选变量。严谨的做法是把与消费有关的

重要影响因素一一列举，然后逐个考察，最后确定那些与研究目的有相对紧密关系的重要因素。而这种考察既需要依据相关理论进行，也需要从可操作性、方便性和数据可支持性等其他多层面上进行，是一个需要综合考虑的问题。

2. 经济变量间的关系

模型对经济的描述是通过变量间的关系来体现的。经济变量间的关系可以反映经济现象、经济行为以及相关制度与机制效应等多方面的内容。因此，建立变量间的关系是建立模型的核心环节。变量间的彼此作用，既可以表现为直接作用，也可以表现为通过若干环节的间接作用。

对变量间关系的考察可从两个方面进行：一是变量间的作用方向；二是变量间的作用数量关系。方向是指变量间相互作用的方向性，即变量间是正向关系还是负向关系。如果是正向关系，则一个变量的变量值增加或减少，相应变量的变量值将随之增加或减少，即保持同向变动；如果是反向关系，则一个变量的变量值增加或减少，相应变量的变量值将随之减少或增加，即保持反向变动。数量关系是指变量间彼此作用程度在数量上的大小。变量间彼此作用影响程度的大小，是衡量一个变量是否为另一变量的重要影响因素的一个衡量尺度。

有两种确定变量间关系的方式：

首先，按可遵循的相关理论或规则来确定变量间的关系。例如，GDP与产业增加值的关系，按国民经济核算规则应有如下关系：

$$GDP = V1 + V2 + V3 \qquad (1-1)$$

式中 $V1$ 为第一产业增加值，$V2$ 为第二产业增加值，$V3$ 为第三产业增加值。因此，如果在建立一个包含有 GDP 和产业增加值的宏观经济模型时，如果不知道或忽略了在国民经济核算规则中有（1-1）关系式成立，而试图建立一个用 $V1$、$V2$ 和 $V3$ 作为解释变量来估计 GDP 的方程，就是一种徒劳的行为，甚至会产生误导性结果。

其次，根据相关经验来确定变量间的关系。现实经济中并不是在任何经济变量间都可以找到可依据的、现成的有关理论或规则来指导其关系的建立。这时通常需要借助一定的经验来进行判断。例如，财政收入和 GDP 之间并不存在理论上的必然关系，即在财政收入和 GDP 之间没有一个恒等公式使它们发生直接联系。但是，经验数据经常表明在财政收入和 GDP 之间存在着显著的相关关系。可能是直接的线性相关关系，或者是对数的线性相关关系，或是其他别的某种相关关系。因此，可通过经验数据建立财政收入与GDP的有关经济模型。基于数据分析而得到经验是一种相对规范的做法。然而这种经验有时也需要来自多方面的经验，甚至是直觉。同时，经验还需要有一个不断积累的过程。

上述两点不是截然分开的。实际中更多的情况是需要将理论、规则与经验综合起来运用。同时，选择变量与建立变量间的关系也不是截然分开的。不必等到把所有的有关变量都确定后才开始建立模型，也不是模型建立后就不能再添加新的变量。建立一个成功的模型，需要一个反复思考与反复修正的过程。

案例学习1-3：一个消费模型的建立

目的：建立消费与收入关系的消费模型

具体步骤：

（1）选择变量：选择的变量是消费与收入，其中消费用C表示，收入用Y表示。

（2）可依据的有关理论：收入是影响消费的重要因素。对此，诸多消费理论都有论述，其中经典的理论是凯恩斯消费理论。凯恩斯消费理论有三个要点：①收入是决定消费的最主要因素；②边际消费倾向（marginal propensity to consume）在0和1之间；③平均消费倾向（average propensity to consume）随收入增加而降低。

（3）建立变量间的关系：凯恩斯理论的第一点是说消费取决于收入。于是，消费C和收入Y的关系可用函数$C=f(Y)$表示。凯恩斯理论的第二点是说边际消费倾向在0和1之间。边际消费倾向是经济学中一个常见概念，其定义是：当收入增加1个单位时对应消费的增加量。用数学公式表达就是$\frac{dC}{dY}$。于是，凯恩斯理论的第二点要求是$0<\frac{dC}{dY}<1$。凯恩斯理论的第三点是说平均消费倾向随收入增加而降低。平均消费倾向即总收入中用于消费的比例，用数学公式表达就是$\frac{C}{Y}$。于是，按凯恩斯理论的第三点要求，$\frac{C}{Y}$随Y的增加而下降。

为此，需要找到一个具体函数，使该函数满足凯恩斯理论的三个要求。设模型的方程为：

$$C=\overline{C}+cY \tag{1-2}$$

其中 $\overline{C}$ 和 c 为待估计的常数，且系数 c 必处在0和1之间。

于是，可以证明（1-2）方程在形式设计上能够满足凯恩斯消费理论：首先，按 $C=\overline{C}+cY$，收入 Y 将决定消费 C。其次，可以计算出 $\frac{\mathrm{d}C}{\mathrm{d}Y}=c$，因此要求计算出的系数 c 在0和1之间。第三，$\frac{C}{Y}=\frac{\overline{C}}{Y}+c$，因此当 Y 增加时 $\frac{C}{Y}$ 下降。可见，方程（1-2）在形式上满足凯恩斯理论的三个要求。

现在的问题归结为对 $\overline{C}$ 和 c 这两个系数的估计。用中国某城市的居民收入和消费的数据，采用计量经济方法进行估计，可得如下方程：

$$C=241+0.83Y$$

注意，不同的收入和消费的数据所得到的对 $\overline{C}$ 和 c 的估计结果是不同的。一般不同的经济发展水平下的 $\overline{C}$ 和 c 通常是不一样的。其中 $\overline{C}$ 称为自主性消费，即不管是否有收入都要进行消费的部分。c 是边际消费倾向，一般而言，总体经济发展水平越高，c 的值越低。上述方程中 c 的估计值为0.83，属于较高的消费倾向，因此可以判断此城市是经济尚不很发达的城市。这个结论对本案例的学习不是重要的，重要的是可以看到，估计出的消费倾向 c 为0.83是介于0和1之间，从而验证了凯恩斯的消费理论。

第四节　经济模型的类型

经济模型泛指与经济有关的各种各样的具体模型。经济模型实际上是对这些具体模型的统称。因此从学习的角度说，仅知道经济模型总体上的特性是远远不够的，还需要掌握一些具体的模型技术。因此，有必要先了解经济模型的一些基本类型。

1. 数理经济模型

数理经济模型主要是指用数学语言描述经济问题的模型，其目的在于通过数学工具进行演绎推理，从而得到某种有经济意义的结果。利用数理经济模型进行经济分析一般遵循这样的过程：首先，明确问题与条件假定，明确相关的经济理论。其次，用数学语言描述问题。即根据已知条件或假设条件，根据相关的理论或规则，定义经济变量间的关系。第三，对公式进行数学演绎推理，得到某种数学表达的结果。最后，对推导出的结

划分只具有相对意义，而不具有绝对意义。也就是可从不同方面来考察经济模型的类型划分。

例如，可从模型的应用领域、模型的数据时间特性以及模型的表现形式等许多方面进行考察。从经济模型的应用方面看，可以有宏观经济模型、微观经济模型、区域经济模型、财政模型、金融模型、贸易模型、人口模型和能源模型等。从经济模型的数据时间特性方面看，可以有年度经济模型、季度经济模型、月度经济模型、横截面数据经济模型、面板数据经济模型等。从经济模型的表现形式特征看，可以有数学经济模型、图形经济模型、语言经济模型、逻辑经济模型、几何经济模型、网络经济模型、仿真经济模型等。

事实上，对经济模型进行恰当的分类同样是一件非常困难的事情。这首先是因为不论在理论方面，还是在应用方面，目前的经济模型所涉及的内容与问题都是非常广泛和复杂的；同时，各种不同类型的经济模型间也越来越多地存在相互包含、相互借鉴和利用的情况。因此，经济模型的分类只具有相对意义而不具有绝对意义。例如，“中国宏观经济年度计量经济模型”这个说法，就是从多种角度展现该经济模型的类型，即该模型是宏观经济模型，也是年度时间序列模型，又是计量经济模型。

如果问目前究竟有多少不同类型的经济模型，对此恐怕是没有人能说清的，因为划分经济模型类型的方式都不是唯一固定的。实际上，有多少类模型并不重要，重要的是要掌握一些基本的模型。而从目前经济模型运用的情况看，数理经济模型与计量经济模型是更为基础性的模型。

案例学习 1-4：政府支出效应的数理分析

举例说明如何建立数理经济模型，并如何用于经济分析，从而可以看到数理经济模型的功能。

问题：在边际消费倾向为 0.6 的情况下，政府支出增加 1 元将使国民收入增加多少？

解答：由国民收入恒等式可知：

$$Y = C + I + G + NX \tag{1-3}$$

其中 Y 为收入，C 为消费，I 为投资，G 为政府支出，NX 为净出口。假定投资 I 和净出口 NX 不受政府支出 G 的影响。

按经典消费理论，消费取决于收入，用数学语言描述，就是：

$$C = C(Y) \tag{1-4}$$

于是，将（1－4）式和（1－3）式联立得：

$$\begin{cases} Y = C + I + G + NX \\ C = C(Y) \end{cases} \tag{1-5}$$

（1－5）式便是我们得到的经济变量间的关系式，它是一个数理经济模型。现将（1－5）式进行数学推导。因此，容易得出如下关系式：

$$Y = C(Y) + I + G + NX$$

对上式两边求微分：

$$\mathrm{d}Y = C'\mathrm{d}Y + \mathrm{d}G$$

从而可以得到：

$$\frac{\mathrm{d}Y}{\mathrm{d}G} = \frac{1}{1 - C'} \tag{1-6}$$

注意到 $C' = \frac{\mathrm{d}C}{\mathrm{d}Y} = c$ 为边际消费倾向。因此，当边际消费倾向为 0.6 时，通过（1－6）式可以计算出 $\frac{\mathrm{d}Y}{\mathrm{d}G} = 2.5$。即政府增加 1 元的支出，可导致增加 2.5 元的国民收入。$\frac{\mathrm{d}Y}{\mathrm{d}G}$ 称为政府支出乘数。关于边际消费倾向估计的一个实际案例，请见第六章案例学习 6－2。

本章小结

本章首先从学习经济模型的必要性谈起，指出经济模型作为现代经济分析的一种工具是非常重要的，这如同人类社会的进步需要不断掌握先进的工具一样。所掌握的工具水平，实际上就是人类社会发展的能力。在此基础上介绍了经济模型的内涵、构成要素以及经济模型的类型等方面的问题。本章旨在初步展现经济模型的一个整体概貌。

本章一些要点如下：

1. 模型是以简化的方式表现的事物。模型不是要对真实世界百分之百的复制，而是要按特定的需要刻画事物的关键特征或关系。模型的一个价值，就在于它可以略去相对次要的因素，集中体现主要和关键的因素。

2. 经济模型有两个基本的构成要素：一是经济变量，二是经济变量之间的关系。经济模型的具体表现形式是多种多样的，如可以表现为数学公式、图像、表格或文字表述等。

3. 对经济模型的理解，需要从模型的目的性、方法性、机理性、简化性、适度性、适用性、局限性以及技巧性等多方面来把握。

4. 目前常见的经济模型主要有数理经济模型、计量经济模型、投入产出模型、数学规划模型等。但事实上对经济模型的分类可从多方面、多角度来进行，即对经济模型类型的划分是相对的而不是绝对的。同时不同类型的经济模型可以相互利用与借鉴。

思 考 题

一、名词解释

（1）经济模型　　（2）经济变量

（3）内生变量　　（4）外生变量

（5）数理经济模型　　（6）计量经济模型

（7）投入产出模型　　（8）平均消费倾向

二、简答题

（1）简述经济模型的主要表现形式。

（2）简述理解经济模型的要点。

（3）简述构成经济模型的基本要素。

（4）简述经济模型的主要类别。

（5）简述数理经济模型与计量经济模型的主要区别。

三、论述题

（1）论述经济模型的基本应用。

（2）利用数理经济模型的分析方法论述政府税收的效应。

（3）论述如何考察经济模型中变量之间的关系。

（4）论述建立一个关于消费与收入关系模型的基本环节。

阅读参考文献

[美] 蒋中一：《经济模型》，载《数理经济学的基本方法》第 2 章，商务印书馆 2004 年版。

[美] 蒋中一：《数理经济学的实质》，载《数理经济学的基本方法》第 1 章，商务印书馆 2004 年版。

[美] 因特里格特、博德金、萧政：《模型、经济模型和经济计量模型》，载《经济计量模型、技术与应用》第 2 章，李双杰、张涛主译，中国社会科学出版社 2004 年版。

刘小波主编：《静态产品投入产出模型》，载《投入产出分析》第 1

章，中国统计出版社 1996 年版。

伍超标：《经济模型》，载《数理经济学导论》第 1 章，中国统计出版社 2002 年版。

黄益平、宋立刚：《什么是模型》，载《应用数量经济学》第 1 章，上海人民出版社 2001 年版。

谭跃进主编：《投入产出分析方法》，载《定量分析方法》第 5 章，中国人民大学出版社 2003 年版。

J. 卡迈克尔、W. 蒂斯：《澳大利亚储备银行编制经济计量模型的点滴回顾》，载乌家培、张守一主编：《经济模型在国民经济管理中的应用》，经济科学出版社 1987 年版。

N. Gregory Mankiw, "Economic Models", *Principles of Economics*, pp. 20—21, The Dryden Press, 1998.

Knut Sydsaeter and Peter J. Hammond, "Models and Reality", *Mathematics for Economic Analysis*, pp. 5—6, Prentice Hall, 1994.

第二章　数学知识与经济模型

内容提要

具备必要的相关数学知识是学习与运用经济模型的重要基础。马克思曾经说过："一门科学只有能够运用数学进行研究的时候，才能成为真正的科学。"本章不是对数学知识的系统介绍，而主要是通过数学解析的方式分析若干经济概念与问题，以展示数学知识在经济分析中的运用。首先，介绍导数在度量经济变动方面的运用。其次，讨论经济中各种不同形式增长率问题。第三，对经济中有关"边际"问题进行数学解析。第四，论述经济分析中有关弹性分析问题。第五，讨论对数曲线的应用问题。本章最后提供一个与经济模型学习及运用有关的常用数学知识框架。

第一节　导数的运用

经济是不断变化的。因此，如何度量这种变化，是经济分析中的一个基本问题。其中一种常用的方法，是计算经济变量的增长率。"增长率"是一个常用的概念，如经济增长率、投资增长率、销售收入增长率等。经济中有些概念虽不以增长率这个词直接表述，但本质上却是增长率，如投资即是资本增长率。那么，增长率在数学上是如何定义的？对此，可以用对产出变动情况的度量为例进行分析。

假设在 t 时的产出量为 $Y(t)$，简记 Y_t。从 t 时起，给一个时间增量 Δt，则在 $t+\Delta t$ 时的产出量为 $Y(t+\Delta t)$。于是从 t 到 $t+\Delta t$，产出增量为 $Y(t+\Delta t)-Y(t)$，并记 $\Delta Y=Y(t+\Delta t)-Y(t)$。

这个过程可用图 2－1 来表示。在图 2－1 中，经济起初处在 t 时的 A 点，经过 Δt 的时间，经济运行到 B，结果产出从 $Y(t)$ 变动到 $Y(t+\Delta t)$。因此，如果 $\Delta Y>0$，表明产出增加；如果 $\Delta Y<0$，表明产出减少；如果 $\Delta Y=0$，则表明产出没有变化。也就是 ΔY 的符号反映产出量的变动方向，而 ΔY 的绝对值的大小反映了产出量变动程度的大小。

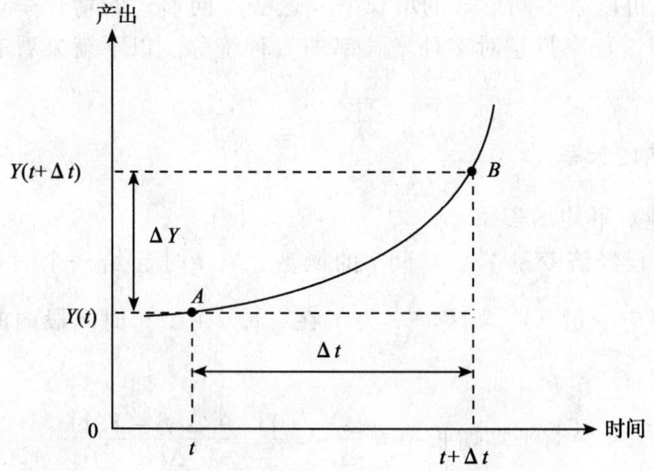

图 2－1　时间增量 Δt 与产出增量 ΔY 示意

但是，仅根据产出的改变量 ΔY 的大小及符号并不能很好地反映产出增长的情况。例如一个钢铁生产企业要增加 100 万吨钢，可以用一年的时间来实现，也可以用 10 年的时间来实现。显然，在不同的时间内实现相同的产量，这两种产出增长的情况是不一样的。前者情况是一年产出增长 100 万吨钢，而后者情况是一年产出平均增长 10 万吨钢。

因此，对产出增长的一种恰当度量，需要结合产出改变量 ΔY 和与之对应的时间改变量 Δt 这两个方面。于是，考察 $\frac{\Delta Y}{\Delta t}$ 是一个自然的选择。由于 $\frac{\Delta Y}{\Delta t}$ 是 Δt 时段内的产出增量，因此 $\frac{\Delta Y}{\Delta t}$ 可以看成是 Δt 时段内的平均产出量，即 $\frac{\Delta Y}{\Delta t}$ 是 Δt 时段内的平均增长率。

如果抛开经济含义而从数学角度看，$\frac{\Delta Y}{\Delta t}$ 在数学上被称为是函数 $Y(t)$ 在 Δt 时段内的平均变化率。可见，经济中的平均增长率与数学中的平均变化率本质上是一样的。而在经济中称 $\frac{\Delta Y}{\Delta t}$ 为增长率而不是变化率，这似乎更能体现出经济运行的一种状态。值得注意的是，当 $\Delta t \to 0$ 时如果 $\frac{\Delta Y}{\Delta t}$ 的极限存在，这便是数学中导数的定义。由此可以看出，导数是度量增长率的一种数学手段。

实际上可以有不同形式的增长率，这些不同形式的增长率适用于不同的情况。而增长率只是对多种增长率的一种统称。以下就来看有哪些不同形式的增长率。

1. 平均增长率

（1）绝对平均增长率

定义：设经济变量 Y 是时间 t 的函数，在 t 时起给一个时间增量 Δt，以及 Y 的对应增量 ΔY，则称 $\frac{\Delta Y}{\Delta t}$ 为 Y 在 $[t,\ t+\Delta t]$ 时间段内的绝对平均增长率，即：

$$\text{绝对平均增长率} = \frac{\Delta Y}{\Delta t} = \frac{Y(t+\Delta t) - Y(t)}{\Delta t} \qquad (2-1)$$

对（2-1）式的理解需要注意以下几点：

首先，（2-1）式是关于 Y 的绝对量变化与时间的比率，因此该比值的计算结果是带有计量单位的绝对数值，这是称其为绝对平均增长率的原因。绝对平均增长率的计量单位，例如可以是元/年、吨/月或个/天等。而下面要谈的相对增长率则是没有计量单位的。

其次，绝对平均增长率的时间属性取决于 Δt 的时间单位。例如，如果 Δt 以年为计量单位，则计算结果就是年度平均增长率，如果 Δt 以季度为计量单位，计算结果就是季度平均增长率。

最后，（2-1）式的计算结果与时间 t 的记法没有关系。例如 1990 年和 1995 年都是标准公元时间记法，而将 1990 年记为 90 年以及将 1995 年记为 95 年都是一种简记，但不论采用哪种记法，时间的改变量 Δt（两个时间的差值）是相同的。

（2）相对平均增长率

上面已经谈到，$\frac{\Delta Y}{\Delta t}$作为平均增长率，其计算结果是关于 Y 的绝对量的变化。例如，平均产出增长率为 100 吨/年，即表明的是一年的时间产出增长 100 吨，这里体现的是产出在绝对数量上的变化。

然而，这种绝对量形式的表现结果虽然很具体，但有时并不能很好地反映变量的变化程度。比如，对 100 万元/年的产出平均增长率，并不容易做出该产出增长是快还是慢的判断。如果是一个上年产值 1 亿元的企业，100 万元的产出增量仅占其产值的 1%；而如果是一个上年产值为 50 万元的企业，100 万元的产出增量要占上年产值的 200%。显然，同是 100

万元/年的产出平均增长率，后者产出增长要快于前者。原因是前者在很大基数上增长100万元，而后者是在较小基数上增长100万元，即增长的基础不同。可见，有必要考察$\frac{\Delta Y}{\Delta t}/Y$的情况。

定义：设经济变量$Y(t)$是时间t的函数，则称$\frac{\Delta Y}{\Delta t}/Y$为$Y(t)$在$\Delta t$时段内的相对平均增长率。根据（2-1）式容易得到如下相对平均增长率的表达式：

$$\text{相对平均增长率} = \frac{\Delta Y}{\Delta t}/Y = \frac{Y(t+\Delta t)-Y(t)}{\Delta t}/Y(t) \qquad (2-2)$$

与（2-1）式的平均增长率公式相比较，（2-2）式中包含了ΔY和Y的比率。因此，相对平均增长率的计算结果中Y的计量单位被抵消，即已没有Y的计量单位，这是与绝对平均增长率一个不同之处。一般而言，相对平均增长率是用单位时间的百分数来表现的。例如，说一个企业的销售收入今年比上年的平均增长率为20%，即是指相对平均增长率。对此，可简单地表述为企业销售收入比上年增长20%。

2. 瞬时增长率

（1）瞬时绝对增长率

现考察当$\Delta t\to 0$时的情况。如果$\Delta t\to 0$，则（2-1）式面临求极限的情况，即求如下表达式的极限：

$$\lim_{\Delta t\to 0}\frac{\Delta Y}{\Delta t} = \lim_{\Delta t\to 0}\frac{Y(t+\Delta t)-Y(t)}{\Delta t} \qquad (2-3)$$

如果（2-3）式的极限存在，这个极限正是数学中导数的定义。对于时间增量Δt而言，$\Delta t\to 0$是一种瞬时的情况，因此$\lim\limits_{\Delta t\to 0}\frac{\Delta Y}{\Delta t}$就是一种瞬时的增长率。

于是可以得到如下的定义：设经济变量Y关于时间t可导，则Y关于时间t的导数$\frac{\mathrm{d}Y}{\mathrm{d}t}$称为在$t$时刻的瞬时绝对增长率，或称即时绝对增长率。

在经济学中，关于时间的导数有一种特殊的记法，即在对应变量上面加一个点。例如，如果t代表时间，则$\frac{\mathrm{d}Y}{\mathrm{d}t}$可记为$\dot{Y}$。因此在本书中，凡是变量上面加点即表示是关于时间的导数。这样的记法仅是为方便而已，没有别的特殊意义。

对经济变量求关于时间的导数，是经济分析中常用的一种做法。其中一些经济概念也是由这种方式来定义的。例如，设 $K(t)$ 是 t 时刻的资本存量（capital stock）函数，则 $\dot{K}(t)$ 表示了在 t 时刻资本存量的增长率，在不考虑折旧的情况下，资本的增量即是投资。将投资记为 $I(t)$，因此有：

$$\dot{K}(t) = I(t) \tag{2-4}$$

对瞬时增长率的理解不能仅限于类似每秒钟那种极为短促时间内的增长率。如果考虑眨眼间的瞬时产出增长率似乎是没有意义的。但是，度量每天的产出增长率是可以理解的，而一天相对于一年也差不多是瞬间。实际上瞬时也是一个相对的概念。如果把一年的时间看成是瞬时是不好理解的，那么把一年的时间放在万年、亿年中时，仍然可谓是瞬间而过。

瞬时增长率概念的意义在于，一方面它严格表述了增长率的定义，揭示了增长率的实质；另一方面当用近似表示瞬时的时候，其含义就是可理解的现实经济，如日增长率、月增长率或年增长率等。

（2）瞬时相对增长率

同样，当 $\Delta t \to 0$ 时，（2－2）式的相对增长率面临求下式的极限

$$\lim_{\Delta t \to 0}\left(\frac{\Delta Y}{\Delta t}/Y\right)$$

如果 Y 关于时间 t 可导，则如下关系成立：

$$\lim_{\Delta t \to 0}\left(\frac{\Delta Y}{\Delta t}/Y\right) = \lim_{\Delta t \to 0}\left(\frac{\Delta Y}{\Delta t}\right)/Y = \frac{\dot{Y}}{Y}$$

于是可通过平均相对增长率的概念得到瞬时相对增长率的概念。

定义：设经济变量 Y 是时间 t 的可导函数，则 $\frac{\dot{Y}}{Y}$ 称为在 t 时的瞬时相对增长率。

由于

$$\frac{\dot{Y}}{Y} = \frac{\mathrm{d}Y}{\mathrm{d}t}/Y = \frac{\mathrm{d}Y}{Y}\frac{1}{\mathrm{d}t} = \frac{\mathrm{d}\ln Y}{\mathrm{d}t} \tag{2-5}$$

因此，$\frac{\mathrm{d}\ln Y}{\mathrm{d}t}$ 是 t 时刻的瞬时相对增长率的另一种表达式。（2－5）式表明一个变量的对数的时间导数，即是该变量的瞬时相对增长率。在某些时候，这种以（2－5）式表示的相对增长率，在计算中显得很方便。

3. 平均增长率和瞬时增长率之间的关系

由于瞬时增长率是平均增长率的极限情况，因此当 Δt 充分小时，平均增长率将充分接近瞬时增长率。也就是，平均增长率是瞬时增长率的一种近似。而近似程度的大小，取决于 Δt 的大小。

特别是，当 $\Delta t=1$ 时可理解为单位时间间隔，如年度、季度、月度或其他时间单位。因此有如下近似关系：

$$\text{瞬时绝对增长率}=\frac{\mathrm{d}Y}{\mathrm{d}t}\approx\frac{\Delta Y}{\Delta t}=\frac{Y_t-Y_{t-1}}{1}=Y_t-Y_{t-1} \qquad (2-6)$$

（2－6）式表明，瞬时增长率近似等于 Y_t-Y_{t-1}，即相邻两个时刻上的函数值的差。对于相对瞬时增长率有如下的关系：

$$\text{相对瞬时增长率}=\frac{\mathrm{d}Y}{\mathrm{d}t}/Y\approx\frac{\Delta Y}{\Delta t}/Y=\frac{Y_t-Y_{t-1}}{1}/Y_{t-1}=\frac{Y_t}{Y_{t-1}}-1 \qquad (2-7)$$

案例学习 2－1：导数的定义与几何意义

导数与微分是微分学中两个很重要的概念。在经济分析中，导数及微分、偏导数及积分等均有着非常广泛的应用。

导数是变化率的一种度量。数学中函数的导数定义是：设函数 $y=f(x)$ 在点 x_0 的某邻域内有定义，若极限

$$\lim_{\Delta x\to 0}\frac{f(x_0+\Delta x)-f(x_0)}{\Delta x}=\lim_{\Delta x\to 0}\frac{\Delta y}{\Delta x}$$

存在，则称函数 $f(x)$ 在点 x_0 可导，并称此极限为函数 $y=f(x)$ 在点 x_0 的导数，记为 $f'(x_0)$，或 $\frac{\mathrm{d}y}{\mathrm{d}x}\big|_{x=x_0}$，或 $y'\big|_{x=x_0}$。

即

$$f'(x_0)=\lim_{\Delta x\to 0}\frac{f(x_0+\Delta x)-f(x_0)}{\Delta x}=\lim_{\Delta x\to 0}\frac{\Delta y}{\Delta x}$$

导数的几何意义是图 2－2 中点 A 处切线的斜率。在图 2－2 中，$\frac{\Delta y}{\Delta x}$ 为直线段 AB 的斜率，当 $\Delta x\to 0$ 时 B 点沿着曲线 AB 趋向 A 点，直线段 AB 的斜率则无限接近于 A 点处切线的斜率。

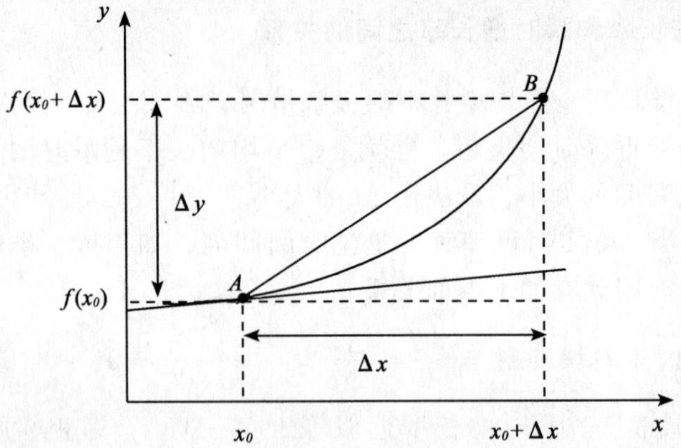

图 2－2　导数的几何意义

第二节　不同情况下的增长率计算

在实际中经常需要计算各种形式的增长率。如计算多时段的各种增长率以及变量和、差、积、商的增长率等。

1. 多时段的增长率计算

例如，要考察 20 世纪 90 年代的中国经济增长，需要计算 1991—2000 年期间的中国 GDP 年平均增长率。这时，每一年看成是一个时段 Δt，那么 1991—2000 年就有 10 个这样的时段 Δt。一般情况下，时段 Δt 可以是年，也可以是季、月、日或其他时段，但要求这些时段应彼此相等。图 2－3为划分为多时段的时间区间示意图。

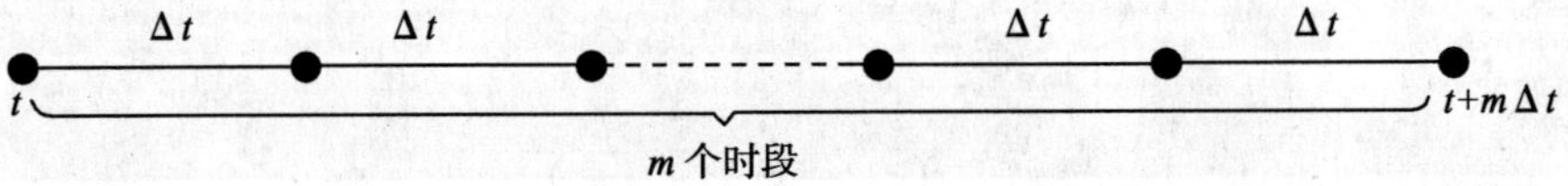

图 2－3　划分为 m 时段的时间区间（m 为正整数）

对于多时段的增长率计算，存在不同的情况。一种情况是通过每个时段的增长率来计算总时间区间的平均增长率；另一种情况是通过第一时段与最后时段来计算总时间区间的平均增长率。

（1）m 时段的绝对平均增长率

现考察图 2－3 所表示的多时段的绝对平均增长率计算。按公式（2－1），

从 t 时刻起历经 $m\Delta t$ 期的绝对平均增长率应按以下公式计算：

$$m\text{时段的绝对平均增长率} = \frac{Y(t+m\Delta t)-Y(t)}{m\Delta t} \quad (2-8)$$

由于分子 $Y(t+m\Delta t)-Y(t)$ 可写成如下形式：

$$\begin{aligned}
&Y(t+m\Delta t)-Y(t) \\
&= Y(t+m\Delta t)-Y[t+(m-1)\Delta t]+Y[t+(m-1)\Delta t]-\cdots- \\
&\quad Y(t+\Delta t)+Y(t+\Delta t)-Y(t) \\
&= \sum_{i=1}^{m}\{Y(t+i\Delta t)-Y[t+(i-1)\Delta t]\} \\
&= \sum_{i=1}^{m}\Delta Y_i
\end{aligned}$$

式中 $\Delta Y_i = Y(t+i\Delta t)-Y[t+(i-1)\Delta t]\,(i=1,2,\cdots,m)$，是第 i 时段的函数值增量。于是，（2－8）式可以写成如下形式：

$$\frac{Y(t+m\Delta t)-Y(t)}{m\Delta t} = \frac{\sum_{i=1}^{m}\Delta Y_i}{m\Delta t} = \frac{\sum_{i=1}^{m}\frac{\Delta Y_i}{\Delta t}}{m} = \frac{1}{m}\sum_{i=1}^{m}a_i$$

式中 $a_i = \frac{\Delta Y_i}{\Delta t}$ 为第 i 时段的绝对平均增长率。于是得：

$$m\text{时段的绝对平均增长率} = \frac{1}{m}\sum_{i=1}^{m}a_i = \frac{1}{m}(a_1+a_2+\cdots+a_m) \quad (2-9)$$

即（2－9）式表明：m 时段的绝对平均增长率等于各时段绝对平均增长率的算术平均值。

（2）m 时段的相对平均增长率

同理，按公式（2－2）从 t 时起历经 $m\Delta t$ 时段的平均相对增长率，可用如下表达式计算：

$$m\text{时段的相对平均增长率} = \frac{Y(t+m\Delta t)-Y(t)}{m\Delta t}/Y(t) \quad (2-10)$$

于是，（2－10）式可以写成以下形式：

$$\frac{Y(t+m\Delta t)-Y(t)}{m\Delta t}/Y(t) = \frac{\sum_{i=1}^{m}\frac{\Delta Y_i}{\Delta t}/Y(t)}{m} = \frac{1}{m}\sum_{i=1}^{m}\beta_i b_i$$

式中 $b_i = \frac{\Delta Y_i}{\Delta t}/Y_i$，$\beta_i = \frac{Y_i}{Y(t)}$，$Y_i = Y[t+(i-1)\Delta t]$，$b_i$ 是第 i 时段的相对平均增长率。从而 t 时刻起历经 m 时段的相对平均增长率有如下公式：

$$m\text{时段的相对平均增长率}\frac{1}{m}\sum_{i=1}^{m}\beta_i b_i = \frac{1}{m}(\beta_1 b_1 + \beta_2 b_2 + \cdots + \beta_m b_m) \tag{2-11}$$

即：m 时段的相对平均增长率等于各时段的相对平均增长率乘以一定权重的算术平均。

因此，公式（2-9）和公式（2-11）给出了通过各时段增长率来计算出整个时间区间增长率的关系式。

（3）m 时段的均等平均增长率

在现实经济中，有些时候人们关注的并不是每一时段的增长率，而是一个总体平均增长率。例如，一个企业可能想知道按目前 100 万元的年销售收入，如果要在 5 年后达到 1000 万元的年销售收入，那么这 5 年的销售收入年均增长率是多少才能实现此目标。

对此，企业可以用两种方式安排销售收入的增长计划：一是按每年增长相同的绝对数额；二是按每年保持相同的相对增长率。前者计算的是以绝对数额表示的绝对平均增长率，而后者则计算以百分数表示的相对平均增长率。

上面第一种情况是等额增长情况。该情况可归结为：已知第一时段的数值 Y_1 和第 m 时段的数值 Y_m，求 m 时段的均等平均增长率。

这里均等平均增长率是指，对一个有 m 个时段的时间区间，如果各个时段的平均增长率 a_i 都相等，并假定都等于 a，则称 a 为该时间区间上的均等平均增长率。对此，可进行如下计算：

由于是均等的增长，因此有如下关系成立：

$$Y_2 - Y_1 = a$$

$$Y_3 - Y_2 = a$$

$$\cdots$$

$$Y_m - Y_{m-1} = a$$

将上述各式相加，得：

$$Y_m - Y_1 = (m-1)a$$

即

$$a = \frac{1}{m-1}(Y_m - Y_1) \qquad (m \neq 1) \tag{2-12}$$

（4）m 时段的均等相对平均增长率

上面第二种情况是等比例增长情况。该情况可归纳为：已知第 1 时段

的数值 Y_1 和第 m 时段的数值 Y_m，求 m 时段的均等相对平均增长率。

这里均等相对平均增长率是指对一个有 m 个时段的时间区间，如果各个时段的相对平均增长率 b_i 都相等，并假定都等于 b，则称 b 为时间区间上的均等相对平均增长率。

同样，按均等相对平均增长率的定义，应有：

$$\frac{Y_2 - Y_1}{Y_1} = b$$

因此有：

$$Y_2 = Y_1(1 + b)$$

同理有：

$$Y_3 = Y_2(1 + b)$$

并代入 $Y_2 = Y_1(1 + b)$，则有：

$$Y_3 = Y_1(1 + b)^2$$

依此不难推出如下关系：

$$Y_m = Y_1(1 + b)^{m-1} \tag{2-13}$$

由（2－13）式求出 b，得：

$$b = \left(\frac{Y_m}{Y_1}\right)^{\frac{1}{m-1}} - 1 \qquad (m \neq 1) \tag{2-14}$$

特别地，对于相邻两时段（$m = 2$），则两时段间的相对增长率为：

$$\text{两时段间的相对增长率} = \frac{Y_2 - Y_1}{Y_1} = \frac{Y_2}{Y_1} - 1 \tag{2-15}$$

2. 变量之和、差、积、商的增长率计算

经济中的一些变量之间存在着和、差、积、商等关系。对于存在这些关系的变量增长率的计算，可利用有关的公式来进行，从而可以给有关计算带来很大的方便。

（1）变量和的增长率

如果经济变量 A 和 $A_i(i = 1, 2, \cdots, m)$ 都是时间的函数，并有如下关系：

$$A = A_1 \pm A_2 \pm \cdots \pm A_m \tag{2-16}$$

式中 $A \neq 0$ 及 $A_i \neq 0(i = 1, 2, \cdots, m)$。则 A 的增长率等于各 A_i 增长率的加权和（或差）。即如下关系成立：

$$\frac{\dot{A}}{A} = \alpha_1 \frac{\dot{A}_1}{A_1} \pm \alpha_2 \frac{\dot{A}_2}{A_2} \pm \cdots \pm \alpha_m \frac{\dot{A}_m}{A_m} \tag{2-17}$$

其中，$\alpha_i = \frac{A_i}{A}(i=1,2,\cdots,m)$。

证明：对（2－16）式两边求时间的导数，得：

$$\dot{A} = \dot{A}_1 \pm \dot{A}_2 \pm \cdots \pm \dot{A}_m$$

于是

$$\frac{\dot{A}}{A} = \frac{\dot{A}_1}{A} \pm \frac{\dot{A}_2}{A} \pm \cdots \pm \frac{\dot{A}_m}{A}$$

$$\frac{\dot{A}}{A} = \frac{\dot{A}_1}{A_1}\ \frac{A_1}{A} \pm \frac{\dot{A}_2}{A_2}\ \frac{A_2}{A} \pm \cdots \pm \frac{\dot{A}_m}{A_m}\ \frac{A_m}{A}$$

令 $\alpha_i = \frac{A_i}{A}(i = 1,2,\cdots,m)$，则上式可写成：

$$\frac{\dot{A}}{A} = \alpha_1 \frac{\dot{A}_1}{A_1} \pm \alpha_2 \frac{\dot{A}_2}{A_2} \pm \cdots \pm \alpha_m \frac{\dot{A}_m}{A_m}$$

（2）变量积与商的增长率

如果经济变量 q 和 $q_i(i=1,2,\cdots,m)$ 都是时间的函数，且有如下关系：

$$q = q_1 \times q_2 \times \cdots \times q_m \tag{2-18}$$

则 q 的增长率等于各 q_i 增长率之和。即如下关系成立：

$$\frac{\dot{q}}{q} = \frac{\dot{q}_1}{q_1} + \frac{\dot{q}_2}{q_2} + \cdots + \frac{\dot{q}_m}{q_m} \tag{2-19}$$

证明：对（2－18）式两边取对数，得：

$$\ln q = \ln q_1 + \ln q_2 + \cdots + \ln q_m$$

对上式两边求时间 t 的导数，得：

$$\frac{\mathrm{d}\ln q}{\mathrm{d}t} = \frac{\mathrm{d}\ln q_1}{\mathrm{d}t} + \frac{\mathrm{d}\ln q_2}{\mathrm{d}t} + \cdots + \frac{\mathrm{d}\ln q_m}{\mathrm{d}t}$$

而 $\frac{\mathrm{d}\ln q}{\mathrm{d}t}$ 就是 $\frac{\dot{q}}{q}$，$\frac{\mathrm{d}\ln q_i}{\mathrm{d}t}$ 就是 $\frac{\dot{q}_i}{q_i}(i = 1,2,\cdots,m)$，因此有

$$\frac{\dot{q}}{q} = \frac{\dot{q}_1}{q_1} + \frac{\dot{q}_2}{q_2} + \cdots + \frac{\dot{q}_m}{q_m}$$

为了计算商的增长率，只需把对应的加号变为减号即可。例如，若 q 为 q_1 和 q_2 之商，即：

$$q = q_1/q_2$$

则

$$\ln q = \ln q_1 - \ln q_2$$

从而

$$\frac{\mathrm{d}\ln q}{\mathrm{d}t}=\frac{\mathrm{d}\ln q_1}{\mathrm{d}t}-\frac{\mathrm{d}\ln q_2}{\mathrm{d}t}$$

即

$$\frac{\dot{q}}{q}=\frac{\dot{q}_1}{q_1}-\frac{\dot{q}_2}{q_2} \tag{2-20}$$

即变量之商的增长率等于对应变量增长率之差。

案例学习 2-2：经济增长率与通货膨胀率的关系

地区生产总值（GDP）是度量一个国家或地区在一定时期内社会最终产品（包括服务）的价值总量。形成 GDP 的价值，有两个方面的度量：一是实物数量（包括服务量）；二是市场价格。由于不同时期产出的数量及其价格均不相同，因此按当年现价计算的 GDP，是当年产出数量与当年市场价格相结合的综合结果。为了克服价格变动对度量的影响，通常取某一年为基年，利用该年的价格来计算其他各年的产品的价值，由此可得到按不变价计算的 GDP。按现价计算的 GDP 称为名义 GDP（Nominal GDP），按不变价计算的 GDP 称为实际 GDP（Real GDP），以 GDPC 表示。而 GDP 减缩因子定义为名义 GDP 与实际 GDP 的比率，以 PGDP 表示。于是有如下关系：

$$\text{PGDP}=\text{GDP}/\text{GDPC} \tag{2-21}$$

按公式（2-20）有：

GDP 减缩因子增长率 = 名义 GDP 增长率 - 实际 GDP 增长率 (2-22)

或者表示为：

名义 GDP 增长率 = GDP 减缩因子增长率 + 实际 GDP 增长率 (2-23)

因此，如果知道实际 GDP 增长率（经济增长率）为 10%，通货膨胀率（GDP 减缩因子增长率）为 5%，则名义 GDP 增长率为 15%。

第三节 “边际”问题的数学解析

由上一节可以看到，经济变量关于时间的导数即是该变量的增长率。或者说，增长率是从时间方面度量一定经济变量的变动情况。然而，从时间方面考察变量的变动，仅是考察问题的一个方面。事实上在诸多经济变量之间也可能存在彼此间的相互作用，因此还存在从不同变量角度出发来考察某一变量的变动情况。

例如，生产要素投入的增加会导致产出的增加。因此，如果投入增加 Δx，对应产出增加 Δy，则 $\frac{\Delta y}{\Delta x}$ 就是产出 y 相对投入 x 的一种变化率，这与要讨论的“边际”问题有关。

在经济学中有许多与“边际”概念有关的问题，如边际成本、边际收入、边际消费倾向和边际劳动等。应当指出的是，“边际”概念同样与“导数”有关，即它是一个经济变量关于另一个经济变量的导数。

下面通过考察一个企业的产量决策过程，来看边际概念的意义及其应用。现在需要考虑的问题是：假设市场对某产品的需求量是无限的，换句话说，无论企业生产多少该产品都可以在市场上实现销售，那么问题是企业是否会无限量地生产该产品？

企业如何生产，与企业的经营原则有关。如果一个企业甘于奉献，它可以赔本生产。但这不是一般意义上的企业。一般意义上的企业是以追求利润最大化为经营原则的。那么这意味着，以利润最大化为原则的企业，并不是追求产量的最大化，而是要寻求一个恰当的产量，在这个产量上企业的利润最大。

这里有必要先明确什么是企业的利润。企业的利润是企业产品的销售收入减去投入成本后的剩余。在产品需求无限的市场中，企业生产的产品数量越多，实现销售的产品数量也越多，从而所获得的销售收入也就越多；但生产的产品数量越多，相应投入的成本也越多，例如要投入更多的原材料和劳动力等。因此，在销售收入和生产成本都增加的情况下，利润是否随产量的增加而增加还是一个疑问。对此，下面首先从经济意义来看如何解决利润最大化下的产量决定问题，然后再从数学意义出发看如何解决此问题。

1. 经济意义分析法求解企业利润最大化下的产量

现假设企业生产 x 数量的产品需要投入的成本为 $C(x)$，销售这些 x 数量的产品而获得的销售收入为 $R(x)$，则 $\pi(x)=R(x)-C(x)$ 就是企业在生产 x 数量产品时的利润。将这些表达式联立起来有如下的关系：

$$\begin{cases} C = C(x) \\ R = R(x) \\ \pi = R - C \end{cases} \tag{2-24}$$

现在企业已经生产出 x 数量的产品。那么，接下来企业是否要继续生产下去？这取决于企业如果继续生产，利润是否能继续扩大。也就是取决于企业要增加生产的那个产品的利润。对于要增加生产的那个产品，假如它的销售所得大于其成本，则意味着该产品依然可以为企业挣得利润，于是企业就会愿意生产出该产品。如此下去，当出现要增加生产的产品的销售所得开始抵不上该产品的成本时，企业就不愿意再增加生产了。因为如果再增加生产，增加的产品利润将是负值，从而总利润将开始下降。由此看来，当要增加生产的那个产品所挣得的利润为零时，企业将不再增加产量，此时企业的总利润达到最大。

可用数量分析描述上述过程：假设企业在产出数量为 x 时继续增加生产 Δx 数量的产品，则生产 $x+\Delta x$ 数量产品的成本为 $C(x+\Delta x)$。此时，由于增加生产 Δx 数量产品而导致的成本增量为 $\Delta C = C(x+\Delta x) - C(x)$。

于是，$\frac{\Delta C}{\Delta x}$就是在 x 产量处由于增加生产 Δx 数量的产品，而平均分摊到这 Δx 数量产品中每一个产品上的成本。对此也可理解为，$\frac{\Delta C}{\Delta x}$是在 x 产量处由于增加生产 Δx 数量的产品而要为这些（Δx 数量）产品的每一个产品付出的成本。注意，这里的$\frac{\Delta C}{\Delta x}$是在 x 产量处的$\frac{\Delta C}{\Delta x}$，即与 x 有关。

再来看销售收入的情况。由于假定在市场上对该产品的需求是无限的，因此这也就意味着不论生产出多少数量的该产品都能实现销售。假设生产 x 数量产品的销售收入为 $R(x)$，那么 $x+\Delta x$ 数量产品的销售收入为 $R(x+\Delta x)$，因此 Δx 数量产品所带来的销售收入增量为 $\Delta R = R(x+\Delta x) - R(x)$。于是，$\frac{\Delta R}{\Delta x}$就是在 x 处由于增加生产 Δx 数量产品，而平均分摊到这 Δx 数量产品中每一个产品的销售收入。对此也可理解为，$\frac{\Delta R}{\Delta x}$是在 x 处由于增加生产 Δx 数量的产品而从这些（Δx 数量）产品的每一个产品中所获得的销售收入。于是，可将$\frac{\Delta R}{\Delta x}$与$\frac{\Delta C}{\Delta x}$进行比较。

这时$\frac{\Delta R}{\Delta x}$与$\frac{\Delta C}{\Delta x}$的大小比较，成为企业是否在 x 产量基础上继续增加生产的关键。如果有$\frac{\Delta R}{\Delta x} > \frac{\Delta C}{\Delta x}$成立，则意味着在 x 处继续生产，所生产出的产品销售所得将大于其成本，于是企业会增加生产出该产品。如此下去，

直至 x 增加到某一值 x_0，出现$\frac{\Delta R}{\Delta x}=\frac{\Delta C}{\Delta x}$，而如果继续增加生产就将出现$\frac{\Delta R}{\Delta x}<\frac{\Delta C}{\Delta x}$，则意味着继续增加生产，产品成本将大于产品的销售收入，企业总利润将开始下降。于是，此时企业将停止增加生产。此时

$$\frac{\Delta R}{\Delta x}=\frac{\Delta C}{\Delta x} \tag{2-25}$$

这是企业实现利润最大化的条件。

现对（2-25）式的等式两边取 $\Delta x\to 0$ 时的极限，即

$$\lim_{\Delta x\to 0}\frac{\Delta R}{\Delta x}=\lim_{\Delta x\to 0}\frac{\Delta C}{\Delta x}$$

显然，$\lim_{\Delta x\to 0}\frac{\Delta C}{\Delta x}$就是 $C(x)$ 关于 x 的导数 $C'(x)$，$\lim_{\Delta x\to 0}\frac{\Delta R}{\Delta x}$就是 $R(x)$ 关于 x 的导数 $R'(x)$。于是，企业利润最大化的条件就是要满足如下关系：

$$R'(x)=C'(x) \tag{2-26}$$

这样，成本函数的导数 $C'(x)$ 及销售收入函数的导数 $R'(x)$ 就有了特殊意义。为此，在经济学中称 $C'(x)$ 为在 x 处的边际成本（marginal cost）；称 $R'(x)$ 为在 x 处的边际收入（marginal revenue）；称 $\pi'(x)$ 为在 x 处的边际利润（marginal profit）。可见，经济理论中的“边际”即是数学中的导数概念。

2. 基于数学意义求解企业利润最大化下的产量

（2-26）式表明，企业实现利润最大化的条件是企业生产的边际成本等于其边际收入。实际上，如果根据数学知识而不是经济意义来求解上述利润最大化下的产量，则问题实际上是很容易解决的。

从数学角度来求出企业利润最大化的产量，实际上是求函数 $\pi(x)=R(x)-C(x)$ 在区间 $(0,+\infty)$ 内的最大值问题。由数学知道，若该函数可导，则该函数取得最大值的点至少须满足方程 $\pi'(x)=R'(x)-C'(x)=0$，即 $R'(x)=C'(x)$，即边际收入等于边际成本。可见，此时利用数学工具解决此问题，比经济意义分析的方法显得更有效率。

可见，当边际收入等于边际成本时，也就是边际利润为零，即此时增加生产的产品所挣得的利润为零。

3. 边际概念的含义

那么，边际的含义究竟是什么？为什么称边际？对此，按导数的定义

有下面关系成立：

$$C'(x) = \lim_{\Delta x \to 0} \frac{C(x+\Delta x) - C(x)}{\Delta x} \quad (2-27)$$

当 Δx 相对于 x 较小时，若令 $\Delta x = 1$，则下面关系近似成立：

$$C'(x) \approx \frac{C(x+1) - C(x)}{1} = C(x+1) - C(x) \quad (2-28)$$

上式的含义是，$C(x)$ 关于 x 的导数 $C'(x)$ 近似地等于在 x 处增加 1 个单位产出时所导致的成本增加。

用“边际”（marginal）这个词描述这个效应，主要在于这种分析有现实意义，通常是考察当一定变量取值到一定程度后是否还要继续取值的决策。如当产量达到 150 万吨时是否还要继续增加生产；吃了两个苹果后是否还要再吃一个；已经雇用 68 个工人是否还要继续增加工人，等等。就好像这些变量（如产量、苹果或工人）的取值正处在一种边缘上，是否继续取值需要决策，而这个决策准则就看该变量值的继续变动对相关变量（其函数值）的影响效应。对上例的 $C(x)$ 而言，就是把已确定的 x 视为一个暂定的取值边缘，然后考察这个暂定的边缘变动一下的效应。即在 x 处给一个微小变动 Δx，考察 $\frac{C(x+\Delta x) - C(x)}{\Delta x}$ 的效应。因此，所谓边际效应，就是“下一步的效应”。

因此边际成本可近似理解为生产下一个产品的成本。例如在上述例子中，当 $x=10$ 时，$C'(10)=200$，即生产第 10 个产品时边际成本为 200。其含义可以近似看成是生产第 11 个产品的成本。需要指出的是，这仅是近似的说法。实际上，生产第 10 个产品的边际成本，需要按（2－27）式计算如下的极限：

$$\lim_{\Delta x \to 0} \frac{C(10+\Delta x) - C(10)}{\Delta x} = C'(10) = 200 \quad (2-29)$$

而生产第 11 个产品的成本 $C(11) - C(10) = 210$，由（2－28）式，得：

$$C'(10) \approx C(10+1) - C(10) = C(11) - C(10)$$

即可把 $C'(10)$ 理解为生产第 10 个产品时边际成本的一个近似值。

考察不同变量之间的变动关系，边际分析是一种经常被采用的方法。如果撇开具体的经济含义而单纯从数学角度看，边际的概念和增长率一样，在数学上本质都是导数。所不同的是，增长率是关于时间的导数，而边际则是关于一定经济变量的导数。也就是说，边际的概念是从某一特定的经济变量出发来度量另一经济变量的变动情况。如对消费函数求关于收入的导数，就是边际消费倾向（marginal propensity to consume），等等。

以上讨论的都是一元函数的情况。而现实中通常涉及的是多经济变量间的关系。多变量函数的边际概念是用偏导数来体现的。例如，对于如下的多元函数

$$y = f(x_1, x_2, \cdots, x_n) \tag{2-30}$$

其偏导数用 $\frac{\partial y}{\partial x_i}(i = 1, 2, \cdots, n)$ 体现，即是多变量情况下的边际概念。

以生产函数 $Y = F(K, L)$ 为例，这里 Y 是产出，K 为资本投入，L 为劳动投入，那么 $\frac{\partial Y}{\partial K} = F'_K$ 称为资本边际产出（marginal product of capital）；$\frac{\partial Y}{\partial L} = F'_L$ 称为劳动边际产出（marginal product of labor）。

（3）边际与乘数

对于导数 $\frac{\mathrm{d}y}{\mathrm{d}x}$ 或 y 关于 x 的平均变化率 $\frac{\Delta y}{\Delta x}$，也有另一种理解，即乘数的概念。经济学中的乘数是指某经济变量增加一个单位引致或对应另一经济变量增加量的多少，即 $\frac{\mathrm{d}y}{\mathrm{d}x}$ 或 $\frac{\Delta y}{\Delta x}$。例如，$\Delta G$ 表示政府支出的增加量，ΔY 表示总收入或总产出的增加量，则 $\Delta Y/\Delta G$ 即是政府支出乘数，即政府支出乘数度量了政府支出增加一元钱可导致总收入增加的多少。关于政府支出乘数在后面将有进一步的介绍和讨论。

案例学习 2-3：利润最大化下的产出决定

一个企业的生产成本函数为 $C(x) = 200 + 10x^2$，其销售收入函数为 $R(x) = 400x$。问：该企业利润最大化下的产出是多少？

解：可以计算出该企业的边际成本函数为

$$C'(x) = 20x$$

其边际收入函数为

$$R'(x) = 400$$

当边际收入与边际成本相等时利润达到最大，即：

$$20x = 400$$

由此得

$$x = 20$$

即企业生产20个产品时的利润最大。

第四节　关于弹性分析

在上面（2－29）式中可以看到，第10个产品的边际成本为200（元/个）。可见边际分析是一种绝对数值的分析。这种以绝对数值表现成本变化的方式具有直观性，但在有些时候这种以绝对数值表现成本变化的方式似乎也不尽完善。例如成本函数：

$$C_1(x)=10x^2 \quad (2-31)$$

和成本函数：

$$C_2(x) = 20000 + 10x^2 \quad (2-32)$$

有相同的边际成本函数：

$$C'_1(x) = C'_2(x) = 20x$$

因此，当$x=10$时两者的边际成本均为200。但对于（2－31）式的成本而言，$x=10$时的总成本为：

$$C_1(10)=10\times10^2=1000$$

即在$x=10$处的边际成本占其总成本的比重为200/1000＝20%。

但对于（2－32）式的成本函数，$x=10$时的总成本为：

$$C_2(10)=20000+10\times10^2=21000$$

即此成本函数在$x=10$处的边际成本占其总成本的比重为$200/21000\approx0.95\%$。可见，具有相同绝对数值的边际成本所体现的成本变化程度是不相同的。因此有必要考虑边际成本的相对变化情况，即$C'(x)/C(x)$。

一般地，对于函数$y=f(x)$，称$\frac{dy}{dx}/y$为函数$y=f(x)$关于x的相对变化率。但是，$\frac{dy}{dx}/y$实际度量的是当x有一个绝对数量的变化dx时，函数y的相对变化率。有些时候，这种度量同样会存在问题。

例如，对于售价每辆10万元的汽车，考虑1元钱的价格变动对汽车需求的影响是没有意义的；然而对价格为每斤2元的牛奶而言，1元钱的价格上涨对牛奶需求的影响肯定是深刻的。原因在于，在前者情况下1元的价格变动仅占10万元价格水平的0.001%；而在后者情况下1元的价格变动却占2元的价格水平的50%。这表明，在度量函数的相对变化时，同样需要考虑自变量本身的相对变化，而不是绝对数量变化。

对于函数$y=f(x)$，自变量x本身的相对变化率可视为$y=x$这个函数的相对变化率。因此，自变量本身的相对变化率为$\frac{dx}{dx}/x$，即$\frac{dx}{dx}/x=\frac{1}{x}$。

于是，有如下定义：函数 $y=f(x)$ 对自变量 x 的相对变化率$\frac{dy}{dx}/y$与自变量 x 的相对变化率$\frac{dx}{dx}/x$之比率，称为函数 y 关于 x 的弹性或 y 对 x 的弹性。

用 e_x 表示弹性，即：

$$e_x=\frac{\frac{dy}{dx}/y}{\frac{dx}{dx}/x} \tag{2-33}$$

对（2-33）式进行简化，可以得到不同的弹性表达式。首先，由

$$\frac{\frac{dy}{dx}/y}{\frac{1}{x}}=\frac{dy}{dx}\frac{x}{y}=f'(x)\frac{x}{y}$$

而得到 e_x 的第一种表达式：

$$e_x=\frac{dy}{dx}\frac{x}{y}=f'(x)\frac{x}{y} \tag{2-34}$$

由

$$\frac{dy}{y}\frac{x}{dx}=\frac{dy}{y}\Big/\frac{dx}{x}$$

而得到 e_x 的第二种表达式：

$$e_x=\frac{dy}{y}\Big/\frac{dx}{x} \tag{2-35}$$

由

$$\frac{dy}{y}\Big/\frac{dx}{x}=\frac{d\ln y}{d\ln x}$$

而得到 e_x 的第三种表达式：

$$e_x=\frac{d\ln y}{d\ln x} \tag{2-36}$$

如果 y 和 x 都是时间 t 的函数，则

$$\frac{dy}{y}\Big/\frac{dx}{x}=\frac{dy}{y\,dt}\Big/\frac{dx}{x\,dt}=\frac{\dot{y}}{y}\Big/\frac{\dot{x}}{x}$$

按定义可知，$\frac{\dot{y}}{y}$和$\frac{\dot{x}}{x}$是相对增长率。由此可见，两变量的相对增长率之比就

是弹性。于是得到 e_x 的第四种表达式：

$$e_x = \frac{\dot{y}}{y} \bigg/ \frac{\dot{x}}{x} \tag{2-37}$$

归纳如下，可以得到常用的 y 关于 x 的弹性 e_x 的四种表达式：

(1) $e_x = f'(x)\dfrac{x}{y}$；

(2) $e_x = \dfrac{\mathrm{d}y}{y} \bigg/ \dfrac{\mathrm{d}x}{x}$；

(3) $e_x = \dfrac{\mathrm{d}\ln y}{\mathrm{d}\ln x}$；

(4) $e_x = \dfrac{\dot{y}}{y} \bigg/ \dfrac{\dot{x}}{x}$。

上述 y 关于 x 的弹性 e_x 的不同表达式在实际应用中有不同的用处和方便。

同样，如果 y 是多元函数，相应有偏弹性（partial elasticity）的概念。例如，对如下的多元函数

$$y = f(x_1, x_2, \cdots, x_n) \tag{2-38}$$

定义 y 关于 x_i 的偏弹性为

$$e_{x_i} = \frac{\partial f}{\partial x_i} \frac{x_i}{f(x_1, x_2, \cdots, x_n)} \tag{2-39}$$

(2-39) 式的含义是当只有 x_i 增长1%时所对应 y 变动的百分数，在这个过程中 $x_j (j \neq i)$ 保持不变。

例如，对于 C-D 函数 $Y = AK^{\alpha}L^{\beta}$，取两边的对数，得：

$$\ln Y = C + \alpha \ln K + \beta \ln L \tag{2-40}$$

参照上面 y 关于 x 的弹性 e_x 的第三种表达式，α 就是 Y 关于 K 的偏弹性，β 就是 Y 关于 L 的偏弹性。事实上根据（2-40）式容易求得：

$$e_K = \frac{\partial \ln Y}{\partial \ln K} = \alpha; e_L = \frac{\partial \ln Y}{\partial \ln L} = \beta$$

由此可以推广到对一般对数线性方程

$$\ln Y = a_0 + a_1 \ln A_1 + a_2 \ln A_2 + \cdots + a_n \ln A_n$$

的情况。即 $\ln A_i$ 前系数 $a_i (i = 1, 2, \cdots, n)$ 就是 Y 关于 A_i 的偏弹性。

案例学习 2-4：计算财政收入对 GDP 的弹性系数

表 2-1 是 1995—2000 年期间中国 GDP 与财政收入的数据。该期间财

政收入对 GDP 的弹性系数是多少？

表 2-1　　1995—2000 年中国 GDP 与财政收入数据　　（亿元，现价）

年份	GDP	财政收入
1995	58478	6242
1996	67885	7408
1997	74463	8651
1998	78345	9876
1999	82068	11377
2000	89468	13395

数据来源：《中国统计年鉴 2004》。

解：由于财政收入对 GDP 的弹性系数等于财政收入增长率与 GDP 增长率之比率，因此首先需要计算财政收入增长率和 GDP 增长率，然后计算两个增长率的比值。计算结果如表 2-2 所示。

表 2-2　　1995—2000 年中国财政收入对 GDP 的弹性系数

年份	财政收入增长率（%）	GDP 增长率（%）	财政收入对 GDP 的弹性系数
1996	18.7	16.1	1.2
1997	16.8	9.7	1.7
1998	14.2	5.2	2.7
1999	15.2	4.8	3.2
2000	17.7	9.0	2.0
1995—2000 平均	16.5	8.9	1.9

表 2-2 的年度增长率按下面公式计算［根据公式（2-15）］：

$$\text{年度增长率} = 100 \times [(\text{当年值}/\text{上年值}) - 1]\ (\%) \qquad (2-41)$$

1995—2000 年平均增长率按下面公式计算：

$$1995\text{—}2000\ \text{年平均增长率} = 100 \times [(2000\ \text{年值}/1995\ \text{年值})^{\frac{1}{5}} - 1)](\%) \qquad (2-42)$$

需要注意的是，由于这里的财政收入是按现价计算，因此对应的 GDP 也应按现价计算。表 2-2 的结果表明，就 1995—2000 年平均水平而言，GDP 平均增长 1% 对应的财政收入平均增长 1.9%。

第五节　对数曲线的应用

经常阅读国外有关经济分析资料的人，能够发现数据的对数曲线是一种常见的曲线。这主要是因为对数所具有的一些性质，使这种曲线在数据分析中具有一些特殊性。

设经济变量 Y 是时间 t 的函数。对 Y 取对数得到 $\ln Y$，那么 $\ln Y$ 的曲线具有如下一些特点：

特点 1：如果以时间 t 为横轴，$\ln Y$ 为纵轴，则纵轴上距离相等的两点之间，对应时间段上的 Y 的平均相对增长率相等。

证明如下：

设 Y_t 为时间 t 的函数，m、n、h 和 k 是不同的时间点；假设有下面关系成立：

$$\ln Y_m - \ln Y_n = \ln Y_h - \ln Y_k \qquad \text{（已知条件）}$$

于是，如下关系成立：

$$\ln \frac{Y_m}{Y_n} = \ln \frac{Y_h}{Y_k}$$

从而有：

$$\frac{Y_m}{Y_n} = \frac{Y_h}{Y_k}$$

$$\frac{Y_m}{Y_n} - 1 = \frac{Y_h}{Y_k} - 1 \qquad (2-43)$$

即（2－43）式表明，Y 在时间段［n，m］上的平均相对增长率，与其在时间段［k，h］上的平均相对增长率相等。

特点 2：采用对数，可以大幅度降低数据的数量级，从而可以使差别很大的数据在同一个图中表示出来。

例如，10^8 的常用对数值为 8，这表明即使是数以亿计的数据，在取对数后数量级会大幅度降低。由此可对不同数量级的数据进行相对直观的比较。可参见案例学习 2－5 关于中国 GDP、人均 GDP 和总人口对数曲线的比较分析情况。

特点 3：对数曲线 $\ln Y$ 每一点上的切线斜率即是对应时间点上 Y 的相对增长率。

对此结论很容易证明。即对 $\ln Y$ 求时间 t 的导数，则得：

$$\frac{\mathrm{d}\ln Y}{\mathrm{d}t} = \frac{\mathrm{d}Y}{Y\mathrm{d}t} = \frac{\dot{Y}}{Y}$$

可见，$\ln Y$ 曲线上的每一点处切线的斜率，就是 Y 的相对增长率。

因此，可以根据 $\ln Y$ 曲线的形状来判断 Y 的增长情况：对数曲线的上升段表明该段曲线上的切线斜率大于零，相对增长率为正，即 Y 的绝对数量增加；斜率等于零，即相对增长率为零，Y 的绝对数量不变；斜率小于零，即相对增长率为负，Y 的绝对数量下降。

特点4：如果 Y 可以表示为另外若干个变量的乘积，则 $\ln Y$ 曲线等于这些变量对数曲线之和。

对此也很容易证明。仅以两个变量之乘积为例，设 $Y = G \times S$，则

$$\ln Y = \ln G + \ln S$$

由此，在图像中 $\ln Y$ 表现为 $\ln G$ 与 $\ln S$ 之和。例如，由于现价 GDP 等于不变价 GDP 与 GDP 减缩因子的乘积，因此现价 GDP 曲线等于不变价 GDP 曲线与 GDP 减缩因子曲线的和。

案例学习 2－5：中国 GDP、人均 GDP 和总人口对数曲线

表 2－3 是中国 GDP、人均 GDP 和总人口的数据。可以看到，这三个指标的数据在数量级和计量单位上都有很大差别。如果直接做出这些数据的曲线，即如图 2－4，可以看到会是怎样的效果。

表 2－3　　中国 GDP、人均 GDP 和总人口数据

年份	GDP（亿元）	人均 GDP（元/人）	人口数（亿）
1978	3624.1	379	9.56
1980	4517.8	460	9.82
1985	8964.4	853	10.51
1990	18547.9	1634	11.35
1995	58478.1	4854	12.05
2000	89468.1	7086	12.63
2001	97314.8	7651	12.72
2002	105172.3	8214	12.80
2003	117251.9	9101	12.88

数据来源：《中国统计年鉴—2004》。

在图2－4中可以看到，人口数据曲线几乎与横轴重合。这是因为相对于GDP的数值，人口数值很小（不考虑计量单位）。如果这样表现数据的曲线，不容易观察这些曲线之间的关系。

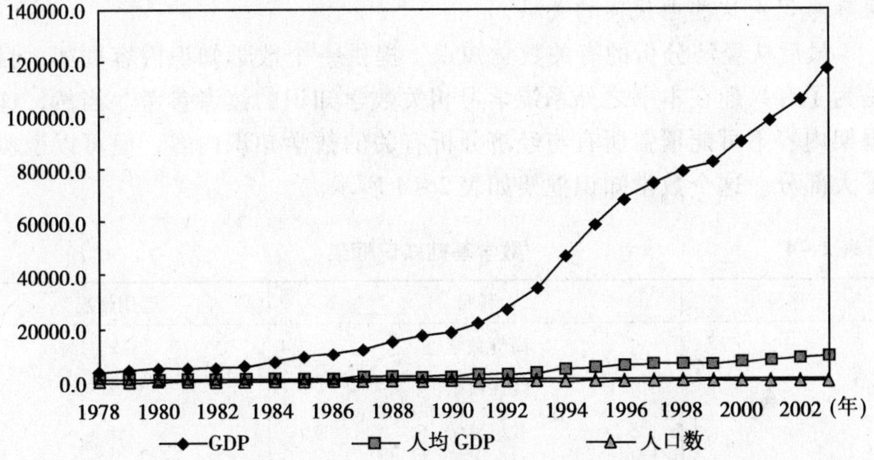

图2－4　中国GDP、人均GDP和总人口原始数据曲线

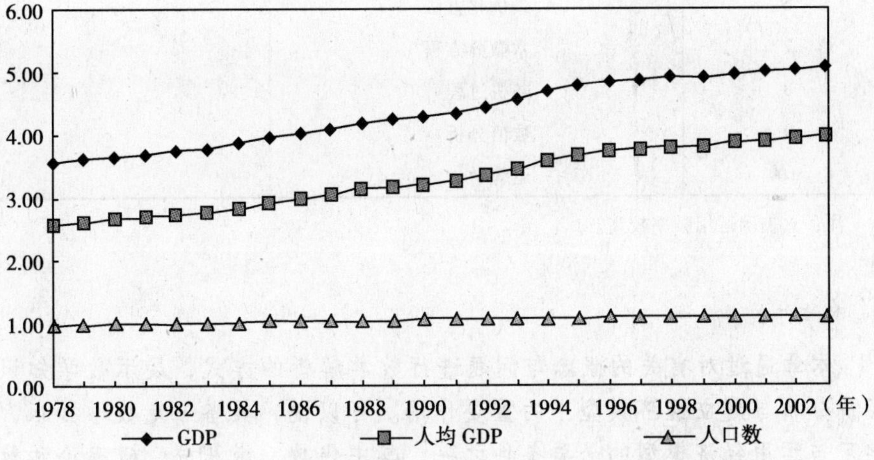

图2－5　中国GDP、人均GDP和总人口对数曲线

现计算表2－3中三个指标数据的常用对数并做出曲线，得到图2－5。可以看到，图2－5中的曲线情况和图2－4有很大的不同。同时，由于在GDP、人均GDP和总人口之间存在下面关系：

$$人均GDP = GDP/总人口$$

因此有

$$LOG(GDP) = LOG(人均 GDP) + LOG(总人口)$$

也就是说，在图2-5中下面两条曲线之和就是最上面一条曲线。由此可以看出，观测这些数据的对数曲线，不仅可以清楚观察到曲线的形态，而且容易识别这些曲线间的关系。

最后从经济分析的有关数学知识，提供一个数学知识内容框架，目的是为了有兴趣在本书之外系统学习相关数学知识的读者参考。当然，这个框架内容不可能覆盖所有与经济分析有关的数学知识内容，但可以说覆盖了大部分。这个数学知识框架如表2-4所示。

表2-4　数学基础知识框架

序号	科目	运用情况
1	高等数学	☆
2	线性代数	☆
3	微积分学	☆
4	概率论	☆
5	数理统计	☆
6	最优化方法	☆
7	常微分方程	
8	随机过程	
9	数值分析	
10	运筹学	

注：☆表示运用频率较高。

本章小结

本章通过对有关的概念与问题进行数学解析的方式，展示数学知识在经济分析与建立经济模型中的重要作用。可以说，具备一定数学知识，是学习与运用经济模型的必要条件之一。其中代数、微积分、概率论和数理统计是最常用的数学学科。

本章的要点如下：

1. 具备必要的相关数学知识是学习与应用经济模型的重要基础，其中代数学、线性代数、微积分学、概率论与数理统计等数学知识的运用是最为常见的。

2. 数学中的导数在度量经济变量方面有广泛的应用，如增长率即是经济变量关于时间的导数，而边际概念即是一经济变量关于另一经济变量的导数（注意不是关于时间的导数）。对“边际效应”的通俗理解就是“下一步的效应”。

3. 某经济变量关于另一经济变量的导数，也可理解为乘数的概念。经济学中的乘数是指当某经济变量有一个单位的增加量所引发或对应另一经济变量的增加量的多少。

4. 弹性分析是经济分析中的常用方法，而弹性的计算式可以有不同的表达式，不同形式的弹性在实际应用中具有不同的用处和方便性。

5. 对数曲线所具有的一些特殊性质，使对数曲线在数据分析中成为一种常见的曲线。

思　考　题

一、名词解释

（1）增长率　（2）边际成本

（3）边际收入　（4）边际利润

（5）边际消费倾向　（6）乘数

（7）弹性　（8）偏弹性

二、简答题

（1）利用导数概念简述增长率的不同形式的定义。

（2）简述变量和、差、积、商的增长率计算公式。

（3）举例说明边际效应的含义。

（4）简述数据的对数曲线的一些性质。

三、论述题

（1）论述导数在经济分析中的一些应用。

（2）论述弹性分析在经济分析中的一些应用。

（3）论述增长率、边际、乘数这三个概念之间的联系与区别。

阅读参考文献

沈永欢等：《实用数学手册》，科学出版社 2000 年版。

同济大学数学系主编：《高等数学》上下册，高等教育出版社 2004 年版。

上海交通大学数学系编：《概率论与数理统计》，科学出版社 2007

年版。

张从军等:《常见经济问题的数学解析》, 东南大学出版社 2004 年版。

尹水仿、方英:《微积分学习指导》, 科学出版社 2005 年版。

孙清华、李金兰、孙昊:《常微分方程内容、方法与技巧》, 华中科技大学出版社 2006 年版。

张平文、李铁军:《数值分析》, 北京大学出版社 2007 年版。

刘次华:《随机过程》, 华中科技大学出版社 2001 年版。

教材编写组编:《运筹学》, 清华大学出版社 2005 年版。

吴祈宗:《运筹学与最优化方法》, 机械工业出版社 2003 年版。

K. Sydsaeter & P. Hammond, *Mathematics for Economic Analysis*, 2nd edition, Prentice Hall, 1994.

K. Sydsaeter & P. Hammond, *Essential Mathematics for Economic Analysis*, 2nd edition, Prentice Hall , 2006.

Walter Rudin, *Principles of Mathematical Analysis*, McGraw-Hill Science/Engineering/Math; 3rd edition, 1976.

第三章　经济理论与经济模型

内容提要

运用经济模型有赖于经济理论的指导，因此对经济理论的掌握是非常重要的。经济学是对经济理论的系统表述，因此对经济理论的系统性学习，可归结为对经济学的学习。本章主要介绍经济学的有关问题。

经济学是关于稀缺资源配置与管理的理论。其中，微观经济学和宏观经济学是经济学体系中的基础与骨干部分。微观经济学是以经济个体如个人与企业为研究对象，主要涉及经济个体如何进行决策及其行为效应等微观层面的经济分析问题。宏观经济学的研究对象是与整体经济有关的问题，如经济增长、通货膨胀、就业以及与宏观经济密切相关的投资、收入、消费、财政和货币等问题。

第一节　关于经济学的学习

一个模型可以称之为经济模型，就在于这个模型具有经济方面的意义。如果抛开经济的意义而仅从数据或数学的角度看，在任何变量之间事实上都可以建立关系。例如，实际上毫不相干的两个变量的序列数据间，可能会存在数学上的某种高度相关性。但这种相关性，在实际中可能不具有任何意义。因此，如果不强调经济理论的指导作用，不强调经济模型的经济意义，就很容易使建立经济模型成为一种单纯的数学游戏。从这个意义上讲，具备必要的经济理论知识，是学习与应用经济模型的一个重要基础。

1. 经济学的概念、内容及特点

人类的活动离不开资源，而资源在现实世界中是稀缺的。由于稀缺，人们不得不从事生产，进而有产品的分配和交换等活动；由于稀缺，人们才会试图以最小的投入取得尽可能多的产出；由于稀缺，人们必须竞争，否则就可能得不到想要的。简而言之，经济学是一门研究如何有效配置与管理稀缺资源的理论。即现实世界中的资源稀缺性是产生经济学的客观基础，也是经济学发展的内在动力。

从人的无限欲望的角度看，资源永远是稀缺的。例如时间就是一种稀缺资源，因为即使是一个极为富有的人，至少也需要对享受生活的内容与时间安排进行选择，从而获取最大限度的享受。对此，用经济学的语言来说，一个理性的消费者是以实现效用最大化为选择原则的。从这个意义上讲，经济学是无处不在的学问。

目前，经济学的内容非常丰富，已形成诸多不同的科目。对此可从不同方面来看。从经济学所研究的对象看，有微观经济学与宏观经济学。这是基础性与规范性很强的两个经济学分支，通常是经济学的主要学习内容。微观经济学以经济个体为研究对象，而宏观经济学以宏观的整体经济为研究对象。从经济学的方法论看，目前主要有计量经济学、投入产出分析、数理经济学等。从经济学的应用领域看，经济学的科目更为广泛，例如有货币金融学、财政学、投资学、发展经济学、国际经济学、国际贸易理论、产业组织理论、企业理论、产业经济学、环境经济学、能源经济学、区域经济学和城市经济学等。

然而，经济学作为一门社会科学，其学科特点明显有别于自然科学。例如，经济学家预测经济的能力，远不及气象学家预测天气的能力。事实上，直到目前人们对经济的了解远不及对自然界了解的那样多。而且，经济理论并不像自然科学理论那样严谨、那样颠扑不破。在经济学中，对同一个经济现象的解释通常会有多种不同的理论。请不同经济学家回答同一个经济问题，经常会给出不同的答案。

因此，经济学是广泛存在着争论的领域，有许多不同的学术流派。例如著名的学派有凯恩斯学派、新凯恩斯学派、新古典学派、货币学派、供给学派、理性预期学派、剑桥学派和伦敦学派等。论述经济学流派之争的书籍不少，这里不过多介绍。

虽然经济学还存在许多没有搞清楚的问题，但这并不意味着经济学就不是一门科学，更不能说经济学的原理是不可信的。实际上经济学中的许多不同理论、不同学术流派，主要是强调不同的前提条件以及考虑问题的出发点不同等。

例如，在产出理论方面，新古典学派认为价格灵活可变（flexible），从而可以通过价格变动很快调节供给和需求使之达到均衡，因此新古典学派认为产出增长最终取决于生产能力。而新凯恩斯学派则认为这种价格灵活可变性在短期是不适用的，在短期，价格是黏性的（stick），因此价格不会自动调节供给与需求以达到平衡，关键是要刺激需求，因此产出增长取决于需求的变动。因此可以看到，这并非是两个学派究竟是谁对谁错的问题，而是两种理论的出发点不同，从而理论的适用性也不同。从长期看，价格不可能永远固定在一个水平上，而是最终要随供需关系的变化而改变，因此新古典学派的理论适用长期经济。而在短期，价格更倾向于难以迅速改变，因此新凯恩斯学派理论适用于短期经济。

这提示我们，在学习有关的经济理论时一定要搞清楚有关的前提条件和出发点，否则就会出现混淆和错误。虽然经济学本身的确还存在这样或那样的问题，但它仍不失是一门十分有用的科学。经济学的确揭示了许多经济运行的机理，因此可以指导人们解决许多实际经济问题。

目前，经济学仍处在不断发展的过程中，且学科交叉现象越来越突出。这种交叉不仅在经济学的内部，而且也常见于经济学和其他社会科学理论甚至是自然科学理论之间的交叉。因此目前要完整地描述经济学的学科体系是十分困难的。

2. 经济学分析的两种方法

在经济学中有两种分析问题的方法。一种是实证分析，另一种是规范分析。所谓实证分析主要是回答“是什么”一类的问题；而所谓规范分析主要是回答“应该是什么”一类的问题。

这是两种不同的分析问题的方法，或者说是两种不同的分析问题的视角。实证分析主要是对相关问题进行客观描述、反映和展现，而不进行评价。展现客观数据是实证分析的一种常见方式。例如，经济增长率达到9%，就是用数据来说明经济增长是怎样一种状态。而至于经济增长率9%是经济运行好的表现还是不好的表现，实证分析不给出评判，或者说“评判”这不是实证分析的任务。

对经济运行好与不好的评价是属于规范分析的内容。例如，有经济学家或许认为9%的经济增长率尚不足以解决更多人的就业，因此在他看来经济增长率仍需进一步提高。但也有经济学家可能认为，由于物价水平已经很高，9%的经济增长率将进一步加剧通货膨胀，因此在他看来经济增长率应该降低。类似这种回答即属于规范分析的范畴。

然而，实证分析与规范分析并不是两种截然分开的分析方法。实证分析为规范分析提供基础，因为只有知道是什么，才能知道应该是什么。实证分析的重点在于介绍和解释经济；而规范分析的重点在于指导经济，具有较强的政策指导意义。因此两种分析方法是相辅相成的。

3. 经济学中的假设

经济学中有许多假设。“假设”在经济分析中是非常必要的，它实际上是决定了一个经济学命题或理论成立的条件。事实上对任何问题的回答都有先行的假设条件。例如，预测一个国家明年的经济增长率为5%，一个自然的假设是该国明年还存在，甚至还要假设该国家不发生战争，而这样的假设在通常的分析中一般并不需要明示。而对一些特别的假设则需要指明。

在进行经济分析时对相关问题做出一些假设，可以起到简化问题、便于抓住主要矛盾以及方便求解等作用。因此，不仅在学习经济学时要充分注意到有关理论的前提假设，而且在实际经济分析中也要善于进行假设。任何经济模型的建立与运用都是有前提假设的。

然而，关于价格的假设是经济学中一个非常关键和重要的问题。这主要在于价格在经济学中有着特殊的重要地位。在经济学中，许多经济分析的结果都与价格的假设有直接关系。因此这里有必要对价格假设问题进行必要的讲述。

对价格一般有两种假设，一是灵活价格（flexible price）假设，二是黏性价格（sticky price）假设。灵活价格是指价格处在一种可以迅速、灵活变动的状态。黏性价格是指与灵活价格相反的一种状态，即黏性价格不能迅速、灵活地变动，而是处于一种黏滞的状态。

如果是灵活价格，意味着市场最终是处于均衡状态。因为不论供给与需求在怎样的初始状态，都可以通过灵活可变的价格迅速调节供给与需求，使之达到均衡的状态。当达到均衡状态时，供方卖出其可以卖出的全部商品，而需方买到其可以买到的全部商品，即市场的供给与需求差额为零。这种状态在经济学中称为市场出清（market clearing），即市场交易结果没有剩余。市场出清是供给和需求达到均衡的一种状态。经济学中的许多经济分析都是基于市场出清的假定，而灵活价格的假定实际上就意味着市场是均衡的。

但是，在现实中价格常常表现为黏性，即不是很快改变的。比如现实中的工资合同，产品销售合同等，都是事先签订的，可能约定一年甚至更长时间的有效期，因此工资或产品的价格通常不是可以随时随地改变的。但是，这也不意味着灵活价格假定的模型没有用处。毕竟价格不能是永远不动的，不能是永远停留在同一水平上的，而是要最终发生改变，从而对供给与需求产生影响。

从长期看，价格的变动是绝对的，因此许多宏观经济学家相信灵活价格的假定适合于长期（如十几年甚至是几十年）经济的情况（Mankiw，1993）。而从短期看，许多价格表现为黏性，即在先前已经被决定，因此价格黏性的假定主要适用于短期。例如要对一个月度经济的波动进行分析，灵活价格的假定可能就是不合适的。

4. 经济学的学习

学习的方法因人而异，不存在统一的模式。这里关于经济学的学习提出两点看法：首先，反复阅读一本适合自己的经济学书籍。不可指望阅读一遍就可以学好经济学。随着个人经历的不断丰富，相信每次重复阅读都会有不同的领悟。其次，重视经济学名词术语的学习。对任何科学的学习都一样，学习专业术语总是入门的第一步，学习经济学也不例外。理解经济学名词术语，并学会用这些名词术语表述问题，是学好经济学的一个重要环节。实际上经济学中的一些基本术语，已经成为现实生活中的常用语。经济学术语一方面是对经济问题或现象的简明概括，另一方面本身也是分析有关问题的提示。

此外，学习西方经济学时应尽可能看英文原著。在有些时候，用中文表述的经济学概念难以体现原文所具有的确切含义。如“general equilibrium”目前普遍称为“一般均衡”。“一般”的中文含义是指普通、非特殊的意思，很难把“一般”和“总体”“全体”的意思联系在一起。但西方经济学中“general equilibrium”是指经济各方面全部实现均衡，即总体均衡的意思。因此“general equilibrium”应为“总体均衡”或“全部均衡”似乎更确切些。再如，英文总需求与总供给概念中的“总”是用“Aggregate”表述的。“Aggregate”强调由个体的加总而得到的合计或总计，因此总需求或总供给实际是强调基于经济个体加总的结果，而不是简单的一个整体含义。

案例学习 3－1：为什么资源的稀缺性是产生经济学的基础？

人类赖以生存的资源是有限的、稀缺的。稀缺即意味着在一些人得到资源的同时，另一些人就得不到。那么为什么说资源的稀缺性是产生经济学的基础？为了解答这一问题，就要考察如果资源不稀缺将会是怎样一种情况。资源无限似一种天堂。假设有这样一个资源无限的天堂，生活在这个天堂的人们想要什么就有什么，且想有多少就有多少。有一天，这个天堂里的某人读了经济学，便想进行一次试验。他拿出一件宝物，想知道谁、以怎样的方式、会拿什么换取这件宝物。众人知道后笑道：在我们这个天堂世界资源是无限的，每个人想要什么就有什么，而且想要多少就有多少，这件宝物随便都可得到，我们为什么偏偏要换取你这件宝物？结果他发现，那件宝物即使白送都无人问津。于是他困惑了：经济学所讲的理论在这个天堂世界有什么用？

的确，如果人类生活在这种任何资源都是无限的天堂里，谈论资源的配置是没有意义的。然而，人类生活的现实世界却不是这样的天堂。现实生活中的人们必须考虑生产什么产品、如何生产产品、生产多少产品、谁可以得到产品以及怎样交换产品等诸多问题，也就是必须考虑稀缺资源的配置与管理问题。因此，从事研究如何有效配置与管理稀缺资源的理论——经济学应运而生。

第二节 关于微观经济学

由于微观经济学和宏观经济学是经济学体系的基础与骨干部分，因此下面两节分别对微观经济学理论和宏观经济学理论进行简单的论述。本节是关于微观经济学理论的内容。

经济是由具体的个人和企业构成的。从这个意义上讲，个人和企业就是构成经济的细胞。微观经济学是以个人与企业为研究对象的一门经济学理论。它主要研究个人和企业如何进行决策以及这些决策如何影响市场等微观经济层面上的问题。微观经济学的基本原理，不仅可用于专业的经济分析，而且也有助于日常生活中的个人决策，因此微观经济学具有较好的实用价值。在西方国家的大学里，微观经济学课程也通常成为非经济专业学生选修的课程。

1. 关于个人的行为与决策

在微观经济学中，一种规范的个人决策模式是：（1）确定目标，或者是给定目标；（2）明确预算约束，即考虑问题的可行范围；（3）在预算约束内尽可能做到“最好”。其中所谓“最好”，需要有一个评判标准。对个人而言，“最好”就是实现个人的效用最大化；对企业而言，“最好”就是实现企业的利润最大化。

（1）决策的机会成本

下面通过一个事例，看一个即将毕业的大学生是如何进行个人决策的。假设A是一位即将毕业的大学生，现在摆在他面前有两份通知书，一份是研究生录取通知书，另一份是某公司录用通知书。然而，他只能选择其中的一个。

显然，他选中其中之一，就意味着他放弃了另一个机会。对此，在经济学中可用“机会成本”这一名词来描述。在经济学中，这种为得而失的代价称为机会成本。机会成本概念的意义在于，它告诉人们选择是有代价的，而且这种代价不仅来自财务上的代价，而且也来自于由于失去机会而付出的代价。

显然，如果他选择工作而放弃读研究生，那么意味着他放弃了继续提高专业技能的机会，而其专业技能的提高对他未来的发展很有利。因此对其专业技能提高和未来发展的影响是他选择工作的机会成本。如果他选择读研究生而放弃工作，那么意味着他由此得不到那份工作的收入，并且还要家庭继续提供上学的费用，因此放弃的收入和家庭继续提供的费用便是他选择读研究生的机会成本。而他所放弃的就是为选择而付出的成本。A的决策原则应是：在综合分析的基础上选择机会成本相对小的方案。

然而，机会成本的计算是相对复杂的，它不像计算财务上的会计成本那样具有规范性和确定性。机会成本会因为机会不同而不同。比如，如果A的工作是参加美国NBA联赛（假定他有极高水平的球技），那么A读研究生的机会成本就很高，因为放弃打球意味着他由此得不到每年数百万美元甚至更多的收入。但是如果A的工作是一般公司的职员，那么A读研究生的机会成本就会相对较小。

但是，不论机会成本的计算怎样复杂，重要的是机会成本的概念本身已提示人们，决策不仅要计算财务会计成本，也要考虑机会成本。实际上在有些时候，机会成本是更为重要的因素。

（2）决策的预算约束（budget constraint）

这里的预算是指某种计划、方案或安排。预算约束表明，人们在考虑决策时可选择的范围是受一定条件限制的，而不是可以随意进行的。例如，假设A选择了读研究生，为了减轻家庭负担，他决定控制每月伙食费

在 m 元以内。设他的饮食分为主食和副食，x_1 代表他每月消费主食的平均数量，p_1 为主食的平均价格，x_2 代表他每月消费副食的平均数量，p_2 为副食的平均价格。经济学中称（x_1，x_2）为消费组合（consumption bundle）。于是，他每月用于购买主食的花费为 p_1x_1，用于购买副食的花费为 p_2x_2，而这两者之和不能超过 m。即他的预算约束为如下表达式：

$$p_1x_1 + p_2x_2 \leqslant m$$

可见所谓的预算约束，就是决策的可行范围。预算约束一旦确定，选择行为就必须在预算约束之内进行。也就是 A 每月的主食与副食的消费组合的费用必须在预算约束 m 内，即在图 3－1 的阴影部分之内。

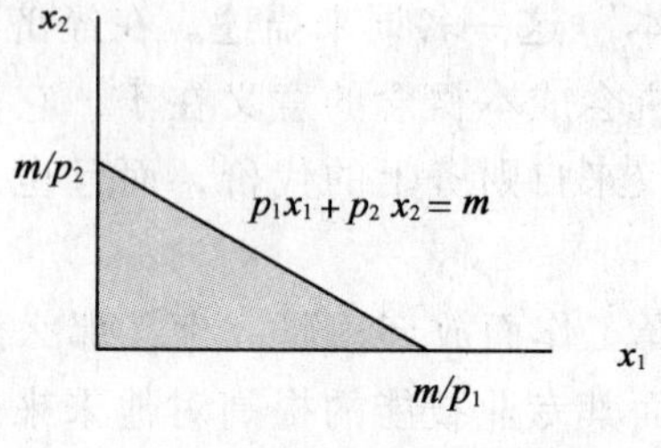

图 3－1　预算约束

如果消费组合恰好等于 m，即满足如下关系：

$$p_1x_1 + p_2x_2 = m$$

则上述方程所表示的称为预算线（budget line），如图 3－1 中的斜线。显然，当 x_1、x_2、p_1、p_2 和 m 发生变动时，图 3－1 中的阴影部分面积也会相应改变，也就是预算约束发生改变。

（3）决策的原则

效用是指物品或服务所能带给满足人们的欲望或需要的能力。人类需要物品或服务就在于它们能够给人带来某种满足。如粮食、水、衣服和房屋等是人们生活的必需品，它们具有满足人们基本生存的能力，因此它们对人都具有效用。

效用和人的欲望或需要有密切的关系。对此，比较著名的是亚伯拉罕·马斯洛（Abraham Maslow）的理论，他把人的欲望或需要划分为五个层次，人们是逐次努力实现这些欲望或需要的。第一层次为生理或生存上的基本需要，如首先要解决衣食住行的问题；第二层次为安全的需要，如生活安稳、人身安全有保障等；第三层次是社会的需要，如情感的需要、爱的需要；第四层次是尊重感的需要，即需要有自尊和受别人尊重；第五层次是自我实现的需要，这是最高层次的需要，如追求人生理想、实现自我价值等。

经济学中的效用并不具有伦理的色彩。也就是说，只要是可以满足人的欲望或需要的东西，在经济学中就认为是有效用的，即使这种效用对人是负面的、有害的。例如，毒品可以给一些人带来满足感，因此毒品对这些人是有效用的。但从健康和伦理上讲，这种效用是一种负效用。也就是说效用可以是正效用，也可以是负效用。

效用的正负以及效用的大小，都和问题的具体条件有关。例如，人必须吃饭，因此一般来说吃饭是正效用，但是当人已经吃得过饱时，继续吃饭的效用就是负的。同样是水，成为涝灾的水的效用是负的，而干旱时的水比平常具有更大的正效用。

对个人而言，实现效用最大化是个人决策的原则，也是微观经济学中配置资源的一个重要原则。在微观经济学中，效用可以通过效用函数来表征。而这一原则的具体运用则归结为求效用函数的最大值问题。

2. 企业的行为与决策

生产行为是企业的一个最基本行为。企业生产的过程是一个投入产出的过程。对生产的投入称为生产要素。按大的分类，生产要素主要有土地、劳动力、资本和原材料等。因此，企业生产的过程也就是企业投入一定生产要素而获得产出的过程。

（1）对企业行为的描述：生产函数

企业的生产行为要受到生产能力的制约。因为生产行为是一种技术行为，并不是一个简单地把投入要素组合在一起就可以得到想要的任何产品。对企业生产能力的制约是一种技术约束（technological constraints），即企业只能对特定的生产要素进行组合，才可能生产出特定的产品。

企业必须在可行的技术约束条件内来选择可行的生产计划。而描述可行生产计划的一种简单方式，是将可行生产计划全部列出。具体说就是列出所有可行技术约束下的生产要素组合和与之对应的可能产出。在经济学中，这种可行技术约束下的生产要素和产出的组合称为生产集（production set），如图 3－2 中的阴影部分。

只要生产的投入要素对企业是有成本的，那么考虑在给定生产要素投入下实现可能的最大产出，对企业就是有意义的。图 3－2 是 x 为投入要素、y 为产出的生产集的图示。可能的最大产出就是图中描述生产集的边

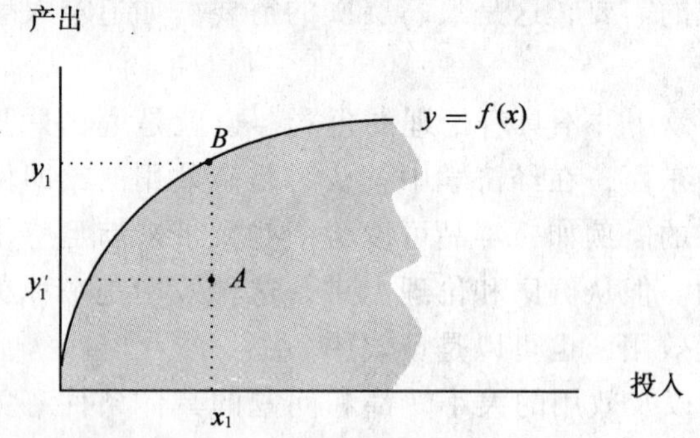

图 3-2　一个生产集图示

界线。描述这个生产集边界线的函数就是生产函数。也就是说，生产函数表示在给定生产要素投入下的可能的最大产出。

在图 3-2 的阴影部分中的任一点 $A(x_1, y_1')$，表示是一种可行的生产要素和产出的组合，即当投入要素为 x_1 时，在技术上可以实现 y_1'的产出量。但是从图 3-2 所标明的情况看，$A(x_1, y_1')$ 不是生产函数（生产集边界线）上的一点，因为 y_1'不是在 x_1 下的最大产出，而只用 B 点对应下的 y_1 才是 x_1 下的最大产出。

如果一个生产函数的形式为：

$$f(x_1, x_2) = Ax_1^a x_2^b, \tag{3-1}$$

那么称该生产函数为柯布-道格拉斯（Cobb-Douglas）生产函数，也称 C-D 生产函数。其中 x_1 和 x_2 是生产投入要素，A、a 和 b 为大于零的参数。

C-D 生产函数是经济学中非常著名的生产函数。在 20 世纪 30 年代前后，两位美国经济学家保罗·道格拉斯（Paul Douglas）和查尔斯·柯布（Charles Cobb）在研究国民收入同资本和劳动这两个生产要素投入的关系时，发现下面（3-2）式的函数形式比较好地拟合了产出同资本和劳动投入的数量关系：

$$Y = AK^{\alpha} L^{\beta} \tag{3-2}$$

式中 Y 为产出，K 为资本投入，L 为劳动投入，A、α 和 β 为参数。

后来与（3-2）式相似的（3-1）式的函数形式在经济学中有很多的应用。如在经济学中有 C-D 偏好函数，C-D 需求函数和 C-D 效用函数等。C-D 函数之所以有很多的应用，主要是因为这种函数具有一些特殊的性质。

C－D 函数特性 1：规模收益不变

当 $a+b=1$ 时函数具有规模收益不变性（constant returns to scale）。规模收益不变，是指对任一数 t，如下关系成立：

$$f(tx_1,tx_2)=tf(x_1,x_2) \tag{3-3}$$

（3－3）式的含义是：要素投入扩大 t 倍，则相应的产出也扩大 t 倍。规模收益（returns to scale）的概念，是描述当所有投入的生产要素增加时产出会怎样变化。与规模收益不变相对应，还有规模收益递增和规模收益递减的概念。

规模收益递增，是指对任一数 $t>1$，有：

$$f(tx_1,tx_2)>tf(x_1,x_2)$$

规模收益递减，是指对任一数 $t>1$，有：

$$f(tx_1,tx_2)<tf(x_1,x_2)$$

对（3－1）式的 C－D 函数而言，它是规模收益不变、递增或递减，取决于 $a+b$ 是等于 1，大于 1，还是小于 1。对此证明如下：

$$f(tx_1,tx_2)=A(tx_1)^a(tx_2)^b=At^ax_1^at^bx_2^b=t^{a+b}f(x_1,x_2) \tag{3-4}$$

可见，当 $a+b=1$ 时有：

$$f(tx_1,tx_2)=tf(x_1,x_2)$$

此即规模收益不变。

当 $a+b>1$ 时，对于 $t>1$ 有：

$$f(tx_1,tx_2)>tf(x_1,x_2)$$

此即规模收益递增。

当 $a+b<1$ 时，对于 $t>1$ 有：

$$f(tx_1,tx_2)<tf(x_1,x_2)$$

此即规模收益递减。

C－D 函数特性 2：可转换为对数线性函数。

C－D 函数可以变换为对数线性关系。为此，对（3－1）式两边取对数，得：

$$\ln y=a\ln x_1+b\ln x_2+\ln A \tag{3-5}$$

从（3－5）式的形式看，根据第二章有关对数的内容可知道：

$$a=\frac{\partial\ln y}{\partial\ln x_1};\ b=\frac{\partial\ln y}{\partial\ln x_2}$$

即 C－D 函数中的系数 a 和 b 即是相应变量的偏弹性系数。因此对 C－D 生产函数，根据系数 a 和 b 的情况很容易判别函数是规模收益不变、递增还是递减。同时，系数 a 和 b 也表明了要素变动对产出变动的影响大小。

（2）企业的决策原则：利润最大化

作为经济中最主要的主体——企业，经常会面临各种各样的决策。然而作为一般的理性企业，其决策原则通常是实现利润最大化。产品销售后给企业带来收入，收入减去成本就是企业的利润。与利润最大化等价的做法是成本最小化。

假设企业生产 n 种产品，y_i 表示第 i 种产品的产量，p_i 表示第 i 种产品的价格，其中 $i=1$，…，n；生产这些产品需用 m 种投入要素，x_j 表示第 j 种要素的投入量，w_j 表示第 j 种要素的价格，其中 $j=1$，…，m。则企业的利润 π 可表示为：

$$\pi = \sum_{i=1}^{n} p_i y_i - \sum_{j=1}^{m} w_j x_j \tag{3-6}$$

于是，企业的决策就是要使（3-6）式的 π 值达到最大。对于一种简单情况

$$y = f(x_1, x_2)$$

这时，利润最大化变为求解下面的问题：

$$\max_{x_1, x_2}[pf(x_1, x_2) - w_1 x_1 - w_2 x_2] \tag{3-7}$$

对于（3-7）式，根据数学知识我们知道需要以下两个方程：

$$p\frac{\partial f(x_1^*, x_2^*)}{\partial x_1} - w_1 = 0$$

$$p\frac{\partial f(x_1^*, x_2^*)}{\partial x_2} - w_2 = 0$$

上述方程中的 x^* 表示满足上述方程的解。

或者此问题的一个等价做法是求成本的最小化，这时问题可归结为求解下面的问题：

$$\min_{x_1, x_2}(w_1 x_1 + w_2 x_2)$$

$$\text{满足} f(x_1, x_2) = y \tag{3-8}$$

求解上述问题，可归结为求解约束条件下的最小值问题。求解该问题有多种方法，其中一种方法是拉格朗日函数法。建立如下的拉格朗日函数

$$L(x_1, x_2, \lambda) = w_1 x_1 + w_2 x_2 - \lambda[f(x_1, x_2) - y] \tag{3-9}$$

对函数 $L(x_1, x_2, \lambda)$ 分别求关于 x_1、x_2 和 λ 的偏导数，并令诸偏导数等于零：

$$w_1 - \lambda \frac{\partial f(x_1, x_2)}{\partial x_1} = 0$$

$$w_2 - \lambda \frac{\partial f(x_1, x_2)}{\partial x_2} = 0$$

$$f(x_1, x_2) - y = 0$$

也就是说，使成本最小化的 x_1 和 x_2 应满足上面三个方程。

将上述前两个方程相比，可以得到如下关系：

$$\frac{w_1}{w_2} = \frac{\partial f(x_1, x_2)/\partial x_1}{\partial f(x_1, x_2)/\partial x_2}$$

其经济含义是：当成本最小化时，技术替代率（technical rate of substitution）一定等于要素价格比。

企业的决策同样也存在机会成本问题。一定生产要素投入某种生产计划，就不能投入别的生产计划，因此也存在决策的机会成本。一般而言，企业应选择相对小的机会成本为决策原则。

3. 个人与企业的生存环境：市场与市场经济

企业生产产品或提供服务，最终是为满足经济中的消费需求。因此，经济中的又一重要环节就是产品或服务的提供者与其需求者之间如何发生关联，双方如何实现交易。这便是市场与相关经济机制所要解决的问题。

现假设前面谈到的 A 研究生毕业后到一个城市工作，首先要做的一件事是找房子。于是，他来到某房屋中介。后来他发现报纸、杂志、网络乃至朋友等均可以成为信息的来源，而且电话、传真或电子邮件等都是交流的方式，而无须到现场洽谈交易。市场，原意是指产品的供给与需求双方进行交易的场所。如人们现在常说的菜市场、建材市场、房屋中介和证券交易大厅等，都是基于这个场所的含义。

随着时代发展，这种基于场所的市场概念已经发生了很大变化，市场概念已经有了更多的内涵。现代化手段，如网络、电视、电话、传真等，已经使交易场所虚拟化。从经济学的意义上看，市场概念的内涵主要是指通过供给和需求关系配置资源的一种方式或机制。而市场经济则是上升到制度层面，通过供给与需求关系决定经济资源配置的一种经济制度。这里不论是市场，还是市场经济，其市场概念的核心内容就是由供给和需求关系决定资源的配置。

4. 关于需求与供给

经济学中的需求（demand）和人们生活中的需要（want）是不同的概念。经济学中的需求主体是限定在有支付能力者的范围内，或者说是限定在买得起的人群范围。如果不具有支付能力，即购买不起，那只能称是需要（want）而不能称是需求（demand）。

谈到需要，人人都需要有花园别墅，人人都需要有车开，人人都需要游山玩水，等等。所有这些，如果没有支付能力，只能说是一种需要或欲望。企业不是因为有需要才生产，而是因为有需求才生产，即是因为有人买得起才生产。因此，企业寻求其产品的销售对象，是那些具有支付能力的需求者，而不是那些无力支付的需要者。在现实经济中，影响需求的因素很多。如商品的价格、质量、售后服务以及风俗习惯和人的心理预期等。

经济学中的需求曲线，特指商品需求数量与商品价格之间的关系。一般而言，价格越高购买的人就越少，价格越低购买的人就越多。也就是在价格与商品需求的数量间呈反向关系。反映价格与需求数量间关系的曲线就是需求曲线。市场的另一方面是供给。同需求曲线含义相似，供给曲线表明在多少价格水平下将有多少产品被出售。

然而在实际经济中，价格的决定通常是复杂的。如果需求者是按不同价格支付，这种行为在经济学中称为价格歧视（price discrimination）。现实生活中的确存在价格歧视，但实际情况通常是复杂的。一般而言可分为三种情况[①]：

首先是第一级价格歧视（First-degree price discrimination）。这种情况主要是指卖者按不同价格出售其不同数量的产品，并且这些价格可能是针对不同的人实行不同的价格。

其次是第二级价格歧视（Second-degree price discrimination）。这种情况主要是指卖者按不同价格出售其不同数量的产品，但是对购买相同数量产品的每个人而言价格是相同的。因此，这种价格歧视是针对产品的数量，而不是针对人。如按购买数量打折就是这种情况。

然后是第三级价格歧视（Third-degree price discrimination）。这种情况

① 见 Hal R. Varian, *Intermediate Microeconomics-A Modern Approach*, Third Edition, p. 420, W. W. Norton & Company, New York, London.

主要是指卖者按不同人不同价格出售其产品，但是对特定人的价格是相同的。这种情况相对是常见的情况。例如经常有针对教师、学生、儿童或老年人等实行的打折。这是按不同消费者确定不同价格的一种情况。

案例学习 3－2：A 君能租到房子吗？——需求曲线是怎样形成的

A 君看中了某处房子，想租用。他了解到共有 5 套房子，但连同他在内，一共有 10 人要租用。即有 10 个人要租用 5 套房子。现在的问题是：10 人中谁最终能得到房子？A 君能租到房子吗？

每个需求者心理上一定存在一个价格线，即当房租高于这个价格线时需求者将放弃交易，而当房租低于这个价格线时需求者将支付成交。在经济学中，这个价格线称为需求者的预定价格（reservation price）。

需求者的预定价格肯定是存在的。因为从理论上讲，不论是什么产品，只要把价格提升到足够高就可以让所有人都支付不起。例如，一套房子标价 10^{100} 元人民币（这和值不值没有关系），那么就是集全国人民之财富也买不起。而影响预定价格的原因是非常复杂的。有需求者支付能力的原因，也有心理承受能力的原因。总之，不同需求者可能会有不同的预定价格。

假定这 10 个人的预定价格不同，由表 3－1 所示。当然，对于表 3－1 中的数据，每人只知道自己的预定价格，而不知道别人的。从表 3－1 可以看到，最高预定价格为 4 万元（年租金）。

表 3－1　　10 个人的预定价格（年租金）

排序	预定价格（万元/套）
1	4.0
2	3.8
3	3.6
4	3.4
5	3.2
6	3.0
7	2.8
8	2.6
9	2.4
10	2.2

假定以房主出价的方式决定谁能租到房子。假定房主首次出价4.5万元。这超出所有人的预定价格，因此房子一套都租不出去。也就是，当房价等于4.5万元时，房子需求量为零。

现在房主把价格降到4万元。这时与最高预定价格相等，于是具有该最高预定价格者租得第一套房子。也就是，当房价为4万元时，房子需求量为1。这时可在图3-3中（1，4）处画一个点，其中横坐标为房子需求数量，纵坐标为价格。

在此价格下只有一套房子租出，于是房主将价格降到3.8万元。此价格等于第二位的预定价格，因此第二位预定价格者租得一套。也就是，当房价为3.8万元时，加上前者，有两个人租得起房子，即此时房子需求量为2。于是在图3-3中（2，3.8）处画一个点。如果房主在此之前是将价格降到3.9万元而不是3.8万元，这个价格高于第二位预定价格，因此第二位预定价格者不会租用。此时需求量还是1。

如此下去。假设当房价降到3.2万元时，恰好第五位预定价格者租到第5套房。也就是，在价格为3.2万元时，共有5个人租得起房子，即房子需求量为5。于是在图3-3中（5，3.2）处画一个点。由于此时5套房全部租出，因此这意味着预定价格小于3.2万元以下者将租不到房。

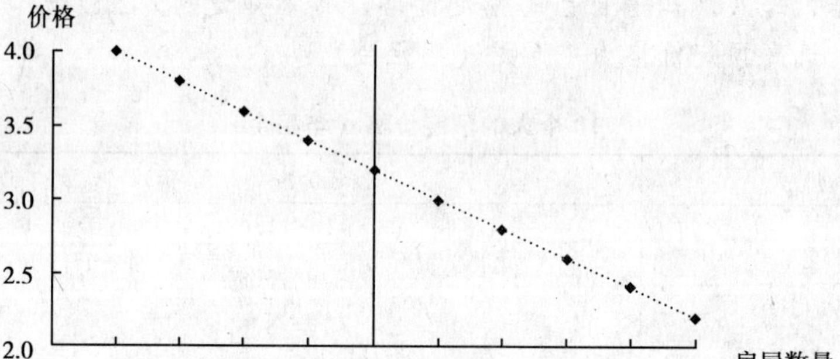

图3-3 住房需求曲线

在图3-3中，连接各点而形成的曲线就是此房屋的需求曲线。而在产品价格和产品数量可以是连续的情况下，连接各点将得到一条连续曲线。就一般情况而言，需求曲线表明了在多少价格水平下将有多少产品被购买。

在上述例子中，如果无论价格怎样，房主都要坚持把5套房子租出去，那么房子的供给曲线就是在图3－3中横轴数值5处的竖直线。而两条曲线的交叉点即是供给和需求相等的均衡点。从表3－1的数据中可以看到，均衡价格为3.2万元/套。

A是否能租到房子，取决于他的预定价格是否在前5位之中。如果他的预定价格在前5位之中，则他租得到房子，否则就租不到。

在上述过程中，如果每个人都是按各自的预定价格租到房子，那么就是价格歧视。而实际上这样做的难度很大。现实的做法是在一个统一的价格下进行交易，该市场的均衡价格就是3.2万元/套。这时由于对第一位预定价格者愿意出4万元/套的价格承租，而实际是以3.2万元/套价格租到，对此人而言节省了0.8万元。第二位预定价格者节省了0.6万元，而第五位预定价格者则没有节省。这种消费者的预定价格和实际支付价格的差额，在经济学中称之为消费者剩余（consumer's surplus）。消费者剩余被视为是给消费者带来的一种福利。

第三节　关于宏观经济学

在很多时候需要把经济作为一个整体来考虑。例如，看一个国家是否富有，不是看这个国家某个人或某个企业的财富多少，而是看国家整体财富的多少；看一个国家或地区是否发生了通货膨胀，不是看个别商品价格上涨多少，而是要看总体价格水平的涨幅。经济中大量存在着这种与整体经济有关的各类问题。宏观经济学即是一门试图回答整体经济层面有关问题的经济理论。

1. 宏观经济学概述

宏观经济与生活在其中的每个人、每个企业的利益紧密相关。对此，只要关注新闻媒体的日常报道就能有所体会。如一些新闻的标题是："国家宏观调控效应显著，投资增幅明显下降"；"中央银行上调利率以抑制房价上涨"；"国家财政加大社会保障资金投入力度"，等等。

宏观经济的变动会直接或间接地影响各方面的利益。例如，政府实施宏观调控，意味着一些企业的投资项目可能会受到限制；经济增长加快，就业机会将增多；提高利率，则可能使想贷款买房的年轻人受阻；而社会保障资金的增加，可使退休老人得到更多的福利。

解释宏观经济现象，是宏观经济学的一项重要任务，而另一重要任务是帮助制定经济政策。实际上，宏观经济学是一门有特殊作用的经济学。宏观经济学主要研究的是经济增长、通货膨胀、就业以及与之相关的投资、收入、消费、财政和货币等问题，这些都是政府所关注的。因此可以说，宏观经济学是政府经济学，是为政府制定经济政策而提供服务的经济学。一旦宏观经济理论对经济政策产生影响，那么这种影响将涉及整个经济和全体国民。因此宏观经济理论的作用是非常重要的。尽管这种影响可能是积极的，也可能是消极的，但对宏观经济学所担负的责任来说，似乎比别的经济学科更具有直接的重要意义。

宏观经济学与微观经济学有着密切关系。宏观经济学以整体经济为研究对象，并不意味着宏观经济分析可以脱离微观经济实际。相反地，宏观经济分析应以微观经济行为为基础。可以说，具有良好的微观经济学知识，是学习宏观经济学的必要条件，但不是充分条件。

(1) 宏观经济学的研究主题

为什么有的国家富有而有的国家贫穷？为什么人均收入水平会不断增加？为什么有些国家可以保持长期稳定的物价水平，而有些国家会发生恶性通货膨胀？宏观经济学试图回答此类问题。传统的宏观经济学主要集中在三个研究主题上：经济增长、通货膨胀和就业。

经济增长是指经济产出总量及人均产出量的增长。经济增长是经济与社会发展的基础，是提高人民生活水平、提高国家竞争力的重要保障。因此，促进经济增长几乎是世界各国政府的一致目标。在现实经济中，经济增长主要用 GDP 增长来度量。GDP 即地区生产总值（Gross Domestic Product），是指在一定的时间内，在特定地域范围内所创造的产品或服务的增加值的总和。经济增长率一般是按可比价格计算的 GDP 增长率，而不是其现价增长率。GDP 的具体核算与公布，通常由政府统计部门进行，在中国是由国家统计局具体负责。GDP 一般可分为年度 GDP 和季度 GDP。

值得注意的是，经济增长与经济发展不是同一概念。经济增长特指经济产出总量及人均产出量的增长，而经济发展则包括了更为丰富的内容。经济发展除了要求经济产出量增长外，还包括经济各个方面的发展，如个人收入的增加、国民素质的提高、科学技术的进步以及社会福利的改善等多方面的内容。也就是对经济发展的度量需要一个多指标的评价体系，而经济增长只是经济发展评价中的一个评价指标。

通货膨胀是指物价水平全面、持续和较大幅度地上涨的情况。与通货膨胀相对立的概念是通货紧缩。所谓通货紧缩则是指物价水平全面、持续和较大幅度地下降的情况。价格问题不论在经济学理论中还是在现实经济中，都是非常重要的问题。价格的变动涉及每个人的利益。严重的通货膨胀会使一个退休老人辛苦一生的积蓄化为乌有，而也有人会因此而一夜暴富。价格的变动实际上是利益格局的变动。宏观经济学不仅谋求解释通货膨胀是如何发生的，而且关注研究相关政策的制定。

在现实经济中，通货膨胀是用各种价格指数来度量的。一些主要的价格指数有GDP价格指数（GDP减缩因子）、消费价格指数（CPI）、商品零售价格指数和投资品价格指数等。目前中国衡量通货膨胀水平的价格指数，主要是消费价格指数（CPI）。

就业和每个人的利益联系更加直接和密切，因此就业问题不仅被普通百姓所关心，更为政府所关注。经济中的就业状况一般是用失业率指标来度量。失业率是指劳动力中失业劳动力人数占总劳动力人数的比率。为此，政府通常以加快经济增长带动就业。对此，在宏观经济理论中有一个著名的理论，称为奥肯定律[①]（Okun's Law）。奥肯定律是说在失业和GDP之间存在负向关系。即GDP增长将减少失业。

但是，有关经济研究成果表明，在经济增长、就业和通货膨胀之间，存在着不相一致的内在机制。经济学中的菲利普斯曲线[②]（Phillips Curve）则是说在通货膨胀与失业之间存在反向关系。即，高失业率有助于降低通货膨胀率。通货膨胀和失业之间的关系容易使政府陷入政策选择的两难境地。促进经济增长，有利于增加就业，但就业率的提高不利于抑制通货膨胀。如果为了抑制通货膨胀而减缓经济增长速度，则不利于增加就业。宏观经济政策经常会在这种多目标决策中陷入困境，这是宏观经济政策难以抉择的一个重要原因，也是经济学家难以给出唯一答案的原因。

（2）长期经济分析与短期经济分析

在宏观经济分析中，有必要区分长期经济与短期经济的分析。这主要是因为长期经济与短期经济的经济变动机制是不一样的。其中价格行为在长期和短期的不一致性是关键性因素。许多经济学家相信，对价格灵活可变的假设适合于长期经济分析。[③]

---

① M. Okun, "Potential GNP: Its Measurement and Significance", in *Proceedings of the Business and Economics Statistics Section*, *American Statistical Association* (Washington, D. C.: American Statistical Association, 1962), pp. 98—103.

② N. G. Mankiw, *Macroeconomics*, p. 303, 1994.

③ Ibid., p. 41, 1994.

长期经济分析的理论主要是基于古典经济理论。在长期的经济分析中，主要以经济增长、失业和通货膨胀等为研究主题。短期经济分析主要以经济波动为研究主题，主要是通过总供给与总需求的关系来进行分析。

古典经济理论的一个重要特点是被经济学家们称为古典两分法（classical dichotomy）。这种理论是把经济变量分为两类，一类是实际变量（real variables），另一类是名义变量（nominal variables）。实际变量是指用实际数量或不变价格度量的变量，名义变量是指用现价度量的变量。古典两分法理论相信货币不影响实际变量。

2. 关于经济增长理论

经济增长是一个永恒的问题。增长问题是如此的重要，以致几乎成为当今世界各国首选的经济发展的最主要目标。从长期看，一个国家或地区的经济产出水平取决于该国的实际生产能力，这在经济学中可概括为可利用的总体资本、人力和技术的水平。在宏观经济学中，生产能力是用生产函数来描述的。总量生产函数通常可以表示为：

$$Y = F(K,L)$$

其中 Y 为产出、K 为资本投入、L 为劳动投入，函数关系则体现了技术水平。生产函数所体现的是一定技术水平下生产要素投入组合与产出的关系。

生产函数主要是从生产的技术层面描述产出与投入的生产要素之间的关系，因此生产函数与价格无关。按古典两分法的观点，生产函数体现的是实体经济。对此可以这样理解：由于从长期的观点看，价格行为是灵活的（flexible），因此价格的灵活变动可以改变实际货币供给，从而满足产出的交易需求。这种情况下，产出主要取决于实际生产能力而与价格无关。而从短期的观点看，价格行为是刚性的（stick），因此很难通过价格的变动来改变实际货币供给而满足产出的交易需求，此时产出主要取决于总需求与总供给的水平及其均衡状况，因此产出与价格有关。

基于这样的理论，长期增长问题主要是通过生产函数来研究的，其中较成熟的当属索洛（Robert Merton Solow）的增长模型。索洛的研究成果表明，长期的经济增长主要依靠技术进步，而不是依靠增加资本和劳动力的投入。索洛为此获得 1987 年诺贝尔经济学奖。目前，索洛增长模型已成为研究经济增长问题的一个经典性基础模型。

3. 关于自然产出

所谓自然产出，就是指当劳动力达到充分就业时的产出。充分就业不是指失业率为零的完全就业，而是指失业率较小且相对稳定时的一种情况。许多经济学家认为，经济中存在的种种原因使失业率为零是不可能的。比如对失业者而言，即使是很容易找到新工作，但至少需要一定的时间去找，因此从旧工作到新工作之间的转换不是可以在瞬间完成的。当此人处在离开旧工作与找到新工作之间，就处在失业状态下。

经济学中将这种由于转换工作过程中因需要占用必要的时间而处在失业状态的情况称为摩擦性失业（frictional unemployment）。由于摩擦性失业是不可避免的，因此经济中总是存在一定的失业是必然的。换句话说，当经济中只存在这种摩擦性失业时，就可视为已达到充分就业。由于在实际中充分就业水平很难度量，因此从经验上讲，当失业率不断下降到一定程度后，开始持续保持在一个相对稳定的常数附近时，就可认为经济基本上达到了充分就业水平。

自然产出概念的意义在于，它体现了对经济中关于产出潜在能力的一种估计。在实践中，一般情况是追求利润最大化而不是产出最大化。利润最大化不一定要在产出最大化时才能达到。这表明对生产者而言，生产要素投入并非多多益善，因此存在着一定的生产要素闲置是不可避免的。由于一定量的资本设备必须要有相应一定量的劳动力来使用，因此在资本资源相对丰富的情况下，对产出的预算约束通常在劳动力方面，而不在资本方面。因此当实现充分就业时，就可认为生产资源已被充分利用，产出即达到了其正常的潜在生产能力水平。

4. 关于通货膨胀

个别商品的价格上涨并不能称通货膨胀。但是，如果你感到手里的钞票越来越不值“钱”时，这可能就是通货膨胀。被经济学家称为通货膨胀的价格上涨一般具有三个特点：一是价格上涨的全面性；二是价格上涨的持续性；三是价格上涨的快速性。

所谓全面性是指大范围商品或服务的价格上涨；所谓持续性是指这种价格上涨不是一次性上涨而后停止的，而是在一定时期内连续不断地上涨；所谓快速性是指这种价格上涨在一定时期内保持一定的快速。

怎样的价格上涨才算是全面、持续和快速？在很大程度上这取决于人们的判断标准及承受能力。不同国家或地区的不同经济状况，人们的判断标准及承

受能力也可能不同。这里，一项基础性工作就是要对价格水平的变动进行正确度量。

如果将通货膨胀定义为连续和迅速的价格上涨，则不论是货币主义还是凯恩斯主义，多数经济学家认同弗里德曼的论断，即：货币过多是造成通货膨胀的唯一根源。一般而言，通货膨胀的起因是复杂的。对此，有许多关于通货膨胀起因的理论。但目前还没有一种得到广泛公认的理论，但不乏几个较大影响学派的理论，其中之一就是货币主义学派的理论。按货币主义学派的主要代表人物，诺贝尔经济学奖得主弗里德曼（M. Friedman）教授的观点："通货膨胀在任何地方总是货币现象。"（"Inflation is always and everywhere a monetary phenomenon."）

对通货膨胀问题有必要区分两个方面的问题：一是关于通货膨胀的一般性问题；另一个是关于通货膨胀的特殊性问题。所谓一般性问题是关于通货膨胀的本质与发生基础的问题。所谓特殊性问题是关于通货膨胀的具体成因的问题。通货膨胀的本质与发生基础是共同和单纯的，而导致通货膨胀发生的具体原因则是多样和复杂的。

对通货膨胀一般性问题的研究，是研究整个通货膨胀问题的基础。因为如果不了解通货膨胀的本质与发生的基础，就不可能真正明白为什么会有通货膨胀，也就不可能找到解决与预防通货膨胀的有效方法与措施。而另一方面，对通货膨胀特殊性问题的研究是研究通货膨胀更直接的目的，是对症下药，找到有效解决通货膨胀问题具体途径的必然要求，更是政策制定者们最关心的问题。因此关于通货膨胀问题相对完整的研究应包含这两个方面。

通过上述这两方面的区分就可以看出，弗里德曼的那段名言实际上是对通货膨胀一般性，或者说是对通货膨胀的本质性的概括，即：通货膨胀的根源在于货币过多，而不论何时何地都是如此。这种概括并不表明引发通货膨胀的具体原因是什么，而是相当于说，发洪水是由于水多一样，而不需强调是由于黄河水多还是长江水多。显然，那种认为中国的通货膨胀是财政现象的看法，似乎是想说明引发中国通货膨胀的具体原因可能是财政问题。看来与弗里德曼所指不是一个层次上的问题。我们理解弗里德曼教授的意思是：归根到底，不论财政赤字还是别的什么原因，最终的结果都是通过导致货币过多而引发通货膨胀。

高通货膨胀必须是由高货币供给来产生。但这并不能说明为什么高通货膨胀会发生？或者说高货币供给不一定导致高通货膨胀。这与政府选择货币扩张政策的具体因素有关。

政府追求的第一个容易导致高通货膨胀的政策目标是高就业率。一个促进高就业的稳定政策可以导致两种类型的通货膨胀：成本推动的通货膨胀，即类似于由于负的供给冲击或由于工人工资的增加引发的总供给曲线向左移动；另一类是需求拉动的通货膨胀，即由于当政策制定者追求政策目标时使总需求曲线向右移动。

财政赤字是通货膨胀性货币政策的另一个可能的来源。我们知道政府可以通过两种方式弥补财政赤字：通过向公众出售债券或创造货币（money creation），也称印刷货币（printing money），例如由财政部向公众出售债券。卖债券给公众这种方式不影响基础货币，因此不影响货币供给，所以对总需求没有显著的影响，也就不会造成通货膨胀的结果。相形之下，创造货币对总需求有重要影响，从而可引发通货膨胀。

通过印制货币来弥补财政赤字的方式是否能造成这样的结果？如果财政赤字持续相当一段时间，回答是肯定的。也就是，通过创造货币来弥补持续的财政赤字将导致持续的通货膨胀。这个过程中一个重要因素财政赤字是持续的。如果财政赤字是暂时的，将不会导致持续的通货膨胀。如果财政赤字是持续的而不是暂时的，同时政府又是通过创造货币来弥补财政赤字而不是向公众发行债券，那么财政赤字就可成为持续性通货膨胀的根源。

5. 关于总供给与总需求

总需求描述需求的产出数量与价格水平的关系。换句话说，总需求曲线告诉我们在各个给定价格水平下人们愿意购买的商品和服务数量。在“价格—产出”坐标系中，总需求曲线是一条随产出增加而价格下降的向下倾斜的曲线。总需求曲线一般用 *AD* 表示，如图 3－4 所示。

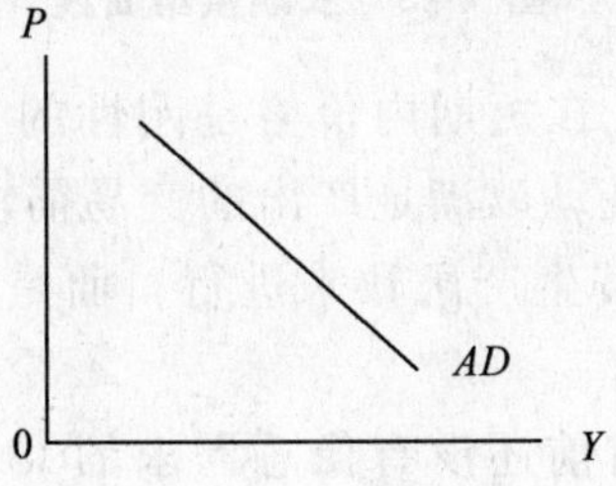

图 3－4　需求曲线

值得指出的是，长期经济分析一般不涉及价格，即长期经济分析是对实际变量之间关系的分析，而不涉及名义变量。这里，总需求描述的是产出数量与价格水平之间的关系，因此总需求分析一般是短期经济分析。

关于总需求的经典研究成果主要集中体现在IS－LM模型上。IS－LM模型实质上是刻画图3－4的需求曲线是怎样形成的，同时利用该模型可以研究货币政策与财政政策对总需求的影响。IS－LM模型表明，总需求中包括消费需求、投资需求、政府开支需求和外贸需求；货币政策与财政政策是影响总需求水平的重要经济变量。在“价格—产出”坐标系中，总需求曲线是一条随产出增加而价格下降的向下倾斜的曲线。

总供给描述的是（在总量水平上）供给的产出数量与价格水平之间的关系。换句话说，总供给曲线告诉我们在各个给定价格水平下人们愿意提供的商品和服务数量。古典经济学认为，从长期看价格是灵活的（flexible），灵活变动的价格可以改变实际货币供给，以满足产出的交易需求。因此，从长期看产出与价格无关，而只取决于资本、劳动及技术水平。因而在“价格—产出”坐标系中，长期供给曲线是一条垂直的直线。如图3－5所示。

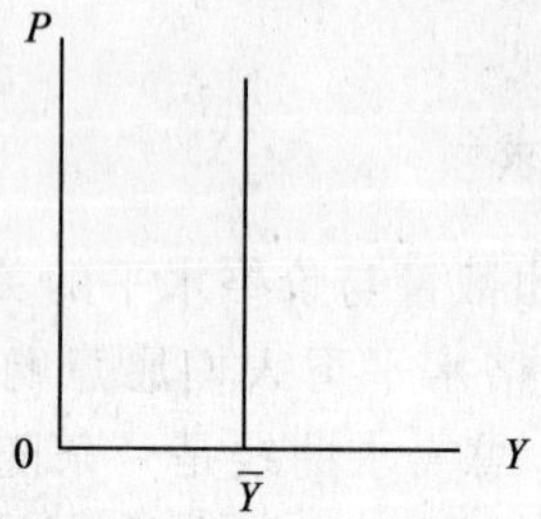

图3－5　长期供给曲线

凯恩斯学派则认为，在短期内价格是刚性的（sticky），因此价格并不能在短期内自动迅速地变动以满足产出的交易需求，故产出不能按自身的实际生产能力，即不能按生产函数来进行，而是由供求关系决定。因此，在短期价格与产出有关。

关于总供给模型，目前还没有像总需求的IS－LM模型那种得到广泛公认的模型，但已有四个影响较大的模型，它们是：刚性工资模型（The Stick-Wage Model）、感觉失误模型（The Worker-Misperception Model）、不完全信息模型（The Imperfect-Information Model）、价格刚性模型（The

Sticky-Price Model)。虽然它们的前提假设和理论基础不尽一致，但所推导出的总供给方程都具有如下的形式：

$$Y=\overline{Y}+\alpha(P-P^{e}) \qquad (3-10)$$

其中 Y 是产出，$\overline{Y}$ 是自然产出，P 是价格水平，P^{e} 是预期价格，参数 $\alpha>0$ 说明实际价格与预期价格的偏差对产出的影响效果。一般情况下总供给曲线是一条向上倾斜的曲线，通常用 AS 表示，如图 3-6 所示。由于 $\overline{Y}$ 是自然产出，故 $\overline{Y}$ 与价格无关，在图 3-6 中表现为一条垂直的直线。

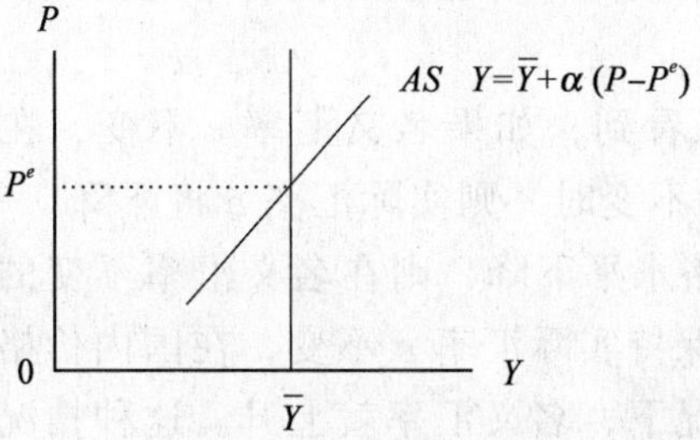

图 3-6　短期供给曲线（AS）

方程（3-10）的总供给方程表明，供给方具有其自己的预期价格，当实际价格与预期价格相等时，产出就为其自然产出水平。当价格水平偏离预期价格水平时，产出就偏离它的自然产出水平。由图 3-6 可以看出，如果价格水平高于预期价格，产出将超过其自然产出水平；如果价格水平低于预期价格，产出将低于其自然产出水平。

通过方程（3-10）和图 3-6 很容易看出，如果自然产出 $\overline{Y}$ 增加或预期价格 P^{e} 下降，将导致在既定价格水平下，供给的产出增加，即总供给水平提高，总供给曲线向右移动；如果自然产出 $\overline{Y}$ 减少或预期价格 P^{e} 上升，将导致在既定价格水平下，供给的产出减少，即总供给水平降低，总供给曲线向左移动。

将总供给和总需求放在一个图上，两者共同确定了经济均衡点。这个均衡点就是总供给曲线与总需求曲线的交点，与这个均衡点相对应的价格和产出就分别称为均衡价格和均衡产出。在均衡点上，总供给与总需求达到势均力敌，总供给与总需求相等。然而，现实经济中价格行为和供求关系的复杂性使经济常处于非均衡和不稳定的状态，因此非均衡与不稳定才是现实经济的主要特征。

6. 开放经济中的有关理论分析

(1) 实际汇率与名义汇率

汇率是不同国家货币之间的比价。汇率有名义汇率和实际汇率之分。名义汇率是两国货币间的相对价格，而实际汇率则是两国商品间的相对价格。如果用 ε 表示实际汇率，e 表示名义汇率，P 为本国价格水平，P^* 为国外价格水平，则实际汇率与名义汇率之间有如下关系：

$$\varepsilon = e \times (P/P^*) \qquad (3-11)$$

这里，汇率是指每单位本国货币可兑换外国货币之数额，比如1元人民币可兑换××美元。

由（3－11）式可以看到，如果名义汇率 e 不变，在本国价格水平 P 下降而外国价格水平 P^* 不变时，则实际汇率 ε 将下降。

如果一个国家的价格水平下降，则在名义汇率不变的情况下，实际汇率将是下降的。如果要保持实际汇率 ε 不变，在国内价格水平下降而国外价格水平基本不变的情况下，名义汇率就上升。这种情况下本国货币就有升值的压力。

(2) 汇率与净出口的关系

如果本国对外国的实际汇率较低，表明本国产品相对便宜，在质量等方面没有差异的情况下，人们相对更愿意购买本国产品，而不是外国产品。此时对外国人也是一样，外国人也将愿意购买本国产品。这时净出口将增加。因此净出口和实际汇率是反向关系。用 NX 表示净出口，则

$$NX = NX(\varepsilon)$$

其中 NX 和 ε 是反向关系。

因此，在本国实际汇率下降的情况下，净出口增加是符合经济理论的。

(3) 蒙代尔－弗莱明（Mundell-Fleming）模型在汇率分析中的应用

蒙代尔－弗莱明模型主要是从需求方面体现在开放经济中汇率与产出之间的关系。或者说，蒙代尔－弗莱明模型实际上是 IS－LM 模型在开放经济情况下的版本。

在开放经济中，从国民经济平衡关系来看，净出口等于储蓄与投资的差额。即

$$S - I = NX \quad （其中\ S = Y - C - G）$$

因此，从长期来看，均衡汇率（实际）是由储蓄与投资行为的净结果

$S-I$，和 $NX(\varepsilon)$ 来决定的，如图 3－7 中的 ε_0。

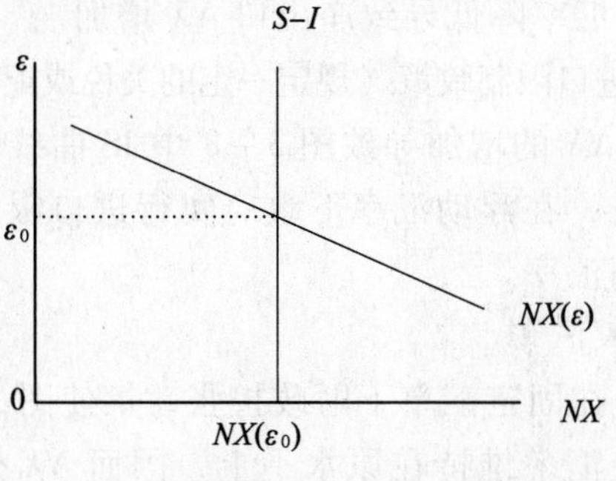

图 3－7　长期情况下均衡实际汇率的决定

因此，蒙代尔－弗莱明模型为如下形式：

$$Y = C(Y-T) + I(r) + G + NX(e) \quad \text{IS}$$

$$M/P = L(r, Y) \quad \text{LM}$$

$$r = r^*$$

其中 r^* 是由外部经济决定的汇率。由 IS 和 LM 曲线构成的图如图 3－8 所示。

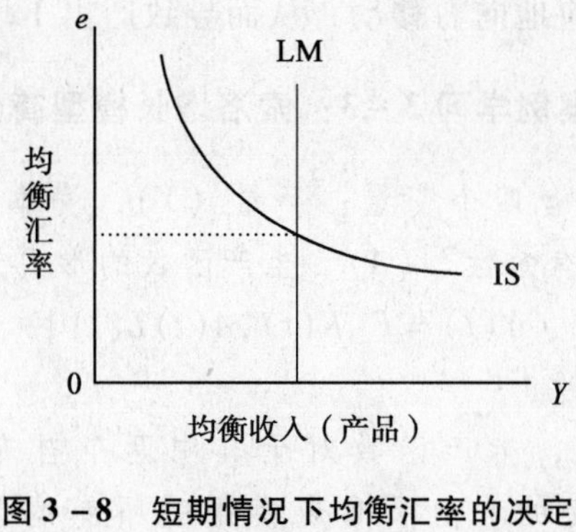

图 3－8　短期情况下均衡汇率的决定

利用蒙代尔－弗莱明模型可以分析政策对汇率的影响效应。而汇率可以浮动，是利用蒙代尔－弗莱明模型分析政策效应的关键性条件。

可以用蒙代尔－弗莱明模型模拟财政扩张政策、货币扩张政策和进口限制政策的效应。可得以下主要结论：

（1）在浮动汇率下

财政扩张政策。财政扩张政策使图 3－8 中 IS 曲线上移，而对 LM 线没有影响，因此产出 Y 不受影响，结果是汇率水平提高，而汇率水平的提高则导致净出口 NX 减少。

货币扩张政策。货币扩张政策使图3－8中LM线向右移动，从而增加产出 Y，降低汇率，汇率降低导致净出口 NX 增加。

进口限制政策。进口限制政策（规定一定的关税或配额）将使图3－7中的 NX 线向上移动，而 NX 的增加导致图3－8中IS曲线上移，从而汇率上升和产出 Y 增加。可见，在浮动汇率下政府实行进口限制政策，结果不是减少净出口，而是提高汇率。

（2）在固定汇率下

财政扩张政策。在固定汇率下财政扩张政策使图3－8中IS曲线和LM线同时向右移动，使汇率维持在原水平上，因而 NX 也不变，其结果是产出 Y 增加。

货币扩张政策。在固定汇率下货币扩张政策使图3－8中的LM线向右移动，从而增加产出 Y 而降低汇率。但是银行是在固定汇率下进行本国货币的买卖，投机者将出售本国货币给银行，从而导致货币供给和LM线回到原来的位置，从而维持原汇率不变。

进口限制政策。如果政府通过规定一定的关税或配额，使图3－7中净出口 NX 线外移，致使图3－8中的IS曲线向外移动，为了保持固定汇率，LM线也必然相应地向右移动，从而导致产出 Y 增加。

案例学习3－3：索洛增长模型简介

索洛模型主要包含四个变量：产量（Y），资本（K），劳动（L）和“知识”或“劳动的有效性”（A）。生产函数的形式为：

$$Y(t)=F[K(t),A(t)L(t)]$$

式中 t 表示时间。

一个重要假定是，生产函数对于其中两个自变量（资本和有效劳动）是规模报酬不变的。由于有规模报酬不变的假定，采用集约形式（intensive form）的生产函数进行讨论更为方便。这时，K/AL 就是每单位有效劳动的资本数量；而 $F(K, AL)/AL$，即 Y/AL 是每单位有效劳动的产量。

于是，记 $k=K/AL$，$y=Y/AL$，$f(k)=F(k,1)$。那么

$$y=Y/AL=F(K,AL)/AL=F(K/AL,1)=F(k,1)=f(k)$$

此即集约形式的生产函数，可写成：

$$y=f(k)$$

对 $f(k)$ 的有关假定是：$f(k)$ 满足 $f(0)=0$，$f'(k)>0$，$f''(k)<0$；其

中，$f(k)$ 还满足稻田条件（Inada，1964）：$\lim_{k\to 0} f'(k)=\infty$，$\lim_{k\to\infty} f'(k)=0$。

索洛增长模型中，资本、劳动和知识的初始水平均被看作是既定的。劳动力和知识以不变的速度增长：

$$\dot{L}(t)=nL(t)$$

$$\dot{A}(t)=gA(t)$$

其中，n 和 g 为外生参数。一个变量上方加一点表示该变量对时间的导数。产出用于消费和投资，产出中用于投资的比率 s 是外生的和不变的。这样，投资 $\dot{K}(t)$ 可表示为：

$$\dot{K}(t)=sY(t)-\delta K(t)$$

其中 δ 为折旧率。尽管对 n、g 和 δ 没有单独给以限制，但三者之和被假定为正。

由索洛模型推导出的重要方程是：

$$\dot{k}=sf[k(t)]-(n+g+\delta)k(t) \tag{3-12}$$

这是决定经济平衡增长路径（balanced growth path）的方程。注意方程（3－12）是微分方程。在数学上，若存在 $k^*(t)$ 使（3－12）式右端为零，则称 $k^*(t)$ 是（3－12）式的奇点。针对（3－12）式来说，在 $\dot{k}(t)=0$ 时，人均有效资本量不增加也不减少，这也就是 $k^*(t)$。这里需要注意两点：首先，从经济意义上看 $\dot{k}$ 是一种投资，具体说它是每单位有效劳动的平均投资（如同理解 $I=\dot{k}$ 为总投资一样）。其次，$\dot{k}(t)=0$ 代表由（3－12）式的微分方程满足 $\dot{k}(t)=sf[k(t)]-(\delta+g+n)k(t)=0$ 所刻画的平衡增长路径，其特征是：在此处路径上每单位有效劳动的平均投资保持为零。

索洛模型说明，在一定储蓄率 s 下，不论 k 有何初始值，变量 k 都终归收敛于 k^*，即：经济收敛于平衡增长路径。在平衡增长路径上，模型中每个变量的增长率都是常数，这时每个劳动力的平均产出（劳动生产率）的增长率仅仅决定于技术进步率。

方程（3－12）的含义可以通过图 3－9 清楚地看到。在图 3－9 中方程（3－12）被分解为曲线 $sf(k)$ 和直线 $(n+g+\delta)k$。图中，$sf(k)$ 为方程（3－12）中的实际投资项（actual investment），$(n+g+\delta)k$ 为持平投资项（break-even investment）。在两条线的交点，实际投资等于持平投资，即此交点满足微分方程 $\dot{k}=sf[k(t)]-(n+g+\delta)k(t)=0$。因此，两线之交点决定了 $k^*(t)$ 的位置。

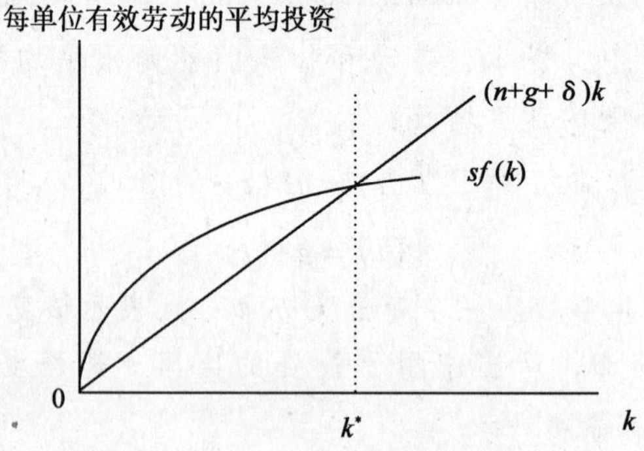

图 3－9 平衡增长路径的决定

本章小结

1. 经济模型需要经济理论的指导。不强调经济意义的模型，就很容易使建立模型成为一种单纯的数学游戏。

2. 经济学是一门研究如何有效配置与管理稀缺资源的科学。现实中资源稀缺性是产生经济学的客观基础，同时也是使经济学不断发展的内在动力。学习经济学需要搞清经济学的基本术语、基本假设与基本方法。

3. 微观经济学和宏观经济学是经济学体系中的基础与骨干。微观经济学以个人与企业为研究对象，主要研究个人和企业的行为及决策问题。宏观经济学是一门试图回答整体经济层面上有关问题的经济理论。

思 考 题

一、名词解释

(1) 灵活价格　　(2) 黏性价格
(3) 机会成本　　(4) 规模收益不变
(5) 需求曲线　　(6) 供给曲线
(7) 价格歧视　　(8) 自然产出
(9) 通货膨胀　　(10) 实际变量
(11) 名义变量　　(12) 实际汇率
(13) 名义汇率

二、简答题

(1) 简述实证分析方法与规范分析的区别与联系。

（2）简述 Cobb-Douglas 生产函数的具体形式及各参数的意义。

（3）简述微观经济学的主要研究问题。

（4）简述宏观经济学的主要研究问题。

（5）简述古典两分法的要点。

（6）简述奥肯定律的基本内容。

（7）简述菲利普斯曲线的基本内容。

三、论述题

（1）论述如何理解“通货膨胀在任何地方总是货币现象”。

（2）论述 IS－LM 模型的含义与基本应用。

（3）论述蒙代尔－弗莱明模型的基本内容及不同经济政策下的应用。

（4）论述现实中最终产出水平是如何决定的。

阅读参考文献

曼昆:《经济学原理》，上下册，机械工业出版社 2005 年版。

曼昆:《微观经济学原理》，高等教育出版社 2005 年版。

曼昆:《宏观经济学原理》，高等教育出版社 2005 年版。

泰勒:《宏观经济学》精要版，中国市场出版社 2007 年版。

余永定、张宇燕、郑秉文主编:《西方经济学》（第三版），经济科学出版社 2003 年版。

[美] 斯蒂格利茨:《经济学》第三版（上、下册），中国人民大学出版社 2005 年版。

Hal R. Varian, *Intermediate Microeconomics-A Modern Approach*, Third Edition, W. W. Norton & Company, New York, London.

N. Gregory Mankiw, *Macroeconomics*, Worth Publishers; Fifth edition, 2002.

John B. Taylor, *Principles of Microeconomics*, Houghton Mifflin Company; 5 Revised edition, 2006.

Thomas Sowell, *Basic Economics: A Common Sense Guide to the Economy*, Perseus Books Group; 3 edition, 2007.

Campbell R. McConnell and Stanley L Brue, *Economics-Principles, Problems, and Policies* 16*th edition* (2005 REVISION), McGraw-Hill, 2005.

Robert S. Pindyck and Daniel L. Rubinfeld, *Microeconomics*, 6th Edition, Prentice Hall; 2004.

第四章 数据与经济模型

内容提要

现实中，人们通过数据记录经济现象，并通过对数据的分析了解和把握经济运行。因此，数据在经济分析中，特别是在经济模型中有广泛的应用。本章的内容是对数据及数据分析方法的介绍。首先，论述数据概念、数据特征与数据类型等问题；其次，介绍数据处理中的一些基本方法；最后，讨论从经济意义出发的数据分析方法。本章要强调的是，对数据的基本知识、数据处理与基本分析方法的掌握，是建立经济模型及进行经济定量分析的重要基础。

第一节 关于数据

1. 数据的概念

对于数据人们并不陌生。国家统计部门每年都出版包含有大量数据的各种统计资料。什么是数据？简单地说，数据是一种有明确意义的数字或符号。对数据的深入了解，需要把握以下几个方面：

首先，数据是一个整体信息，而不是单纯的某个数字或符号。单纯的数字不构成数据，如“13 亿”是一个数字，仅此而已，人们不知道该数字要表达什么信息。而“中国有 13 亿人口”是一个数据，因为数字在这个信息整体中表达了十分明确的意思。

其次，数据的表现形式是多样的，而未必一定要表现为数字。也就是说，数据除了可以通过数字形式体现外，还可以有其他表现形式，如各种符号或色彩都可以是数据的表现形式。例如在一些抽样调查中，问卷常设计成选择 A、B、C 等形式的答案，这时的字母代表的是一种明确的信息。实际上只要是具有一定明确信息的任何标记，都可以是数据的表现形式。

再次，数据通常具有成本。获取数据通常要付出成本，甚至是非常巨大的成本。例如，要知道中国有多少人口，就需要进行人口普查，这需要花费大量的人力物力。而有些涉及商业秘密或国家机密的数据，在获取和使用上还要受到相关法律或有关规定的严格限制。

最后，数据本身具有客观性。数据本质上是对一定事物信息的记录，因此这种记录应客观、如实反映事物的本来面貌。在很多情况下，获取原始数据的过程就是科学研究的过程，是取得成果的过程。从这个意义上讲，对待数据要有科学的严谨的态度，不能随意编造和滥用数据。

2. 数据的特征

在数据的描述中需要有一些关键词。如在“中国有 13 亿人口”这个数据中，“人口”和“中国”是两个关键词，前者表明此数据是关于人口，后者表明是中国的人口。数据的这种关键词称为数据特征，或者说数据特征是指所赋予数据的各种属性，以体现数据所包含的信息。

一个数据具有的特征越多，所包含的信息也越多。如在“中国有 13 亿人口”中添加时间特征，如变成“2004 年中国有 13 亿人口”，其意义就更为明确。

然而，不同数据特征的作用可能不同。例如在上述例子中，“人口”是数字的主体，即没有这一特征，数据的基本含义将不是明确的。而“中国”只是对数字主体的进一步说明，是一种辅助性特征。

为此，数据的特征可分为主特征和辅特征。主特征刻画数据主体的属性，也就是主特征将决定数据所指对象是什么，而辅特征则是对主特征的进一步阐释或说明，是从属于主特征的属性。如在“2004 年中国有 13 亿人口”中，数据主特征是“人口”，时间、国别和地域都是辅特征，而“2004 年”及“中国”则分别是这些辅特征的一组对应值。

3. 数据描述的多维特征结构

存在数据描述结构的问题。从上面的分析可以归纳：一个完整的数据描述结构应有如下的形式：

$$\text{主特征（辅特征 1，辅特征 2，……，辅特征 } n\text{）} \tag{4-1}$$

也就是，对一个数据的描述必须要有一个主特征，同时可以有若干个辅特征。

需要注意的是，主特征和辅特征应具有各自的计量单位，这取决于主特征和辅特征各自的具体情况。因此，“2004 年中国有 13 亿人口”的数据描述结构是：

$$人口（时间，国别） \quad (4-2)$$

它的一个具体对应值是：

$$13亿人口（2004年，中国） \quad (4-3)$$

当时间特征取值为2003年，就要求是2003年的数据。时间特征取一系列不同的值，即形成时间序列数据。

可见，获取数据实际上就是在确定一定的辅特征之值后，取得相对应主特征之值的过程，该过程可用如下关系表示：

（辅特征1的值，辅特征2的值，……，辅特征 n 的值）$\Rightarrow$ 主特征的值

即数据特征决定了数据的分类。而对（4－1）式所表现的数据结构，可用数学中的多维空间来表示。如一个具有多维特征的数据可表示为：

$$A(A_{j_1}, A_{j_2}, \cdots, A_{j_n}) \quad (4-4)$$

其中，A 为主特征的对应值，A_{j_i}（$i=1, 2, \cdots, n$）为第 i 辅特征的第 j 个对应值。其中，$j_i \leqslant m_i$（$i=1, 2, \cdots, n$），即 m_i 为第 i 个辅特征所有对应值的个数。（4－4）式可简记为 $A_{j_1 j_2 \cdots j_n}$。

具有（4－4）式数据描述结构的数据，可称为具有多维结构的数据。在（4－4）式中，i 和 j 的不同组合，可以形成不同特征组合的数据。按照排列组合的计算，可以计算出这些不同辅特征组合最多为：

$$m_1 \times m_2 \times \cdots \times m_n \quad (4-5)$$

举例来说，如果一个数据描述结构如下：

$$劳动力人数（时间，产业，教育程度，性别） \quad (4-6)$$

其中辅特征的具体对应值如表4－1所示。

表4－1　　辅特征对应值

时间	产业	教育程度	性别
2000	第一产业	大学及以上	男
2001	第二产业	中学	女
2002	第三产业	小学及文盲	
2003			

从表4－1可以看到，时间特征有4个值，产业特征有3个值，教育特征有3个值，性别有2个值。因此，由这些特征组合所形成的最多数据有 $4 \times 3 \times 3 \times 2 = 72$ 个。这72个数据可按表4－2的格式表示。例如，在

表4－2中A（12，6）的含义是：2003年第三产业中具有小学及以下教育程度的女性劳动力人数。

表4－2　按时间、产业、教育程度和性别分类数据

时间（年）	产业	男			女		
		大学及以上	中学	小学及文盲	大学及以上	中学	小学及文盲
2000	一产	A(1,1)	A(1,2)	A(1,3)	A(1,4)	A(1,5)	A(1,6)
	二产	A(2,1)	A(2,2)	A(2,3)	A(2,4)	A(2,5)	A(2,6)
	三产	A(3,1)	A(3,2)	A(3,3)	A(3,4)	A(3,5)	A(3,6)
2001	一产	A(4,1)	A(4,2)	A(4,3)	A(4,4)	A(4,5)	A(4,6)
	二产	A(5,1)	A(5,2)	A(5,3)	A(5,4)	A(5,5)	A(5,6)
	三产	A(6,1)	A(6,2)	A(6,3)	A(6,4)	A(6,5)	A(6,6)
2002	一产	A(7,1)	A(7,2)	A(7,3)	A(7,4)	A(7,5)	A(7,6)
	二产	A(8,1)	A(8,2)	A(8,3)	A(8,4)	A(8,5)	A(8,6)
	三产	A(9,1)	A(9,2)	A(9,3)	A(9,4)	A(9,5)	A(9,6)
2003	一产	A(10,1)	A(10,2)	A(10,3)	A(10,4)	A(10,5)	A(10,6)
	二产	A(11,1)	A(11,2)	A(11,3)	A(11,4)	A(11,5)	A(11,6)
	三产	A(12,1)	A(12,2)	A(12,3)	A(12,4)	A(12,5)	A(12,6)

一般而言，纸面上的数据表格通常是一种二维（平面）表格。因此，如何设计具有多维特征的数据表并不是一件轻松的事。在表4－2中，行是按时间和产业特征组合来划分的，由于时间对应值的个数为4，产业对应值的个数是3，因此表4－2中的数据行数为4×3＝12行；列是按教育程度和性别来划分，由于教育程度对应值的个数是3，性别对应值的个数是2，因此表4－2中的数据列数为3×2＝6列。

可见，用表格表现多维特征数据时，一种可借鉴的方法是：将全部数据辅特征划分为2组，即把（4－4）中的A_{j_1}，A_{j_2}，…，A_{j_n}分为两组，其中一组数据辅特征的组合将决定行，另一组数据辅特征的组合将决定列。数据表中的数据行数，等于行辅特征组的特征组合数目；数据表中的数据列数，等于列辅特征组的特征组合数目。因此，将所有数据的辅特征分为怎样的两个组，将影响数据表中的数据行数和列数。这需要根据实际情况

而定。但是，不论是多少维特征的数据，最终都可以通过这样的方法制出二维平面数据表。

案例学习 4－1：多维特征数据的应用

20 世纪 90 年代初期，中国社会科学院数量经济与技术经济研究所同美国哈佛大学教授乔根森（D. W. Jorgenson）等学者合作，进行生产率与中国经济增长的研究。为度量劳动投入的数量变化与质量变化，采用多维特征的劳动就业人数与劳动报酬数据。根据当时的中国统计资料情况，将中国劳动者分为五个特征，它们是：行业、性别、教育、年龄和职业。其中行业部门有 34 个、性别 2 种、教育程度有 5 种，年龄分 7 段、职业分 4 种。这样，每个年度的五维特征交叉分类的数据矩阵有 $34 \times 2 \times 5 \times 7 \times 4 = 9520$ 个数据。每个特征的具体分类见表 4－3。

表 4－3　　劳动投入特征的分类

性　别	行　业	
（1）男性	1. 农业	22. 机器制造业
（2）女性	2. 金属矿采选业	23. 电机、仪器制造业
年　龄	3. 煤炭采选业	24. 汽车制造业
（1）19 岁及 19 岁以下	4. 石油和天然气开采业	25. 其他运输设备制造业
（2）20—24 岁	5. 非金属矿采选业	26. 精密仪器业
（3）25—29 岁	6. 建筑业	27. 其他制造业
（4）30—39 岁	7. 食品制造业	28. 运输业
（5）40—49 岁	8. 烟草加工业	29. 邮电通讯业
（6）50—55 岁	9. 纺织业	30. 电业、蒸气、热水
（7）56 岁（含）以上	10. 缝纫业	31. 商业
职　业	11. 锯材加工制造业	32. 金融、保险与房地产
（1）工人	12. 家具及其他木制品业	33. 其他服务业
（2）管理人员	13. 造纸及纸产品业	34. 政府机构
（3）一般工作人员	14. 印刷、出版业	
（4）科技人员	15. 化工产品制造业	

续表

性　别	行　业	
教　育	16. 石油加工业	
（1）大学及大学以上	17. 橡胶和塑料制品业	
（2）大专及大学肄业	18. 皮革和皮制品业	
（3）高中	19. 陶瓷，瓦，玻璃品业	
（4）初中	20. 基本金属工业	
（5）小学及小学以下	21. 金属制品业	

第二节　数据类型及数据资料形式

1. 数据类型

（1）时间序列数据

一些数据具有时间特征。如表 4－4 是 1991—1995 年各年份中国 GDP 数据。可以看到，表 4－4 中每一个 GDP 数据都有对应的时间，如 1991 年 GDP 为 21618 亿元，1992 年为 26638 亿元，等等。这种按时间特征排列的序列数据，就是时间序列数据。

表 4－4　　时间序列数据（时间序列数据示意）

年　份	GDP（亿元）
1991	21618
1992	26638
1993	34634
1994	46759
1995	58478

按时间间隔的不同，可以有不同频率的时间序列数据。如 GDP 数据通常按年度或季度计算，而股票价格数据常按日计算。因此按时间频率的不同，时间序列数据可分为年度数据、季度数据、月度数据或其他频率的数据。

时间序列数据一般可记为 Y_t，即表示变量 Y 在时间 t 时的值。而当 t

取为一系列时间时，如 $t=1, 2, \cdots, T$，则相应的 $\{Y_t\}$ 就代表了时间序列数据。

理解时间序列数据的一个要点是，时间序列数据是按时间纵向看变量自身的历史。例如表 4－4 的时间序列数据，可以反映 1991—1995 年这段时间中国 GDP 的状况。而基于时间序列的计量经济模型，是一种最为常见且有广泛应用的计量经济模型。

（2）横截面数据（Cross－sectional data）

与时间序列数据不同，横截面数据是同一时间的不同变量或观测对象的数据。例如，对某企业 100 名员工进行工资水平调查，可以得到 100 个人（观测对象）的收入数据，这就是横截面数据。

与时间序列数据不同，理解横截面数据的要点是横向比较，即在不同变量或观测对象之间进行横向比较。例如，表 4－5 是 2003 年全国按行业分职工平均工资的横截面数据，从中可以看到不同行业在同一年中的职工平均工资情况。比如从表 4－5 可以看到，在 2003 年的同一时期内机关职工年平均工资为 15736 元，是相对最高的，而企业职工年平均工资为 13578 元，是相对最低的。

表 4－5　全国按行业分职工平均工资（横截面数据示意）　（元）

年份	企业	事业	机关
2003	13578	14564	15736

数据来源：《中国统计年鉴—2004》。

关于横截面数据的时间同一性要求，可根据实际情况而定，而不必过于苛刻。实际中很难做到所有样本数据的产生都是在同一时刻。实际上只要认为具备可比性，时间同一性通常并不是重要问题，需要视具体情况而定。

横截面数据的变量一般记为 Y_i，其中 i 表示第 i 个变量或观测对象，Y_i 即为第 i 个变量或观测对象的值。例如，可以设 Y_i 为某企业调查中的第 i 个人的收入，而当 $i=1, 2, \cdots, 100$ 时，Y_i 则分别表示第 1 人到第 100 人的收入。

横截面数据在微观计量经济分析中有广泛的应用。例如许多的个人、家庭或企业的数据都是横截面数据。美国经济学家赫克曼（Heckman）和麦克法登（McFadden）由于在个体和家庭横截面数据计量分析理论方法方面的突出贡献而获得 2000 年诺贝尔经济学奖。

（3）混合数据（Pooled data）

有些经济数据既具有时间序列数据的形式，也具有横截面数据的形式，这种数据就是混合数据。也就是说，混合数据是时间序列数据和横截面数据的一种混合。

例如表 4-6 的数据就是混合数据。表 4-6 在横向上是关于相同年份的不同项目的数据，即横截面数据，而在纵向上是关于同一项目下的不同时间的数据，即时间序列数据。

表 4-6　中国城镇居民家庭基本情况（混合数据）

年份	调查户数（户）	平均每户家庭人口（人）	平均每户就业人口（人）	平均每人全部年收入（元）
2002	45317	3.04	1.58	8177.4
2003	48028	3.01	1.58	9061.2

数据来源：《中国统计年鉴 2004》。

（4）面板数据（Panel data）

面板数据也称为纵列数据或纵向数据，它是混合数据在一种特殊情况下的数据形式。面板数据首先是一种混合数据，即兼具时间序列数据和横截面数据这两种形式。但是，对面板数据而言，数据始终是来自同一观测对象，这是面板数据不完全相同于混合数据的关键之处。例如，在相同调查项目上连续几年跟踪同一家庭或同一企业调查，所得到的数据就是面板数据。因此，也有人称面板数据为跟踪数据，即对同一观测对象的跟踪观测。而混合数据可以来自不同的观测对象。

现举例说明，统计部门对家庭 A 和家庭 B 的收入进行连续 3 年跟踪调查，由此形成的表 4-7 的数据就是面板数据。如果这三年中不是连续对家庭 A 和家庭 B 进行跟踪调查，而是更换为对其他家庭的调查，则所得的数据就不是面板数据。2001 年调查的是家庭 A，2002 年调查的是家庭 B，而 2003 年调查的是其他的家庭，则此种数据已不是面板数据，而是混合数据。

表 4-7　收入调查数据（面板数据示例）

年份	家庭 A	家庭 B
2001	10000	8000
2002	12000	8500
2003	15000	9000

另外，例如表4－8的数据也是面板数据。在表4－8中，就同一年份而言，这5个省市的地区生产总值是横截面数据，但就每一个省市来说，各省市地区生产总值又构成从2000年到2003年的时间序列数据。而表4－6中的数据则不是面板数据，因为资料显示不同年份的抽样户数不同，因此这就不可能每年调查的对象都是固定不变的家庭。

表4－8　　地区生产总值（面板数据）　　（亿元）

年份	北京	天津	河北	山西	内蒙古
2000	2479	1639	5089	1644	1401
2001	2846	1840	5578	1780	1546
2002	3213	2051	6123	2018	1756
2003	3663	2448	7099	2457	2150

数据来源：《中国统计年鉴2004》。

面板数据可用Y_{it}或Y_t^i来表示，其中t代表时间，i代表第i个对象。例如在上面的例子中Y_{2002}^3表示河北2002年的地区生产总值的数据。

（5）虚拟数据（变量）

现实经济中经常会有二选一的问题，即有两种结果可以选择，如回答“是”或“不是”，“满意”或“不满意”，“发生”或“没发生”，等等。这种数据是一种定性数据。这种数据可用一种变通的量化方式表示，如可用1表示肯定，0表示否定。

表示这种定性数据的变量，在经济学中称为虚拟变量（dummy variables）。如某命题为真，则令D取值为1；该命题为假，则令D取值为0，这时D即为虚拟变量。虚拟变量是经济模型中常见的变量，它经常被作为某种政策变量，或为了弥补数据口径差异等许多方面有应用。

2. 数据资料的形式

现实经济中有不同形式的数据资料。了解这些数据资料的形式是十分有益的。数据资料形式简介如下：

（1）公开出版的数据

公开出版的数据指国家正规出版机构公开出版发行的数据资料。在中国现行体制下，国民经济统计资料基本上都由国家统计部门负责组织出版，如有中国统计出版社等机构。其中涉及一些行业性或专业性很强的统计资料，有些是由国家统计部门协同相关行业机构或专业机构组织出版。

目前，《中国统计年鉴》是比较全面地反映中国经济和社会发展情况的系统性统计资料。该年鉴系统地收录了全国和各省、自治区、直辖市年度经济、社会等方面的统计数据以及历史上重要年份的主要统计数据。《中国统计年鉴》一般在每年的秋季出版，收录的最新数据一般是截止到出版年份的上年数据。每年春季出版的《中国统计摘要》，实际上是《中国统计年鉴》一种摘要本，在一定程度上可以弥补《中国统计年鉴》出版滞后的问题。

其他一些统计资料有：《中国工业经济统计年鉴》、《国际统计年鉴》、《中国农村统计年鉴》、《中国城市统计年鉴》、《中国劳动统计年鉴》、《中国人口统计年鉴》、《中国建筑业统计年鉴》、《中国对外经济统计年鉴》、《中国固定资产投资统计年鉴》、《中国物价及城镇居民家庭收支调查统计年鉴》、《中国市场统计年鉴》、《中国科技统计年鉴》、《中国县（市）社会经济统计年鉴》、《中国能源统计年鉴》等。还有分行业的统计年鉴和分地区、城市的统计年鉴。《中国经济景气月报》是国家统计局出版的关于中国经济运行情况的月度数据资料，这是目前相对最快反映中国经济运行情况的统计资料。

目前，公开出版的数据资料主要是关于宏观经济的数据资料，而微观经济数据通常涉及具体的机构、企业，因此一般是不公开的数据。本书中有关实际事例的数据，主要是关于宏观经济的数据。

（2）内部数据

相对于正式公开出版的数据，还有一些其他形式的数据。其中一种是所谓内部数据。例如，由于种种原因，统计部门不可能把所有可公开的数据都出版。特别是一些更为细致的数据，可能由于出版成本或其他方面的原因而不能全部出版。而从经济分析看，一些细致的数据恰恰是有分析价值的数据。对于这种数据，只要得到有关权威部门的认可，是可以作为经济分析与研究之用的。但是，由于这种数据的获取渠道可能是不规范的，因此获得此类数据的成本可能较大。

还有一些可公开的数据由相关政府部门、行业机构和专业机构所掌握。按现行的有关规章制度它们没有义务出版这些数据，甚至没有时间和精力去整理这些数据。因此，如何能充分利用这部分数据，是一个值得重视的问题。当然还存在其他形式的数据。内部非公开的保密数据不在此列。

(3) 研究成果性数据

还有一种不是直接的统计数据，而是研究成果提供的数据。统计资料一般是原始数据，而要获得更有价值的信息，通常需要进一步做数据分析，包括利用数据建立经济模型进行有关的运算等。由此可以得到研究成果性的数据。如基尼系数的计算结果，就属于这类数据。

但不论是怎样的数据，在使用时有两点需要注意。首先，应尽可能采用正式公开出版的数据，因为这种数据具有正规性，便于核实与检验，由此得到的相关结论和成果才有可信基础。其次，在正式发表的作品中要对有关的数据进行必要的说明，如说明原始数据的来源以及对直接引用的数据标注出处等。

3. 获取数据的方式

获取数据的方式是多种多样的，并没有一定的模式可循。不过，还是存在不同的获取思路。例如，购买正式出版的统计资料是获得数据的一种规范方式，对此这里不需过多地介绍。只想指出的是，目前可以充分利用互联网的信息资源。

从中国国家统计局网站及国内相关统计网站上可以获取一些经济数据。中国国家统计局的网址是：http：//www. stats. gov. cn/。相比较而言，国外一些网站提供了相对更多的数据资料。如美国的“Resources for Economists on the Internet”（经济学家的网络资源）网站提供了关于美国和世界各国的宏观经济数据，网址是：http：//rfe. wustl. edu/。另一个著名的网站是美国国家经济研究局（National Bureau of Economic Research）的网站，网址是：http：//www. nber. org/。英国的一个著名数据网站是 MIMAS（Manchester Information and Associated Services），网址是：http：//www. mimas. ac. uk/。其他一些可能有用的网址是：http：//www. worldbank. org/（世界银行）；http：//www. imf. org/（国际货币基金组织）；http：//unstats. un. org/unsd/default. htm（联合国统计司）等。

有关的网站还很多，而且还会不断有新的出现，因此很大程度还要靠自己去搜索。这里实际上是想提示，在当今信息化社会应充分利用现代化手段来提高效率。

案例学习 4－2：《中国统计年鉴》的主要内容

《中国统计年鉴》是目前中国影响最大的统计资料。它系统地收录了全国和各省、自治区、直辖市经济、社会各方面的统计数据以及历史上重要年份的主要统计数据，是一部全面反映中国经济和社会发展情况的资料性年刊。表4－9是2004年《中国统计年鉴》的正文内容分类：

表4－9　《中国统计年鉴》正文内容分类

1. 行政区划和自然资源	14. 工业
2. 综合	15. 建筑业
3. 国民经济核算	16. 运输和邮电
4. 人口	17. 国内贸易
5. 就业人员和职工工资	18. 对外经济贸易
6. 固定资产投资	19. 旅游
7. 能源	20. 金融业
8. 财政	21. 教育和科技
9. 价格指数	22. 文化、体育和卫生
10. 人民生活	23. 其他社会活动
11. 城市概况	24. 香港特别行政区主要社会经济指标
12. 环境保护	25. 澳门特别行政区主要社会经济指标
13. 农业	

同时附有两个篇章：台湾省主要社会经济指标和我国经济、社会统计指标同世界主要国家的比较。资料中所使用的度量单位均采用国际统一标准计量单位。

第三节　数据处理

现实中有很多数据不能直接使用，而需要作适当的处理。由于具体情况不同，因此不存在数据处理的标准方式。数据处理的内容是多方面的，既包括从获取数据开始对数据进行整理、分类、归纳、录入和存放等初级处理，也包括数据口径调整、可比价格计算、指数化处理、标准化处理、季节调整和数据生成等技术性处理。以下主要介绍数据技术性处理的一些问题。

5. 数据生成

实际中经常会遇到缺少数据的情况。然而缺少数据的情况是多种多样的，有些时候缺少的数据可以通过一定的办法计算或估计出来。利用已有的数据，通过一定的方法取得数据的过程称为数据生成。

并非任何的数据都是可以生成的，不然根本就不需要做大量的实际统计工作了。这里所说的数据生成，主要是针对在某些情况下，一些缺少的数据可以通过一定的方法计算出来。或者虽然不能直接进行精确的计算，但可以通过一定的方法进行估计，并使所估计的数据尽可能接近实际。因此，这里所说的数据生成，并不是指随意编造数据，而是采用科学的方法弥补数据的不足，并将有关的数据信息融合到所生成的数据中去。由于数据的具体情况不同，因此也就不存在数据生成的通用方法，而只能具体问题具体分析。

案例学习 4－3：一种估算可比价数据的简单方法

在建立经济模型时，有时需要按可比价表示绝对量数据。在中国目前的统计资料中还无法直接得到现成数据，而只能经过有关的计算得到。为学术性经济分析参考使用，这里提供一种估算可比价数据的简单方法。注意，这里讲的是对可比价数据的估算，这与可比价的严格计算不是同一概念。

现以《中国统计年鉴》中的实际数据为例，计算2000—2003年全社会固定资产投资的可比价数据。从《中国统计年鉴—2004》中取得全社会固定资产投资和投资品价格指数的数据，其中投资数据是以现价计算，投资品价格指数以上年为1，由此形成表4－10。

表4－10　　投资品价格指数与固定资产投资数据

年份	投资品价格指数（以上年为1）	全社会固定资产投资（亿元，现价）
2000	1.011（A_1）	32918（B_1）
2001	1.004（A_2）	37213（B_2）
2002	1.002（A_3）	43500（B_3）
2003	1.022（A_4）	55567（B_4）

以下计算以2000年价格计算的可比价全社会固定资产投资。可比价

计算公式按下面公式进行:

$$可比价 = 现价/价格指数 \tag{4-10}$$

为此，首先计算出以 2000 年为 1 的投资品价格指数。为了方便，分别在表 4-10 中每个数据旁标明对应的变量 A_t 和 $B_t(t=1,2,3,4)$。在表 4-10 中,投资品价格指数以上年为 1,因此$\frac{A_t}{1}(t=1,2,3,4)$就是投资品价格指数的年增长率。现将表 4-10 中以上年为 1 的价格指数变换为以 2000 年为 1 的指数。具体做法如下:

令 $C_1=A_1$,然后计算 $C_t=C_{t-1}\times A_t(t=2,3,4)$，计算结果如表 4-11 所示。很容易验证：$\frac{C_t}{C_{t-1}}=A_t(t=2,3,4)$。由于要以 2000 年为 1，而此时表 4-11 中的 C_1 还不等于 1，于是需要将其变为 1。具体做法是，对第三列的每一项都除以 C_1，即计算 $D_t=\frac{C_t}{C_1}$ $(t=1,2,3,4)$，这个比值作为第四列。

利用公式 (4-10)，就可以计算可比价的全社会固定资产投资数据了。具体做法是：计算表 4-10 中的全社会固定资产投资与表 4-11 的第四列投资品价格指数的比值，即计算 $E_t=\frac{B_t}{D_t}(t=1,2,3,4)$。由此得到表 4-11 的最后一列数据，即是所要求得到的可比价数据。

表 4-11　　数据计算过程

年份	投资品价格指数（以上年为1）	投资品价格指数（以2000年为1）	投资品价格指数（2000年等于1）	全社会固定资产投资（2000年价，亿元）
2000	1.011 (A_1)	1.011 (C_1)	1.000 (D_1)	32918 (E_1)
2001	1.004 (A_2)	1.015 (C_2)	1.004 (D_2)	37065 (E_2)
2002	1.002 (A_3)	1.017 (C_3)	1.006 (D_3)	43241 (E_3)
2003	1.022 (A_4)	1.039 (C_4)	1.028 (D_4)	54054 (E_4)

在上面的例子中，实际上可进一步进行数据指数化处理，即将绝对额表示的可比价固定资产投资数据用指数表示。具体做法是，将表 4-11 的最后一列每个数都除以 E_1。计算结果如表 4-12 所示。

表 4-12　　数据计算结果

年份	全社会固定资产投资（2000 年价，亿元）	全社会固定资产投资指数（以 2000 年为 1，可比价）
2000	32918（E_1）	1.000
2001	37065（E_2）	1.126
2002	43241（E_3）	1.314
2003	54054（E_4）	1.642

用表 4-12 的数据度量全社会固定资产投资的实际量。表中第二列表现为绝对量形式，第三列表现为指数形式。指数形式具有较好的直观性，如表 4-12 中的第三列最后一行为 1.642，表示 2003 年全社会固定资产投资的实际量是 2000 年的 1.642 倍。而如果观察第二列数据，则难有直观的感觉。

在统计资料中，有些数据并不是以指数形式给出，而是以增长率的形式给出，且增长率是按可比价计算的。例如在《中国统计年鉴》中，GDP 和各产业增加值的增长率是按可比价给出的。因此，可按上述同样的思路把这种增长率的形式变换为以某一年为 1 的指数，记该指数为 $Q=(a_0, a_1, \cdots, 1, \cdots, a_n)$，指数为 1 的年份称为“基年”，即以该年份的价格进行计算。设基年的现价数据为 A，则用 A 乘所有年份的指数，即 AQ。由于基年为 1，因此 $AQ=(Aa_0, Aa_1, \cdots, A, \cdots, Aa_n)$，即基年的可比价数据和现价数据相等。这样，计算结果 AQ 就是以绝对量形式给出的估计。

案例学习 4-4：数据标准化处理前后数据图像的比较

可以看到，表 4-13 中数据 X 的比数据 Y 大得多。如果用表 4-13 中的原始数据作图，则 Y 的图像与 X 的图像是无法放在一起比较的。图 4-1 是用表 4-13 的数据直接做出的图像。可以看到，由于 Y 比 X 小得多，因此 Y 的图像在图 4-1 中几乎是一条直线。

图 4-2 是经过数据标准化处理之后的曲线。图 4-2 中 Y 的数据标准化后的曲线已经清晰展现出来。同时可以看到，X 的数据标准化后的曲线形态在图 4-1 和图 4-2 中基本是一样的。而标准化处理前后的相关性不发生变化，因此图 4-2 中的 X 和 Y 的相关性没有变化。但在图 4-2 中可以清晰对比数据曲线的趋势。

表 4－13　　不同量级的数据

年份	X	Y
1991	21618	1.067
1992	26638	1.151
1993	34634	1.319
1994	46759	1.581
1995	58478	1.789
1996	67885	1.895
1997	74463	1.910
1998	78345	1.864
1999	82068	1.822
2000	89468	1.840

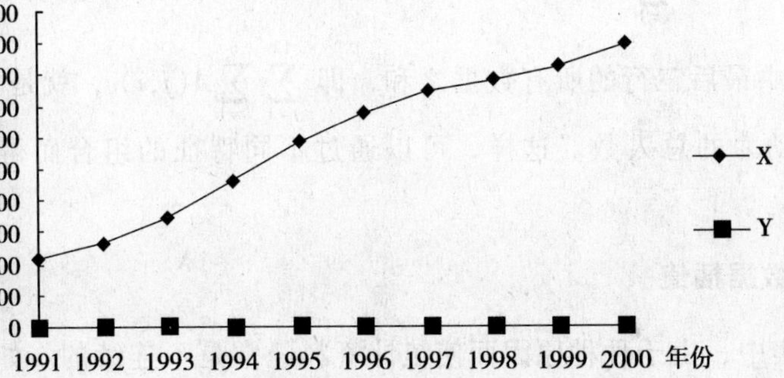

图 4－1　数据标准化处理前的曲线

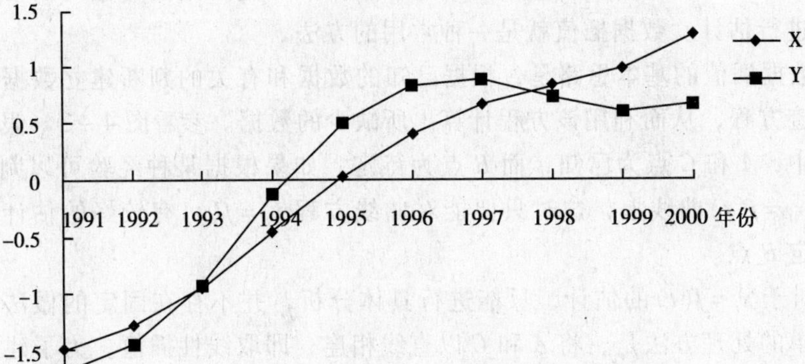

图 4－2　数据标准化处理后的曲线

第四节　数据生成的方法

1. 利用多维特征数据的组合生成数据

如果数据是多维特征的数据，就可以通过不同特征的组合来直接生成数据。这种情况下生成的数据，就是直接计算出的数据，而不是近似的估计。这是多维特征数据的一个有用之处。

例如，知道男性工人数、女性工人数，则男性和女性两个特征的组合，即是总工人数，也就是男女工人数之和。再如，对表 4－2 中最后一行求和，即得 $\sum_{i=1}^{6} A(12,i)$，此数值是 2003 年第三产业劳动力总人数；表 4－2中最后三行的所有数据之和，即 $\sum_{j=1}^{12}\sum_{i=1}^{6} A(j,i)$，就是 2003 年三个产业劳动力的总人数。这样，可以通过不同特征的组合而得到新特征的数据。

2. 数据插值

现实中，由于种种原因而使统计资料经常是不连续的。如中国的人口普查大约 10 年才进行一次。在这种情况下，所需要的数据就不会像多维数据那样可以严格通过直接计算出来，而只有通过一定的方法对所需要的数据进行估计。数据插值就是一种常用的方法。

数据插值的基本思路是，根据已知的数据和有关的判断建立数据变动的轨迹方程，从而利用该方程计算出所缺少的数据。参看图 4－3。假设在该图中，A 和 C 点为已知，而 B 点为待定。如果根据某种经验可以判断 B 点在 $x_t=f(t)$ 曲线上，这时只要能对曲线方程 $x_t=f(t)$ 有较好的估计，就能确定 B 点。

对于 $x_t=f(t)$ 的估计，只能进行具体分析，并不存在固定的做法。一种简单的处理方法是，将 A 和 C 以直线相连，即取线性插值。为了建立线性方程，只要知道两点的位置即可。假设 $A(t_0, x_0)$ 和 $C(t_m, x_m)$ 为已知，则连接这两点的直线方程为：

$$x_t=\frac{x_m-x_0}{t_m-t_0}(t-t_0)+x_0 \tag{4-11}$$

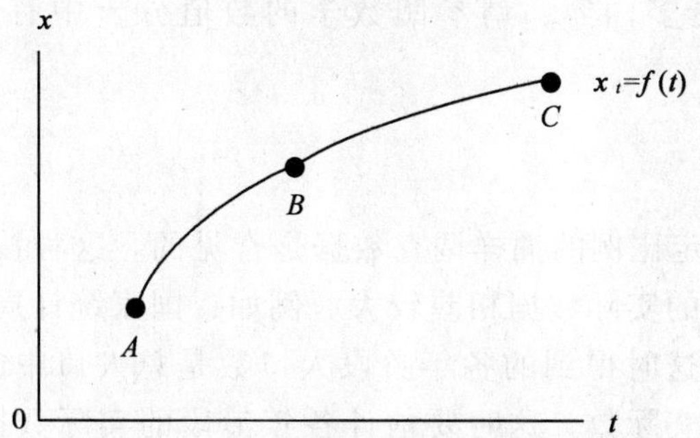

图 4－3　数据轨迹示意图

给定 t，就可以按（4－11）式的直线方程计算出对应的 x_t 之值。如果 t 处在 t_0 和 t_m 之间，则所算得之 x_t 值称为内插值；如果 t 是在 t_0 和 t_m 之外，则称为外插值。

需要注意两点：首先，在进行数据插值时一定要对数据的变动趋势做出有充分依据的判断；其次，已知点与所要算出的插值点不要间隔太远，否则从理论上讲误差将会较大。

另一种连接 A 和 C 的方法是增长率法，即假定在从 A 到 C 的轨迹上增长率为一常数 a。这样，可按以下方式推导，得到所需要的轨迹方程。首先，令数值 x_t 有如下表达式：

$$x_t = x_0(1+a)^{t-1} \tag{4-12}$$

因此利用已知数据即可估计出常数 a。设已知数据满足如下关系：

$$x_m = x_0(1+a)^{m-1}$$

由此可得（$1+a$）的计算式，即

$$\left(\frac{x_m}{x_0}\right)^{\frac{1}{m-1}} = (1+a) \tag{4-13}$$

将(4－13)式中的($1+a$)代入(4－12)式，得：

$$x_t = x_0\left(\frac{x_m}{x_0}\right)^{\frac{t-1}{m-1}} \tag{4-14}$$

（4－14）式表明，常数增长率的假定实际上是假定数据按指数轨迹而变动。

当所要的数据既无法通过现成的统计资料获得，也不可能通过某种严格的方法直接算出来，而实际研究工作又十分需要这些数据时，采用数据插值的方法不失为一种可行的方法。以上所述仅是数据插值的基本思路。

关于数据插值的更多内容，请参阅数学的数值分析中有关插值方法的内容。

3. 比例缩放法

现实中，按一定比例的抽样调查数据是常见的。这种按比例抽样调查的数据，离全口径的实际数据相差较大。例如，国家统计局按中国人口的10%作抽样调查，这时得到的各年龄段人口数是总人口中的一定比例数，而不是总人口中的实际数。这时要估计各年龄段的实际数据该如何进行？如果这时知道总人口数据，就可考虑采用比例缩放法。

一般地说，假设数据 $a_i(i=1, \cdots, n)$ 和数据 M 为已知，现在要生成一组新的数据 $b_i(i=1, \cdots, n)$，以满足 $\sum_{i=1}^{n} b_i = M$。

此时可采用如下方法：首先对 a_i 求和

$$a_1 + a_2 + \cdots + a_n = A$$

从而

$$\frac{a_1}{A} + \frac{a_2}{A} + \cdots + \frac{a_n}{A} = 1$$

上式两边乘以 M，有：

$$\frac{a_1}{A}M + \frac{a_2}{A}M + \cdots + \frac{a_n}{A}M = M$$

记 $b_i = \frac{a_i}{A}M$，则有：

$$\sum_{i=1}^{n} b_i = M$$

实际上，这种比例缩放法是数据处理中在许多情况下都可采用的简单而有效的方法。例如，当一组数据的和在定义上应等于某数据时，由于统计误差或其他原因而不完全吻合，这时就可以用比例缩放法进行调整，使之完全吻合。

4. 多比例迭代法

多比例迭代法实际上是比例缩放法的一种扩展。实际中，在生成同一组数据时不是只需一次比例缩放，而是需要多次反复运用。这种多次运用比例缩放的方法，可以把一些分散的数据资料综合运用起来，使得经过数据处理的数据尽可能包含已掌握的信息。这就是多比例迭代法的基本思想。

简述多比例迭代法的基本原理。如同表4－2那样，数据形成一个矩阵表。设一组已知数据 a_{ij}($a_{ij}>0$，$i=1$，…，n；$j=1$，…，m）构成如下的数据矩阵表：

$$\begin{matrix} a_{11} & a_{12} & \cdots & a_{1m} \\ a_{21} & a_{22} & \cdots & a_{2m} \\ \vdots & \vdots & \ddots & \vdots \\ a_{n1} & a_{n2} & \cdots & a_{nm} \end{matrix} \tag{4-15}$$

现有已知数据 E_i（$i=1$，…，n）和已知数据 F_j（$j=1$，…，m）。我们的目的是：要生成一个新的数据矩阵表，使得该数据矩阵表满足：（1）第 i 行的各项之和等于 E_i（$i=1$，…，n）；（2）第 j 列的各项之和等于 F_j（$j=1$，…，m）。

数据生成的基本思路如下：先对（4－15）式的矩阵表的各行求和，得如下矩阵表：

$$\begin{matrix} a_{11} & a_{12} & \cdots & a_{1m} & \sum_{j=1}^{m} a_{1j} = A_1 \\ a_{21} & a_{22} & \cdots & a_{2m} & \sum_{j=1}^{m} a_{2j} = A_2 \\ \vdots & \vdots & \ddots & \vdots & \vdots \\ a_{n1} & a_{n2} & \cdots & a_{nm} & \sum_{j=1}^{m} a_{nj} = A_n \end{matrix} \tag{4-16}$$

然后，将（4－16）式矩阵表每一行的各项除以该行的对应和，形成如下的矩阵表：

$$\begin{matrix} \frac{a_{11}}{A_1} & \frac{a_{12}}{A_1} & \cdots & \frac{a_{1m}}{A_1} & 1 \\ \frac{a_{21}}{A_2} & \frac{a_{22}}{A_2} & \cdots & \frac{a_{2m}}{A_2} & 1 \\ \vdots & \vdots & \ddots & \vdots & \vdots \\ \frac{a_{n1}}{A_n} & \frac{a_{n2}}{A_n} & \cdots & \frac{a_{nm}}{A_n} & 1 \end{matrix} \tag{4-17}$$

将已知的 E_i（$i=1$，…，n）分别乘以（4－17）式矩阵表相应的第 i 行，从而形成以下矩阵表：

$$\begin{matrix} \frac{a_{11}}{A_1}E_1 & \frac{a_{12}}{A_1}E_1 & \cdots & \frac{a_{1m}}{A_1}E_1 & E_1 \\ \frac{a_{21}}{A_2}E_2 & \frac{a_{22}}{A_2}E_2 & \cdots & \frac{a_{2m}}{A_2} & E_2 \\ \vdots & \vdots & \ddots & \vdots & \vdots \\ \frac{a_{n1}}{A_n}E_n & \frac{a_{n2}}{A_n}E_n & \cdots & \frac{a_{nm}}{A_n}E_n & E_n \end{matrix} \tag{4-18}$$

至此，从上面（4－18）式中得到的下面这个矩阵表（4－19）式即可满足（1）之要求，但尚不能满足（2）之要求。这样，同理可对矩阵表（4－19）式的各列进行如上的处理，从而可得另一个新的数据矩阵表，使该矩阵表满足（2）之要求。

$$\begin{matrix} \frac{a_{11}}{A_1}E_1 & \frac{a_{12}}{A_1}E_1 & \cdots & \frac{a_{1m}}{A_1}E_1 \\ \frac{a_{21}}{A_2}E_2 & \frac{a_{22}}{A_2}E_2 & \cdots & \frac{a_{2m}}{A_2}E_2 \\ \vdots & \vdots & \ddots & \vdots \\ \frac{a_{n1}}{A_n}E_n & \frac{a_{n2}}{A_n}E_n & \cdots & \frac{a_{nm}}{A_n}E_n \end{matrix} \tag{4-19}$$

在这个过程中会出现目的（1）和目的（2）交替满足的情况。如此下去，通过反复多次地迭代，直至得到一个稳定不变的数据矩阵表。实际中，虽然已知若干数据之和，但构成已知数据之和的这些数据并不是有规则地排列的，而可能是数据矩阵表（4－15）式中某种任意组合的数据之和为已知。无论怎样，处理方式是一样的，即按已知数据之和的数据构成结构进行反复多次迭代，每次迭代都能得到满足一种已知条件的情况，如此下去，直至可以得到满足所有已知条件的新数据矩阵表。当然，在多比例迭代过程中的数据矩阵表是否能收敛到唯一而稳定的数据矩阵表，需要满足一定的条件。然而，如果仅是作为数据处理之用，则不必关心这些条件是怎样的，而只需要按上述提供的方法操作。因为如果在多比例迭代过程中切实得到了一个稳定收敛的数据矩阵表，即是达到了数据调整的目的，这时再去寻找满足数据矩阵表收敛的条件实际上已经没有意义了。①

① 这里仅是粗略介绍，此方面严谨的理论请见张国初著《数据交叉分类的多比例拟合迭代法》，载《数量经济技术经济研究》1990 年第 9 期。

案例学习 4-5：支出法 GDP 的构成调整——比例缩放法的应用

目前，中国 GDP 统计中有两种计算方法，一是生产法，二是支出法。这两种计算方法的 GDP 数值并不相同。目前公布使用的主要是生产法计算的 GDP。因此，在宏观经济模型中按支出法计算的 GDP 与生产法计算的 GDP 存在差别。在理论上两者应是相等的。在建模需要时，可采用比例缩放法调整支出法 GDP 的构成，使支出法 GDP 的构成之和等于生产法 GDP 总量。

表 4-14 是《中国统计年鉴》中 2001—2003 年的支出法 GDP 和生产法 GDP 的数据。可以看到，两者的数值并不相同。两者的数据不吻合，在一般的经济分析中似乎不是什么大问题，但在构建模型时可能就成为问题了，如可能产生模型中恒等式两端不相等的情况。

表 4-14　2001—2003 年的支出法 GDP 和生产法 GDP 的数据　（亿元）

年　份	支出法 GDP	生产法 GDP	支出法 GDP/生产法 GDP
2001	98592.9	97314.8	1.013
2002	107897.6	105172.3	1.026
2003	121511.4	117251.9	1.036

表 4-15 是支出法 GDP 的构成。可以看到，中国支出法 GDP 的构成为：最终消费、资本形成总额以及货物和服务净出口。也就是说，这三项之和等于支出法 GDP，但不等于生产法 GDP。现在可以通过比例缩放法使这三项之和等于生产法 GDP。

表 4-15　支出法 GDP 构成　（亿元）

年　份	支出法 GDP	构成		
		最终消费	资本形成总额	货物和服务净出口
2001	98592.9	58927.4	37460.8	2204.7
2002	107897.6	62798.5	42304.9	2794.2
2003	121511.4	67442.5	51382.7	2686.2

具体做法如下：将表 4-15 中的每个年份的每个构成项都除以对应年份的支出法 GDP，形成表 4-16。

表 4－16 **调整 GDP 构成中间过程（一）**

2001	1	0.597684	0.379954	0.022362
2002	1	0.582019	0.392084	0.025897
2003	1	0.555030	0.422863	0.022107

然后，对于表 4－16 中的每个年份，乘以对应年份生产法的 GDP，得表 4－17。表 4－17 即是调整到各项支出之和等于生产法的 GDP。即最后得到所需要的数据表 4－18。

表 4－17 **调整 GDP 构成中间过程（二）**

2001	97314.8	58163.50	36975.18	2176.12
2002	105172.3	61212.35	41236.37	2723.63
2003	117251.9	65078.35	49581.51	2592.04

表 4－18 **调整 GDP 构成结果**

年　份	生产总值	构成		
		最终消费	资本形成总额	货物和服务净出口
2001	97314.8	58163.50	36975.18	2176.12
2002	105172.3	61212.35	41236.37	2723.63
2003	117251.9	65078.35	49581.51	2592.04

注意，比例缩放法仅仅起到调整数据的作用，有些时候这样的处理是允许的，如在建立模型时要求恒等式两边相等，而实际的数据却不能满足这一要求，这时就可以采用这种方法进行调整。但是，并不是随意地处处可以这样处理，需要具体问题具体分析。

第五节　经济意义下的数据分析

数学意义下的数据分析，强调的是对数据本身规律的挖掘，如对数据序列进行多次差分，看结果是否为平稳序列等。与此不同，经济意义下的数据分析则强调分析的角度与方法应具有经济意义，而不在于分析的手段与方法是否先进、是否前沿。因此从这个意义来讲，经济意义下的数据分析方法实际上就是提供观测经济的不同视角。

例如，计算比例关系在数学中是一种简单计算，在数学意义下的数据分析中可能不值一谈。但在经济意义下的数据分析中，这是一种很有意义的、简单而有效的数据分析方法。如产业增加值之间的比例关系，就是对经济中产业结构的一种度量。许多结构关系就是通过比例关系来度量的。

在具体论述经济意义下的数据分析之前，先来看如何观测数据。无论哪种数据分析，观察数据总是第一个环节。观察数据，就是要对数据的大小、计量单位、变化趋势、是否出现异常点等进行直观的考察。而观察数据的一种便利方法是做出数据图。因此下面首先介绍几种数据图形。

1. 几种常用的数据图形

（1）曲线图

用曲线表现数据是一种常见的做法。例如，图 4－4 是 1991—2000 年期间中国 GDP 实际数据的曲线图。可以看到，曲线的起伏形状直观地展示了数据的变化情况。

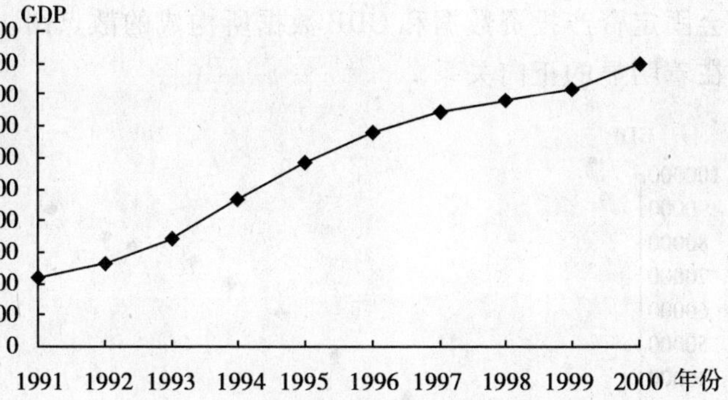

图 4－4　1991—2000 年中国 GDP 实际数据曲线图

（2）柱形图

与曲线图不同，柱形图是用柱形表现数据。图 4－5 是以柱形图表示的 1991—2000 年期间中国 GDP 数据。柱形图也是一种常用图形，其表现方式具有鲜明感和坚实感，因此比较适合于反映数值大小的对比，而曲线图则更适合于表现数据的波动性。

（3）散点图

散点图是用以观察两组不同数据之间是否存在某种关系的一种直观图形。设 $\{x_i\}$ 是一组数据、$\{y_i\}$ 是另一组数据（$i=1, \cdots, n$），那么

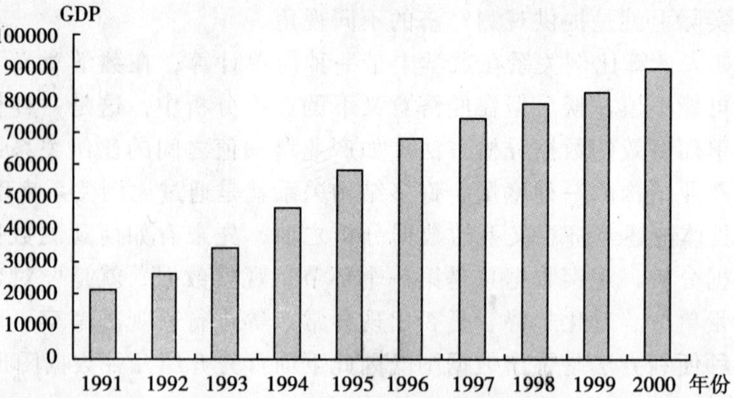

图 4－5　1991—2000 年中国 GDP 数据柱形图

（x_i，y_i）构成 n 个坐标点。在 x 为横轴、y 为纵轴的坐标系内画出这 n 个点，得到一些分散的点，这样的图称为散点图。

散点图的一个主要作用是便于观测两组数据间是否有某种关系，主要是根据散点所形成的形状进行判断。例如，图 4－6 是 1991—2000 年期间中国全社会固定资产投资数据和 GDP 数据所构成的散点图。可以看到，两者之间存在着明显的正向关系。

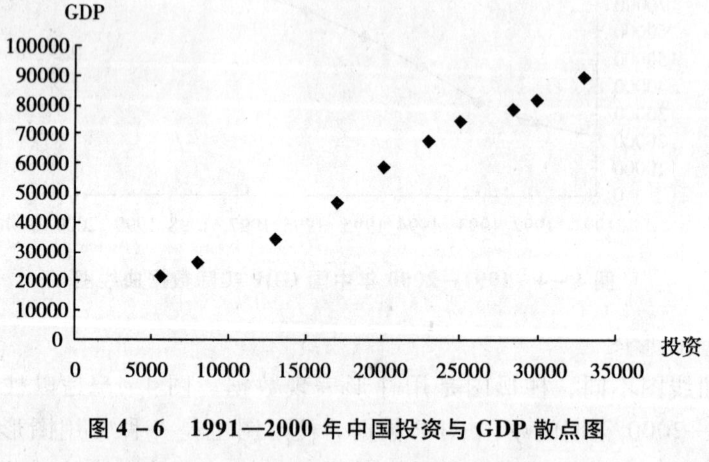

图 4－6　1991—2000 年中国投资与 GDP 散点图

实际上，散点图仅是定性地判断数据相关情况的一种直观图形。要进行定量上的判断，就要进行有关的计算。两组数据间的线性相关性是用相关系数具体度量的。关于相关系数的介绍请见本节后面。

（4）饼图

饼图是以饼状图形来表现数据的一种方式。饼图一般适合表现比例的数据，即把整个饼形面积认为1，不同比例的数据占据不同的面积。例如，图4－7是表示2000年中国三次产业的结构的饼图。可以看到，2000年中国第二产业的比重为51%，第三产业的比重为33%，第一产业的比重为16%。

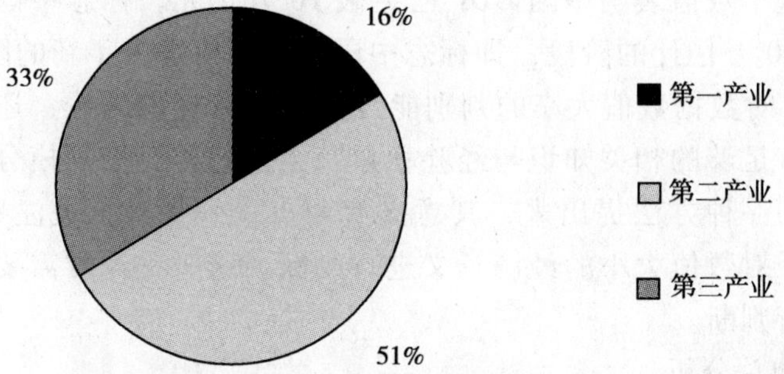

图4－7 2000年中国三次产业的结构：增加值之比例关系（饼图）

还有其他一些数据图形，如雷达图、锥形图和环形图等，这里就不一一叙述。关于这些数据图的绘制，目前主要是利用有关的计算机软件来进行，如EXCEL就提供了很方便的制作数据图的功能。还有不少更为专业的做图软件。为了制作用于一般性经济分析的数据图，使用EXCEL就可以了。

2. 经济意义下的数据分析

虽然数据图形可以直观地展现数据，但停留在图形上是不够的，因为这仅是一种定性观测方式。需要有更深入的定量分析。

经济意义下的数据分析，是从各种不同的角度、在不同的方面和不同的理念上来观测经济。在很大程度上这取决于对经济的理解，而不在于能提出怎样高深和复杂的数学公式。所需要的是把经济与数学有机地结合起来，因此不是一个单纯的数学问题。

（1）规模分析

经济中到处存在规模的问题。一个国家是否强大，是否富有，许多经济指标的规模是一个重要衡量尺度，如GDP规模、人均GDP规模、财政收入规模等。这时，增长率通常不是主要的。一个发展中国家的经济增长速度可能很快，但仍可能是很贫穷的国家。在微观经济中，一个企业的实力可用其销售额规模来反映，而不在于企业正处在怎样的成长阶段。

规模分析在数据分析中就是对数据数值大小进行分析判断。规模分析通常涉及有关水平、层次或阶段等方面的问题。例如，人均GDP的规模是评判一个国家是发达国家还是发展中国家的一个重要指标。再如，2002年中国GDP达到105172.3亿元。不熟悉中国经济数据的人可能对此看不出什么。这个数值表明中国GDP已突破10万亿元，标志中国经济的规模已进入以10万亿计的阶段，即标志中国经济规模进入了新的阶段。

可见，对数据数值大小的判别能否得到有意义的结论，还取决于分析者是否具有足够的相关知识与经验积累。无论怎样，把规模分析作为经济数据分析的一种方法提出来，其意义有两点：一是提示关注数值的大小；二是要善于对数值大小的经济意义进行判断。这时，经常需要取定一些参照值来进行判断。

（2）加总分析

加总分析是指对经济变量进行求和的分析。加总分析是观测经济的一种重要方式。把有关的经济变量加总，可以发现一些有意义的经济情况。在宏观经济理论中，基于微观经济个体的加总分析，是宏观经济学分析问题的一种重要方式。

加总分析的数学模型是：设 a_1，a_2，…，a_n 为一组数据，对它们求和：

$$a_1 + a_2 + \cdots + a_n = M \tag{4-20}$$

a_1，a_2，…，a_n 称为总量 M 的分量。加总分析使经济中的一些零散的因素可以得到有机的结合。

加总分析的前提是，分量的加总具有经济意义并赋有正确的计量单位。因此，在很多情况下这种加总分析能否有效进行，主要取决于分析者对有关经济问题的理解，关键在于把一些看上去零散的变量进行加总能够得到有意义的结果。如基于产业加总可以得到关于总体经济的信息，基于各项投资加总可以得到对总投资的判断。加总分析是一种经济数据分析的方式。

（3）结构分析

“结构”是经济中经常提到的概念，如产品结构、收入结构、消费结构、经济结构等。结构分析是把总量分解为若干个分量，然后分析这些分量间的各种关系。分析这些分量间的某种比例关系是常见的分析方式，如产业结构通常是指产业增加值之间的比例关系。

参看（4－20）式，可以把总量表达式变换为如下形式：

$$\frac{a_1}{M}+\frac{a_2}{M}+\cdots+\frac{a_n}{M}=1 \tag{4-21}$$

这样，$\frac{a_i}{M}$就是 a_i 在总量 M 中所占的比例，而$\frac{a_1}{M}:\frac{a_2}{M}:\cdots:\frac{a_n}{M}$就是各分量的一种结构比例关系。

例如，2003 年中国第一、二、三产业的增加值分别为 17092.1 亿元、61274.1 亿元和 38885.7 亿元。按（4－20）式和（4－21）式计算出 2003 年中国三次产业的结构为 0.146∶0.523∶0.331。对于这种结构，一般用百分数表示，因此可以表述为中国产业结构是：第一产业比重为 14.6%，第二产业比重为 52.3%，第三产业比重为 33.1%。

（4）平均分析

平均分析是经常采用的一种分析方法。例如计算一个班学生的平均成绩、一个人的年均收入及人均 GDP 等都是平均分析。这里所说的平均分析就是计算一组数据的平均值。

设一组数据为 $X=\{X_i\}$（$i=1, 2, \cdots, n$），则 X 的平均值 $\bar{X}$ 就是：

$$\bar{X}=\frac{1}{n}\sum_{i=1}^{n}X_i$$

平均分析可使有关的分析具有可比性。当总量分析不具有可比性时，比较平均情况通常是一种可行的对比分析方法。

（5）离散分析

看一个例子：把 10000 元钱均等分给 100 个人，人均 100 元；把 10000 元钱只给 100 个人中的一个人，但人均还是 100 元。而事实上前后两者的情况显然不同，这说明在有些时候仅是进行平均分析并不能有效地说明问题，而是需要进行离散分析。

离散分析是度量一组数据点偏离其平均值的离散程度。数学中是用方差进行具体度量的。设有一组数据 $X=\{X_i\}$，$i=1, 2, \cdots, n$，则 X 的方差就是

$$S_X^2=\sum_{i=1}^{n}\frac{(X_i-\bar{X})^2}{n-1} \tag{4-22}$$

方差是一组数据离散程度的度量，可以这样理解：$|X_i-\bar{X}|$ 是第 i 个数据 X_i 到平均值 $\bar{X}$ 的距离，因此 $\sum_{i=1}^{n}|X_i-\bar{X}|$ 就是所有数据点到平均值 $\bar{X}$ 的距离之和。由于 $\sum_{i=1}^{n}|X_i-\bar{X}|$ 中有绝对值符号，在数学处理上很不方便。因

此，为了消除绝对值符号所带来的不便，用$(X_i-\bar{X})^2$取代$|X_i-\bar{X}|$，于是(4-22)式中出现了$\sum_{i=1}^{n}(X_i-\bar{X})^2$，其含义与$\sum_{i=1}^{n}|X_i-\bar{X}|$基本相同。(4-22)式中分母为$n-1$而不是$n$，主要是为了获得统计学上的无偏估计。

（6）增长分析

增长分析就是从经济的变动角度进行的有关分析，它是一种十分重要的经济分析。对增长的度量可用增长率来体现。对此，第二章已有专门的关于增长分析的论述，这里不再赘述。有关内容请参见第二章。

（7）弹性分析

弹性分析是对不同经济变量之间变动关系的一种分析。弹性分析是考察一个变量的变动相对于另一变量变动相对快慢的一种度量。弹性分析主要是通过对弹性系数的计算来进行的。两组数据之间的弹性系数定义为这两组数据增长率之间的比率。设$A=(a_0, a_1, \cdots, a_n)$和$B=(b_0, b_1, \cdots, b_n)$是两组数据，及$y_i=\frac{a_i}{a_{i-1}}-1$和$z_i=\frac{b_i}{b_{i-1}}-1$分别是两组数据的增长率。于是，这两个增长率的比值$e_i=\frac{y_i}{z_i}$就是在第$i$期处$A$对$B$的弹性系数。

A对B的弹性系数实际上是度量当B有1%的变动时所对应A的变动率。弹性系数的数值为1是弹性分析中一个重要分界点。弹性系数大于1，表明A变量的增长率大于B变量的增长率；弹性系数小于1，表明A变量的增长率小于B变量的增长率；弹性系数等于1，即两数据的增长率相等。对弹性分析第二章中有专门的介绍，有关内容请参见第二章。

应当注意的是，A对B的弹性系数并不说明A与B之间存在因果关系。例如，A对B的弹性系数为0.2，是否由此可以说B增长1%导致（或引发）A增长0.2%，需要从理论或实际中去确定两变量间是否存在因果关系，而不是弹性系数本身可以说明的。较为严格的说法是，A对B的弹性系数为0.2，仅说明B增长1%时对应A增长0.2%。

（8）趋势分析

趋势分析是指依据数据已有的规律性对其未来的变动趋势做出分析。因此趋势分析也可以说是基于历史推测未来。趋势分析中的解释变量主要有两种：一为时间变量，另一为被解释变量的滞后变量。用于趋势分析的方程通常可表示为$y_t=f(t, y_{t-1})$，其中t是时间变量，y_t是被解释变量，y_{t-1}是被解释变量的滞后变量。趋势分析需要用到计量经济学中的回归分析技术。

应当说明的是，趋势分析和预测既有相同之处也有不同之处。相同之处是，两者都是对未来的一种判断。不同之处是，趋势分析强调的是依据数据本身的规律性及其与时间的相关性推测未来，而不考虑具体的外部因素。趋势分析通常不是对未来真实状况的分析，而主要是指明一种内在的变动倾向。而未来的实际是怎样，还要取决于许多外在的因素。然而，预测所强调的是对未来尽可能相符的预测，因此预测需要考虑未来可能发生的有关情况和与之有关的因素，特别是强调对有关的外部因素给予考虑。但是如果加入外部因素的分析，实际上就不再是单纯的趋势分析了。

(9) 比率分析

比率分析是指对不同经济变量间进行的比值分析。实践中用比值作为经济分析指标的情况很多。例如在宏观经济中，投资与 GDP 的比值即是投资率，消费与 GDP 的比值即是消费率。在微观经济中，流动资产与流动负债之比称为流动比率，它度量流动资产可以清偿流动债务的能力；速动资产与流动负债之比称为速动比率，它度量用以反映短时间内清偿流动债务的能力。

比率分析在计算上通常是很简单的，然而比率分析的关键在于这种变量间的比率在经济意义上是否能被理解。目前比率分析是一种常用的数据分析方法，并且在许多领域都有广泛的应用。例如在财务分析中，财务比率分析是一种专门的财务分析方法。比率分析方法简单易行，而且容易理解，因此有较为广泛的应用。

(10) 相关分析

相关分析是要分析在数据之间是否有某种规律性的关系。例如在前面图 4－6 的散点图中，可以直观地看到中国 GDP 数据与投资数据之间存在着正向关系，即当投资数量大时相应的 GDP 数量就大。两组数据间线性相关程度的度量，是用相关系数来说明的。关于相关系数的定义请见附录 4－2。相关分析的有关问题在第六章中将有进一步的论述。

(11) 回归分析

回归分析是计量经济分析中的一种重要的分析方法，本书的第六章对回归分析有专门的论述，故这里不做介绍。需要指出的是，相关分析和回归分析有根本的区别。相关分析中的相关系数，仅度量两组数据间线性相关的程度，并没有关于两组数据间数量关系的任何信息，而回归分析是要确定不同变量之间的具体数量关系，并指出这种数量关系能否确定。

案例学习4-6：1996—2003年中国工业投资结构分析

2003年，随着中国经济增长的速度加快，能源、交通运输、建材等基础行业中生产出现紧张局面。与此同时，固定资产投资增长居高不下。为此，中央政府进行宏观调控，以避免中国经济再度过热。

通过数据分析可以看到，这次的投资问题在很大程度上不是总量问题，而是“结构”问题。表4-19是1996—2003年中国工业行业基本建设固定资产投资结构的数据。这里投资结构是指行业基本建设固定资产投资占产业同类投资总和①的比重。这里工业包含能源（煤炭、石油和电力）、原材料、机械电子和轻纺四个行业。

表4-19 工业内部基本建设固定资产投资结构 （%）

年份	能源工业				原材料工业	机械电子工业	轻纺工业
	总和	煤炭	石油	电力			
1996	24.0	2.1	4.1	17.8	8.9	3.4	3.1
1997	26.6	2.3	5.0	19.4	5.4	3.7	3.3
1998	23.4	1.4	3.9	18.1	3.8	3.8	2.9
1999	21.1	0.9	3.2	17.0	3.7	3.0	2.2
2000	22.4	0.7	4.2	18.3	2.8	3.3	2.1
2001	19.4	0.6	3.9	14.9	2.7	3.8	2.7
2002	18.8	0.6	4.1	14.1	2.9	4.1	3.0
2003	17.0	0.8	3.2	12.9	5.0	4.3	4.3

注：本表数据由1998—2004年各年份《中国统计摘要》和2002—2004年各期《中国经济景气月报》中有关数据计算而得。

从表4-19的数据可以看到，1996年到2003年，行业基本建设固定资产投资在产业同类总投资中的比重，能源工业从24.0%持续下降到17.0%，下降7个百分点；其中，煤炭行业该比重从2.1%下降到0.8%，下降1.3个百分点，石油行业从4.1%下降到3.2%，下降0.9个百分点，电力行业从17.8%下降到12.9%，下降4.8个百分点。原材料工业的该比重也呈下降趋势，即从1996年的8.9%下降到2003年的5.0%，下降

① 这里产业同类投资总和指一、二、三产业基本建设固定资产投资之和。

3.9个百分点。而机械电子工业和轻纺工业的该比重，从1996年的3.4%和3.1%，均上升到2003年的4.3%。

可见，导致2003年中国能源和原材料供应不足的一个重要原因，可能是多年积累下来的对能源和原材料行业基本建设投资相对不足的结果，表现在这些年能源和原材料行业的基本建设固定资产投资在产业同类总投资中的比重有持续的较大幅度的下降。

附录4-1：关于数据标准化

数据标准化的定义：设$\{X_i\}(i=1,\cdots,n)$是一个数据序列，$\bar{X}$为序列均值，S_X为序列标准差，即（如前所示）：

$$\bar{X}=\frac{1}{n}\sum_{i=1}^{n}X_i \tag{4-7}$$

$$S_X^2=\sum_{i=1}^{n}\frac{(X_i-\bar{X})^2}{n-1} \tag{4-8}$$

记：

$$Y_i=\frac{X_i-\bar{X}}{S_X}\quad i=1,\cdots,n \tag{4-9}$$

则数据序列$\{Y_i\}$（$i=1$，⋯，n）称为标准化数据。$\{Y_i\}$（$i=1$，⋯，n）是均值为0、方差为1的数据序列。对此证明如下：

设$\{Y_i\}$的均值为$\bar{Y}$，则$\bar{Y}$的计算如下：

$$\bar{Y}=\frac{1}{n}\sum_{i=1}^{n}Y_i=\frac{1}{n}\sum_{i=1}^{n}\left(\frac{X_i-\bar{X}}{S_X}\right)=\frac{1}{nS_X}\left(\sum_{i=1}^{n}X_i-n\bar{X}\right)=\frac{1}{nS_X}(n\bar{X}-n\bar{X})=0$$

因此，序列$\{Y_i\}$的均值$\bar{Y}$为0。

现设$\{Y_i\}$的方差为S_Y^2，则按（4-8）式，有：

$$S_Y^2=\sum_{i=1}^{n}\frac{(Y_i-\bar{Y})^2}{n-1} \tag{4-8a}$$

由于$\bar{Y}=0$，则

$$S_Y^2=\sum_{i=1}^{n}\frac{Y_i^2}{n-1}$$

将（4-9）式的Y_i代入上式，得

$$S_Y^2=\sum_{i=1}^{n}\frac{Y_i^2}{n-1}=\frac{1}{n-1}\sum_{i=1}^{n}\left(\frac{X_i-\bar{X}}{S_X}\right)^2=\frac{1}{S_X^2}\sum_{i=1}^{n}\frac{(X_i-\bar{X})^2}{n-1}=\frac{1}{S_X^2}S_X^2=1$$

即数据序列 $\{Y_i\}$ 的标准差为1。

附录4-2：两组数据序列相关性不随数据标准化而改变的证明

首先给出两个数据序列 $\{X_i\}$ 和 $\{Y_i\}$ $(i=1, 2, \cdots, n)$ 的相关系数 r 的定义：设 $X=\{X_i\}$，$Y=\{Y_i\}$，$i=1, 2, \cdots, n$。r 为：

$$r=\frac{\sum_{i=1}^{n}(X_i-\bar{Y})(Y_i-\bar{Y})}{\sqrt{\sum_{i=1}^{n}(X_i-\bar{X})^2}\sqrt{\sum_{i=1}^{n}(Y_i-\bar{Y})^2}} \tag{4-23}$$

式中 $\bar{X}=\frac{1}{n}\sum_{i=1}^{n}X_i, \bar{Y}=\frac{1}{n}\sum_{i=1}^{n}Y_i$。$r$ 称为 X 与 Y 的线性相关系数，$-1\leqslant r\leqslant 1$。根据(4-8)式和(4-8a)式，r 还可表示为如下形式：

$$r=\frac{\frac{1}{n-1}\sum_{i=1}^{n}(X_i-\bar{X})(Y_i-\bar{Y})}{S_X S_Y} \tag{4-24}$$

对此证明如下：设 $\{X_i\}$ 和 $\{Y_i\}$ 经过标准化处理后分别为：

$$x_i=\frac{X_i-\bar{X}}{S_X} \tag{4-25}$$

和

$$y_i=\frac{Y_i-\bar{Y}}{S_Y} \tag{4-26}$$

由附录4-1可知

$$\bar{x}=\frac{1}{n}\sum_{i=1}^{n}x_i=0;\bar{y}=\frac{1}{n}\sum_{i=1}^{n}y_i=0$$

以及

$$S_x=1;\ S_y=1$$

于是按相关系数的定义计算，$\{x_i\}$ 与 $\{y_i\}$ 的相关系数 r' 为：

$$r'=\frac{\frac{1}{n-1}\sum_{i=1}^{n}(x_i-\bar{x})(y_i-\bar{y})}{S_x S_y}=\frac{1}{n-1}\sum_{i=1}^{n}x_i y_i$$

将 x_i 和 y_i 的定义式（4-25）和（4-26）代入上面表达式得：

$$r'=\frac{1}{n-1}\sum_{i=1}^{n}\frac{X_i-\bar{X}}{S_X}\frac{Y_i-\bar{Y}}{S_Y}=\frac{\frac{1}{n-1}\sum_{i=1}^{n}(X_i-\bar{X})(Y_i-\bar{Y})}{S_X S_Y}=r$$

本章小结

1. 数据是一种有明确意义的数字或符号。在数据的描述中需要有一些关键词，这种关键词称为数据特征。一个数据的特征越多，所包含的信息也相对越多。

2. 数据有不同的类型，如时间序列数据、横截面数据、混合数据和面板数据等。数据资料主要有公开出版的数据、内部数据和研究成果性数据等形式。

3. 数据处理主要包括对数据进行整理、分类、归纳、录入和存放等处理，也包括数据口径调整、可比价格计算、指数化处理、标准化处理、季节调整和数据生成等技术性处理。

4. 经济意义下的数据分析，实际上是从不同角度对经济的理解与分析。主要分析方法有：规模分析、加总分析、结构分析、平均分析、离散分析、增长分析、弹性分析、趋势分析、比率分析、相关分析及回归分析等。

思　考　题

一、名词解释

（1）多维特征数据　　（2）时间序列数据

（3）横截面数据　　（4）面板数据

（5）规模分析　　（6）加总分析

（7）结构分析　　（8）趋势分析

（9）比率分析

二、简答题

（1）简述数据处理的主要内容。

（2）简述多维特征数据结构的主要内容。

（3）简述数据标准化的含义及标准化数据的特点。

（4）简述数据的季节调整。

（5）简述数据插值的作用与基本方法。

（6）简述相关分析与回归分析的区别。

（7）简述现价数据与其可比价数据的关系。

三、论述题

（1）论述加总分析与结构分析的意义，并论述这两种数据分析方法的区别与联系。

（2）论述在数据分析中如何运用数据图形。

（3）举例说明比例缩放法的应用。

阅读参考文献

［美］因特里格特、博德金、萧政：《数据和精制数据》，载《经济计量模型、技术与应用》第3章，李双杰、张涛主译，中国社会科学出版社2004年版。

［美］古扎拉蒂：《计量经济分析所用数据的性质与来源》，载《计量经济学》上，中国人民大学出版社2000年版。

［美］古扎拉蒂：《经济数据的来源》，载《计量经济学》上，中国人民大学出版社2000年版。

沈永欢等：《插值法》，载《实用数学手册》，科学出版社2000年版。

张国初：《数据交叉分类的多比例拟合迭代法》，载《数量经济技术经济研究》1990年第9期。

黄益平、宋立刚：《数据问题》，载《应用数量经济学》第1章，上海人民出版社2001年版。

［美］弗雷德里克、马克：《数据、模型与决策》，任建标译，中国财政经济出版社2004年版。

Gary Koop, *Analysis of Economic Data*, Wiley, 2 edition, 2005.

Badi H. Baltagi (Editor), *Panel Data: Theory and Applications* (*Studies in Empirical Economics*), Physica-Verlag Heidelberg; 1 edition, 2004.

Guy Judge, *Computing Skills for Economists*, Wiley, 2000.

第五章 经济核算与经济模型

内容提要

建立经济变量之间的关系是构建经济模型的一项重要内容。而有些经济变量之间的关系是由经济核算体系或相关规则确定的。因此，掌握有关经济核算体系的知识，对学习与应用经济模型是非常必要的。本章的内容与国民经济核算体系知识有关。首先，介绍与经济核算有关的基本问题，如 GDP、GNP、流量、存量、最终产品、增加值以及 GDP 价格指数等概念及有关问题；其次，从国民收入恒等式角度论述 GDP 的构成；最后，简单介绍中国现行的国民经济核算体系的基本内容。应当强调的是，经济变量之间的关系不是可以随意决定的，而必须遵循相关的规则。

第一节 关于 GDP 及相关的问题

现实中每个人都会以某种方式感觉到经济的变化。例如，去商场购物会感觉价格在怎样变动，找工作的难易程度会反映出经济的冷热。然而，这种个人对经济的感受，不足以给出对经济的明确度量。对经济的明确度量，需要通过对各种经济指标的实际测算。这些经济指标通常是由政府部门或有关权威机构制定与发布。

1. GDP 的定义

GDP 是一个非常重要的经济指标，是度量一个国家或地区的经济活动总量水平的国际通用指标。在统计上，GDP 即地区生产总值（Gross Domestic Product），是指在一定时间内的特定地域范围内，所创造出的最终产品（包括服务）的总价值，或全部产品的增加值之总和。在国民经济核算体系中，GDP 的核算是整个核算体系中一个重要的核心部分。

对 GDP 的理解有以下几个要点：

(1) 时间性。GDP 是指一定时间内的 GDP，因此 GDP 是一个流量。

目前计算 GDP 的时间长度主要是年度和季度，分别称为年度 GDP 和季度 GDP。

（2）地域性。GDP 是指一定地域范围内的 GDP。地域性是 GDP 的一个显著特征，即只要是在该地域内生产出的最终产品就属于 GDP 的范围，而不论其生产企业或个人是什么国家或地区的。

（3）最终产品。GDP 统计的对象是最终产品。所谓最终产品是指直接用于消费使用的产品，而不是作为生产的中间投入。中间投入，指在生产过程中消耗和使用的非固定资产货物和服务的价值。中间投入也称中间消耗，反映用于生产过程中的转移价值。用于中间投入的产品也称中间产品。

（4）增加值。增加值是指生产产品或提供服务过程中新增加的价值。增加值是现代经济中常用的概念，是非常重要的经济指标。增加值既体现新增加的价值量，也可避免在价值合计中的重复计算，从而提供计算 GDP 的另一种方法。从理论上讲，最终产品的价值总和，同全部产品的增加值的总和，在数量上两者是相等的。对此后面有进一步的论述。

2. GDP 的经济学含义

不论作为最终产品的总价值，还是作为全部产品增加值之总和，都是统计意义上的 GDP 概念。从经济学意义上看，GDP 在本质上度量经济中的产出总量，反映一个国家或地区的经济产出规模。因此，经济学中的总量产出一般可视为 GDP。

经济中的产出具有两面性：一方面，产出是收入；另一方面，产出是支出（支付）。举例说明，当你购买面包时要付给面包生产者一笔钱，这笔钱就是面包生产者的收入，因此可以说这笔钱是面包生产者产出的收入；你买面包时另一个同时效应是，你为面包进行了支出（支付），因此也可以说这笔钱是你为产出的支出。这是同一过程的两个方面，即产出的收入就等于为产出的支出。这就相当于，你钱包里用于买面包的钱放进了面包生产者的钱包里。同一笔钱，对面包生产者而言是他的产出的收入，而对你而言是你为产出的支出，即这是对同一笔钱的两个不同观察方面。因此，在面包生产者和你组成的经济中收入和支出是相等的。

如果把 GDP 视为如上所说的面包，也就是经济中总产出的收入来源于为总产出而付出的支出，因此经济中的总收入等于总支出。具体地说：（1）GDP是经济中所有人的收入总和。这相当于出售面包的那笔收入分配给所有参与生产面包的人，由此形成这些人的收入。反过来看，这些人的收入总和也就必然等于出售面包的那笔收入（GDP）；（2）GDP 是对物品和服务的经济产出所作支出（支付）的总和。这相当于支付面包的那笔金额。

以上所述是想说明，经济的总量产出，或 GDP，在经济学中可以不同的“身份”表现：GDP、总产出、总收入和总支出，在经济学中它们的数量是相等的关系，只是考察角度不同。究竟采用怎样的名称，取决于问题的具体情况。这说明，GDP 可以从不同的方面进行核算，既可以从收入方面核算，也可以从支出方面核算。

事实上，GDP 的实际计算是极为复杂的。现实中产出品种繁多，而不像单纯生产面包那样简单。有实物产品，也有人工服务；有使用长久的耐用品，也有使用短暂的一次性用品；有最终产出成品，也有中间产品；有实现销售的产品，也有积压的库存，等等。因此现实中 GDP 的核算需要有详细的规则，这正是国民经济核算体系要做的事情。

3. 流量与存量

经济中存在两类与时间有关的变量：流量（flows）和存量（stocks）。流量对应的是时间段，存量对应的是时间点。具体说，在一定时间内发生的量是流量，而在某一时间点上的量是存量。

举例说明，GDP 是一个流量。如一个 GDP 数据是：2000 年中国 GDP 为 89468 亿元，说明这个 GDP 数据对应于 2000 年这一年。另一个流量的例子是投资。人口是一个存量。如 2000 年中国人口已达 12.62 亿人，这里人口数包括 1999 年出生的人，也包括 1998 年出生的人，如此下去，只要是 2000 年 12 月 31 日 24 点之前出生并还健在，不论是哪个年份的中国人都在其中，因此这是一个时间点上的数据，因而是存量。另一个存量的例子是资本。

存量与流量有如下关系，即：期初的存量加本期流量，等于期末的存量。具体看，设 S_m 是时间点 m 上的某存量数据，S_0 为初始存量数据，F_i $(i=1,2,\cdots,m,)$ 是在时间区间［0，m］内各时期的流量数据。有如下关系

$$S_m = S_0 + \sum_{i=1}^{m} F_i \qquad (5-1)$$

$$S_m = S_{m-1} + F_m \qquad (5-2)$$

$$F_m = S_m + S_{m-1} \quad (5-3)$$

(5-1) 式表明，期末存量等于期初存量加经历的各期的流量；(5-2)式表明，本期存量等于上期存量加本期流量；(5-3) 式表示，本期流量等于本期存量减去上期存量。关于流量与存量关系的公式，在一些模型中经常会用到。

4. GDP 与 GNP

GNP 也是一个常用的经济总量概念，它和 GDP 概念既相接近又有区别。GNP 即国民生产总值（Gross National Product)，是指一个国家或地区居民的收入总和。这里的收入是指经济中的产出成果。前面已经知道，经济中产出和收入是相等的，因此 GDP 和 GNP 的计算对象都是最终产品或增加值。所不同的是，GDP 是按地域计算，而 GNP 是按国民计算。这里的国民，系指国籍意义上的居民。也就是说，一个国家的居民而不论在什么国家工作，其收入都是其国籍所在国的 GNP 的一部分。

例如，一个中国国籍的人到美国工作，其收入是美国 GDP 的一部分，因为此人是在美国地域上取得此收入；但该收入是中国 GNP 的一部分，因为他是中国公民。如果美国企业在中国开工厂，该企业收入是中国 GDP 的一部分，因为它在中国地域内；但不是中国 GNP 的一部分，而是美国 GNP 的一部分，因为它是美国人的企业。

关于 GDP 和 GNP 的使用还有一个时代背景的问题。过去 GNP 曾经是世界各国政府衡量经济增长的主要指标。20 世纪 90 年代以后，GNP 逐渐被 GDP 所替代，GDP 成为世界各国度量经济增长的主要指标。如果留意目前中国国家统计局的统计公报，不难发现度量经济增长的主要指标是 GDP 增长率，而不是 GNP 增长率。

从 GNP 到 GDP 指标的转换，似乎是一种使用习惯上的变换。其实，这种转换有深刻的时代背景，即经济全球化的时代背景。经济全球化使各国经济之间关系日趋紧密，在一些国家特别是在发展中国家，一国经济越来越多地包含别国的产出成果。在这种情况下，用 GDP 指标可以比 GNP 指标更能反映经济的活跃程度。因为在 GDP 的统计中，产出成果是按地域属性进行的，而不按国家属性。但由此可能会出现，GDP 的快速增长未必是由于本国国民收入增加的结果，而可能是由于国外经济在本国经济中的快速增长。GDP 的统计可以将此掩盖。由于在目前的世界经济分工中发达国家占据有利地位，因此这种以 GDP 作为经济增长的主要指标更符合发达国家的利益。

5. 最终产品与增加值

GDP统计的是最终产品。然而在实际统计中要严格区分经济中哪个是最终产品，哪个不是最终产品，并不是一件容易的事情。如果不能有效区分哪个是最终产品，对经济中所有产品进行加总就会出现大量的重复计算问题。

例如，生产蛋糕需要面粉，而生产面粉需要小麦。因此，最后成为蛋糕的那部分小麦经历了三种产品状态：小麦、面粉和蛋糕。那么在计算GDP时，如果把小麦、面粉和蛋糕这三种产品的价值简单地相加起来，那么小麦的价值实际上被计算了多次。因为在蛋糕的价值中，实际上已经包含了面粉和小麦的价值，在面粉的价值中又包含了小麦的价值。

如果GDP这样来计算，就意味着生产的中间环节越多，所产生的价值总量就越大，这显然是不正确的。因此GDP的计算，强调的只是对最终产品价值的计算。在上述例子中就是只计算最终的那个蛋糕的价值，而生产蛋糕的小麦和面粉的价值则不计算。

避免重复计算是GDP计算中需要解决的一个重要问题。为此，计算GDP的另一种方法是计算增加值。增加值是指生产产品或提供服务过程中新增加的价值，是总产值与中间投入之间的差额。也就是说，增加值是计算生产过程中的各个环节所创造的新产生的价值。这样对所有产品（包括服务）进行增加值的求和计算，就避免了重复计算问题。

增加值是经济中一个非常重要的概念。在微观经济中，以增加值作为总量指标，可以对企业经济效益起导向作用。增加值是总产值和中间投入两大因素作用的结果。生产的发展、产值的提高与经济效益的提高、中间投入的降低，都可以提高增加值。企业如果一味追求产值，忽视经济效益，使中间投入居高不下，则增加值也不可能得到相应的提高。而总产值则是由中间投入和增加值两大因素决定的，两者的增长都会推动总产值的增长，如果片面追求产值的高速增长，忽视经济效益的提高，只能带来中间投入的快速增长，造成经济效益的下降，出现增加值的增长大大低于总产值的增长，两者增长不同步的状况。

6. 名义GDP和实际GDP

GDP可分为名义GDP（Nominal GDP）和实际GDP（Real GDP）。名义

GDP是指用现价计算的GDP，而实际GDP是指用可比价格（或称不变价）计算的GDP。下面举例说明名义GDP与实际GDP的差别。

假如，在一个简单的经济中只生产桌子和椅子两种产品，那么该经济的产出计算公式为：

$$GDP = 桌子价格 \times 桌子数量 + 椅子价格 \times 椅子数量$$

假定2000年每张桌子为100元，每把椅子为50元，设2000年生产桌子的数量为10，生产椅子的数量为20，因此经济产出为：

$$GDP = 100 \times 10 + 50 \times 20 = 2000 元 \tag{5-4}$$

现在假设2001年生产桌子和生产椅子的数量和2000年是一样的，但价格变为每张桌子110元，每把椅子60元，这时2001年的GDP为：

$$GDP = 110 \times 10 + 60 \times 20 = 2300 元 \tag{5-5}$$

可以看到，按实物量计算，2000年和2001年的生产量是完全一样的，而按市场现行价格计算的GDP却增加了。不难看出，这个GDP价值的增加完全是由于价格上涨所致。

可见，用现价计算并不能很好地度量经济中的实际产出量。为了避免由于价格变动而导致实际产出在度量上发生误差，一种做法是采用固定的价格来计算。比如，2001年的产出价值仍用2000年的价格，而不用2001年的当年价格，则可以避免由价格变动而引发实际产出在度量上的偏差。在采用同一固定价格计算产值时，就可以避免由于价格变化而不能真实反映实际产出的情况。经济增长率即是用可比价格计算的GDP增长率来体现的。

案例学习5-1：GDP减缩因子、CPI及PPI的定义及其区别

在现实经济生活中，成千上万种商品价格的变动是千差万别的，因此如何正确地综合评价价格水平的变动，是一件非常重要的事情。价格指数就是综合反映多种商品价格水平变动的一种度量。它是依据一定的理论和方法，通过对多种商品的价格和数量数据的综合，以指数形式集中反映价格变动状况的一种度量。对于不同范围、不同层次的价格变动，需要应用不同的价格指数。也就是说，不同的价格指数有不同的适用范围。

实际中，有三种常用的价格指数：GDP减缩因子（GDP deflator）、消费者价格指数（CPI：Consumer price index）和生产者价格指数（PPI：Producer price index）。三种价格指数分别从不同的范围和不同的方面来反映价格变动。

GDP 减缩因子是名义 GDP（nominal GDP）与实际 GDP（real GDP）的比率。由于 GDP 减缩因子是基于对全部产品与服务的计算，所以它是经常用于全面反映通货膨胀的一个基础性价格指数，其公式如下①：

$$D_t^0 = \frac{\text{名义 GDP}}{\text{实际 GDP}} = \frac{\sum_i p_t^i q_t^i}{\sum_i p_o^i q_t^i} \tag{5-6}$$

式中 D_t^0 表示以 0 时期为基期的 t 时期 GDP 减缩因子，p_t^i、q_t^i 分别表示 t 时期第 i 种产品（包括服务，下同）的价格和数量，p_0^i 表示 0 时期第 i 种产品的价格。

在定义式（5-6）中，分子和分母中都包含相同的产出数量 q_t^i，其差异在于不同的价格。因此 D_t^0 的定义式反映了不同期价格所产生的差异，即反映了 GDP 的名义值与其实际值的差异。由于这个差异完全是由 t 时期价格与 0 时期价格的不同而引起的，所以 D_t^0 反映了 t 时期价格相对 0 期价格的变动对产出总价值度量的影响程度，从而反映了通货膨胀的程度。

CPI 和 PPI 在定义的公式构造上与 GDP 减缩因子不同。CPI 和 PPI 虽然也是通过商品的现期价格与基期价格的比较而得到的价格指数，但构造 CPI 和 PPI 的定义式是针对固定种类和数量的一组商品进行的，而不是取全部的产品。假定基期的一组商品中第 i 种商品的数量用 q_0^i 表示，相应的价格用 p_0^i 表示，那么在基期购买这组商品的成本就是 $\sum_i p_0^i q_0^i$。而在现期，购买相同数量的这组商品的成本就是 $\sum_i p_t^i q_0^i$。CPI 和 PPI 就是这组商品的现期成本与基期成本的比率，即有如下公式②：

$$\text{CPI 或 PPI} = \frac{\sum_i p_t^i q_0^i}{\sum_i p_0^i q_0^i} \tag{5-7}$$

尽管 CPI 与 PPI 在定义的公式构造上是一样的，但它们的适用范围是不同的，是用来反映不同方面的价格水平变动情况的价格指数，其差别直接表现为 CPI 与 PPI 所选定的商品种类是不相同的。CPI 度量的是，居民购买一定数量规模的特定商品的成本变动。其基本作用主要是在零售水平上，反映居民支出的成本变动，因此 CPI 所涉及的商品多是与人们日常生

---

① 见 Rudiger Dornbusch，Macroeconomics，p. 62，1987。

② Ibid.，p. 61，1987.

活关系密切的商品。而PPI则从生产方面度量价格的变动。它所涵盖的商品主要是一些原材料和半成品，是从初次分配阶段和商业流通领域中的初期水平上，反映生产者支出成本的变动。

GDP减缩因子与CPI主要有三个方面的差别。第一，GDP减缩因子比CPI度量更广泛的商品价格变动情况。第二，CPI度量的实际上是一组种类与数量每年都基本相同的商品的价格变动。这组给定的商品是包括在GDP减缩因子的计算之中的，不同的是这些商品在GDP减缩因子计算中，其权重是随着该产品的产出数量与价格的变动而变动的，而在CPI的计算中则是不变的权重。第三，CPI中直接包括进口商品的价格，而在GDP减缩因子中则只包含本国（或地区）生产的商品的价格。因此进口商品价格的变动，通常会引起比GDP减缩因子更敏感的变动。

第二节 GDP的构成

由上所述可知，可从不同的方面来核算GDP。因此，GDP的构成实际上可从不同方面划分。在国民收入账户（national income accounting）中，是从使用方面来划分GDP的构成的。这是一种对经济分析十分有用的划分方式。

1. 国民收入账户恒等式

在GDP使用方面，国民收入账户把GDP按四个使用方面进行分解：(1) 消费（Consumption）；(2) 投资（Investment）；(3) 政府购买（Government Purchases）；(4) 净出口（Net Exports）。

如果用Y表示GDP，于是有：

$$Y = C + I + G + NX \qquad (5-8)$$

式中C表示消费、I表示投资、G表示政府购买、NX表示净出口。(5-8)式也称为国民收入账户恒等式（national income accounts identity），它是宏观经济分析的一个非常有用的关系式。

GDP分解为消费、投资、政府购买和净出口四个项，这四项实际上就是GDP的四个使用方面，或者说是经济中产出成果的四个方面的支出。因此，这种划分GDP的方法也叫GDP的支出法。这里支出的含义是指为GDP的使用而支付的数额。为GDP的支出实际上反映的是需求，因此GDP的支出法也称为需求法。国民收入账户恒等式表明，经济的总需求可划分为对消费、投资、政府购买和净出口的需求。

下面分别讲述（5－8）式中消费、投资、政府购买和净出口的含义：

消费是指居民购买的产品和服务。属于消费的产品和服务主要有三类：非耐用品、耐用品和服务。非耐用品是使用时间相对较短的产品，如食品和衣服是非耐用品。耐用品是使用时间相对较长的产品，如电视机和轿车是耐用品。而餐饮、理发等是服务。

投资是为生产而购买的产品。投资也有三类：经营性固定资产投资、居民固定资产投资和库存投资。经营性固定资产投资是为生产而购买的固定资产，如机器设备和厂房等。居民固定资产投资主要是指居民购买的新房产。库存投资是指企业的库存增加。例如，如果企业库存是下降的，则企业的库存投资是负的。

政府购买是指国家政府部门购买的产品与服务。例如购买武器装备、支付公务员工资和提供公共设施等。政府的转移支付不是政府购买的一部分，因为转移支付只是对已经存在的收入进行重新分配，而没有产生新的价值，所以不是 GDP 的一部分。

净出口发生在一国与其他国家的贸易过程中。净出口是指出口减去进口所得之差额。这里的出口与进口既包括货物也包括服务。

现实中，投资、消费、政府购买和净出口等经济指标，在不同国家可能有不同的核算内容与统计口径。例如，在中国现行的核算体系中，支出法 GDP 中的消费、投资和政府购买，在其具体核算内容与口径上与西方国家并不完全相同。中国的支出法 GDP 计算按如下公式进行：

支出法 GDP = 最终消费 + 资本形成总额 + 净出口

也就是说，经济理论意义下的 GDP 构成，与经济核算意义下的 GDP 构成，两者在细节上有一定的区别。但是这并不影响经济分析。经济分析中这种差别很多情况下是可以忽略的。这取决于经济分析的目的。如果是理论分析，这种差别一般并不重要，如果是实证分析，则需要搞清其具体口径及含义。

2. 开放经济下的 GDP

现代经济是一种开放的经济系统。我们不仅消费本国生产的产品，也消费国外生产的产品。例如，美国微软的操作系统、德国大众的汽车、日本索尼的数码相机等这些国外生产的产品，已成为目前中国人的日常用品。而 GDP 是本国或地区的产出总量，是地域性的概念。那么在国民收入账户中，消费、投资和政府购买的内容是否仅包括本国的产出，还是也包括外国的产出？

可进行如下的分析。假设 Y 为 GDP，即是在本国地域内的总产出，那么对 Y 的使用不外乎两部分：一部分在本国内使用，另一部分出口到国外使用。设在本国内使用的部分为 Y_d，出口到国外的部分为 EX。于是有：

$$Y = Y_d + EX \tag{5-9}$$

由于 Y_d 限于在本国使用，因此 Y_d 限于在本国的消费、投资和政府购买，这里没有进出口问题。设 Y_d 中用于在本国的消费为 C_d，投资为 I_d，政府购买为 G_d。于是有：

$$Y_d = C_d + I_d + G_d$$

这时（5-9）式可以写成如下形式：

$$Y = C_d + I_d + G_d + EX \tag{5-10}$$

（5-10）式的含义是，在本国内经济总产出 Y 之中，C_d 用于在本国的消费，I_d 用于在本国的投资，G_d 用于本国的政府购买，而剩余部分 EX 用于出口。

经济中总消费既包括消费本国内的产品和服务，也包括消费从外国进口的产品和服务，因此 C 等于对本国产品和服务的消费 C_d 加上对外国产品和服务的消费 C_f。同理，总投资 I 等于本国投资 I_d 加上外国投资 I_f；总的政府购买 G 等于购买本国产品和服务 G_d 加上购买外国产品和服务 G_f。也就是，有如下的关系：

$$C = C_d + C_f$$

$$I = I_d + I_f$$

$$G = G_d + G_f$$

将上面三个关系式代入（5-10）式，得：

$$Y = (C - C_f) + (I - I_f) + (G - G_f) + EX$$

重新安排上式中的各项，得：

$$Y = C + I + G + EX - (C_f + I_f + G_f)$$

记 $IM = C_f + I_f + G_f$，则 IM 就是从外国进口的总量。于是，上式可表达为：

$$Y = C + I + G + EX - IM$$

记 $EX = EX - IM$，NX 即是净出口，于是得：

$$Y = C + I + G + NX$$

或写成：

$$NX = Y - (C + I + G) \tag{5-11}$$

(5-11) 式的含义是:

净出口 = 在本国内的产出总量 - 在本国内的使用量

可见，在 GDP 的支出构成中，即使是在开放经济的条件下，国民经济账户恒等式中消费、投资和政府购买这几项中，既包含本国的产品和服务，也包括外国的产品和服务。消费、投资和政府购买的外国产品和服务，实际上在净出口中已被剔除，故 GDP 等于四项之和。

需要注意的是，有些人把支出法的 (5-1) 式（国民收入账户恒等式）看作生产过程的投入产出关系式，即把消费 C、投资 I、政府购买 G 和净出口 NX 如同生产要素来看待，以为这些项目的增加就是 GDP 的自然增加。这是不正确的。(5-1) 式的国民收入账户恒等式仅表明 GDP 是如何使用的，即生产出来的产品和服务是如何被分配使用的，是一种事后核算，而不是生产要素的投入产出过程。(5-1) 式的国民收入账户恒等式，仅仅是从需求方面各因素（消费、投资、政府购买和净出口）来说明 GDP 构成内容的一个核算恒等式。

案例学习 5-2：GDP 增长率与投资、消费、政府购买和净出口增长率的关系

在现代经济中，制约经济增长的主要因素通常已不再是供给方面的产出能力，而主要是需求不足。因此，如何刺激需求促进经济增长，通常是政府所面临的课题。对此，现实中经常需要从需求方面来分析经济增长情况。

从需求方面看，根据国民收入账户恒等式 (5-8) 式有如下关系:

$$Y = C + I + G + NX$$

其中 Y = 地区生产总值；I = 投资；C = 消费；G = 政府购买；NX = 净出口，净出口 = 出口 - 进口（包括服务和要素）。设这些变量都是时间 t 的函数。于是，根据第二章提供的变量和增长率的计算公式 (2-17) 式可以得到如下表达式:

$$\frac{\dot{Y}}{Y} = c\,\frac{\dot{C}}{C} + i\,\frac{\dot{I}}{I} + g\,\frac{\dot{G}}{G} + n\,\frac{\dot{NX}}{NX} \tag{5-12}$$

其中 $c = \frac{C}{Y}; i = \frac{I}{Y}; g\ \frac{G}{Y}; n = \frac{NX}{Y}$。即，$c$、$i$、$g$ 和 n 分别是消费、投资、政府购买和净出口占地区生产总值的比例。(5-12) 式的含义是：地区生产总值的增长率是投资增长率、消费增长率、政府支出增长率、净出口增长率的加权和，权重就是 t 时期它们各自占地区生产总值的比例。

(5-12) 式是 t 时期 GDP 增长率与消费增长率、投资增长率、政府支出增长率和净出口增长率的关系。然而实际中经济增长率一般是按年度或季度来计算的，因此如果是年度增长率，则用符号 Δ 表示当年比上一年的增加量，于是有：

$$\frac{\Delta Y}{Y_{t-1}}=\frac{C_{t-1}}{Y_{t-1}}\frac{\Delta C}{C_{t-1}}+\frac{I_{t-1}}{Y_{t-1}}\frac{\Delta I}{I_{t-1}}+\frac{G_{t-1}}{Y_{t-1}}\frac{\Delta G}{G_{t-1}}+\frac{NX_{t-1}}{Y_{t-1}}\frac{\Delta NX}{NX_{t-1}} \quad (5-13)$$

式中

$$\Delta Y=Y_t-Y_{t-1};\Delta C=C_t-C_{t-1};\Delta I=I_t-I_{t-1};\Delta G=G_t-G_{t-1};\Delta NX=\Delta NX_t-NX_{t-1}$$

由于

$$\Delta NX=\Delta(X-M)=\Delta X-\Delta M$$

式中 X 表示出口，M 表示进口。于是，有：

$$\frac{NX_{t-1}}{Y_{t-1}}\frac{\Delta NX}{NX_{t-1}}=\frac{\Delta NX}{Y_{t-1}}=\frac{X_{t-1}}{Y_{t-1}}\frac{\Delta X}{X_{t-1}}-\frac{M_{t-1}}{Y_{t-1}}\frac{\Delta M}{M_{t-1}}$$

从而，(5-13) 式便是：

$$\frac{\Delta Y}{Y_{t-1}}=\frac{C_{t-1}}{Y_{t-1}}\frac{\Delta C}{C_{t-1}}+\frac{I_{t-1}}{Y_{t-1}}\frac{\Delta I}{I_{t-1}}+\frac{G_{t-1}}{Y_{t-1}}\frac{\Delta G}{G_{t-1}}+\frac{X_{t-1}}{Y_{t-1}}\frac{\Delta X}{X_{t-1}}-\frac{M_{t-1}}{Y_{t-1}}\frac{\Delta M}{M_{t-1}} \quad (5-14)$$

(5-14) 式中，$\frac{\Delta Y}{Y_{t-1}}$是当年的 GDP 增长率，$\frac{\Delta C}{C_{t-1}}$、$\frac{\Delta I}{I_{t-1}}$、$\frac{\Delta G}{G_{t-1}}$、$\frac{\Delta X}{X_{t-1}}$和$\frac{\Delta M}{M_{t-1}}$分别是当年的消费增长率、投资增长率、政府支出增长率、出口增长率和进口增长率，而$\frac{C_{t-1}}{Y_{t-1}}$、$\frac{I_{t-1}}{Y_{t-1}}$、$\frac{G_{t-1}}{Y_{t-1}}$、$\frac{X_{t-1}}{Y_{t-1}}$和$\frac{M_{t-1}}{Y_{t-1}}$分别是上年的消费、投资、政府购买、出口和进口占地区生产总值的比例。因此，(5-14) 式的含义就是：

当年 GDP 增长率 = 上年消费比重 × 当年消费增长率
+ 上年投资比重 × 当年投资增长率
+ 上年政府购买比重 × 当年政府购买增长率
+ 上年出口比重 × 当年出口增长率
− 上年进口比重 × 当年进口增长率 (5-15)

然而，在利用公式 (5-14) 或 (5-15) 进行计算时还需要注意下面这些问题。GDP 增长率通常是按可比价计算的，这时公式 (5-14) 或 (5-15) 等式右边各项增长率也都应按可比价计算。但是，现行的中国统计资料未提供支出法的投资、消费、政府购买和净出口的可比价数据。因此，如果按可比价来使用公式 (5-14) 或 (5-15)，就需要对投资、消费、政府购买和净出口的可比价数据进行估计。

对可比价数据的估计，关键是确定价格指数。投资可用投资品价格指数，消费可用居民消费价格指数剔除价格因素。而进出口却难以找到适当的价格指数，就只能根据某种经验用有关的价格指数替代。实际上这样处理并不会引起很大问题，因为中国目前净出口增长对GDP增长的作用基本上不很大，因此这样处理不会对总的结果有大的影响。

有时，需要运用公式（5－14）或（5－15）来进行反算。例如，为了计算一定经济增长目标要求下的所需投资增长率，可利用（5－14）式计算出投资增长率：

$$\frac{\Delta I}{I_{t-1}}=\frac{Y_{t-1}}{I_{t-1}}\left(\frac{\Delta Y}{Y_{t-1}}-\frac{C_{t-1}}{Y_{t-1}}\frac{\Delta C}{C_{t-1}}-\frac{G_{t-1}}{Y_{t-1}}\frac{\Delta G}{G_{t-1}}-\frac{X_{t-1}}{Y_{t-1}}\frac{\Delta X}{X_{t-1}}+\frac{M_{t-1}}{Y_{t-1}}\frac{\Delta M}{M_{t-1}}\right) \tag{5-16}$$

第三节　国民经济核算体系

1. 国民经济核算概念与基本内容

经济是一个非常复杂的系统，因此对经济进行观测需要有一整套规范的制度与方法。建立国民经济核算体系的意义就在于此。国民经济核算体系，是以整个国民经济为核算对象，系统地度量国民经济各方面状况的一种制度规范。目前，国民经济核算主要是在统计、会计和业务三方面的核算。

早期的中国国民经济核算体系主要采用物质产品平衡表体系（MPS）。这种核算体系源自前苏联、东欧国家。该核算体系主要是对物质产品进行核算，而服务价值则不在核算之列。中国实行这种核算体系的时间是从1949年的新中国建立初期到1978年的改革开放初期。

1978年中国开始改革开放，使经济社会得到迅速发展。与此同时，中国经济与世界经济的关系也越来越密切。在这种情况下，MPS体系已不适应中国经济发展的实际需要。因此从20世纪80年代中期开始，中国开始逐步引进被世界大多数国家广泛采用的国民账户体系（SNA）。1993年联合国、世界银行、国际货币基金组织、经济合作与发展组织和欧盟五个国际组织联合制定的SNA正式出版。随后许多国家根据这套新的国际标准对各自原有的核算体系进行了系统的修订。1999年，中国国家统计局对《中国国民经济核算体系（试行方案）》进行修订。目前实施的《中国国民经济核算体系（2002）》就是这次修订的最后结果。

图 5 – 1 是中国国民经济核算体系的基本框架图。可以看到，中国国民经济核算体系由三部分构成：基本核算表、国民经济账户和附属表。其中基本核算表和国民经济账户是整个核算体系的中心内容，它是从不同方面对国民经济的系统性描述。

基本核算表包括地区生产总值表、投入产出表、资金流量表、国际收支表和资产负债表。

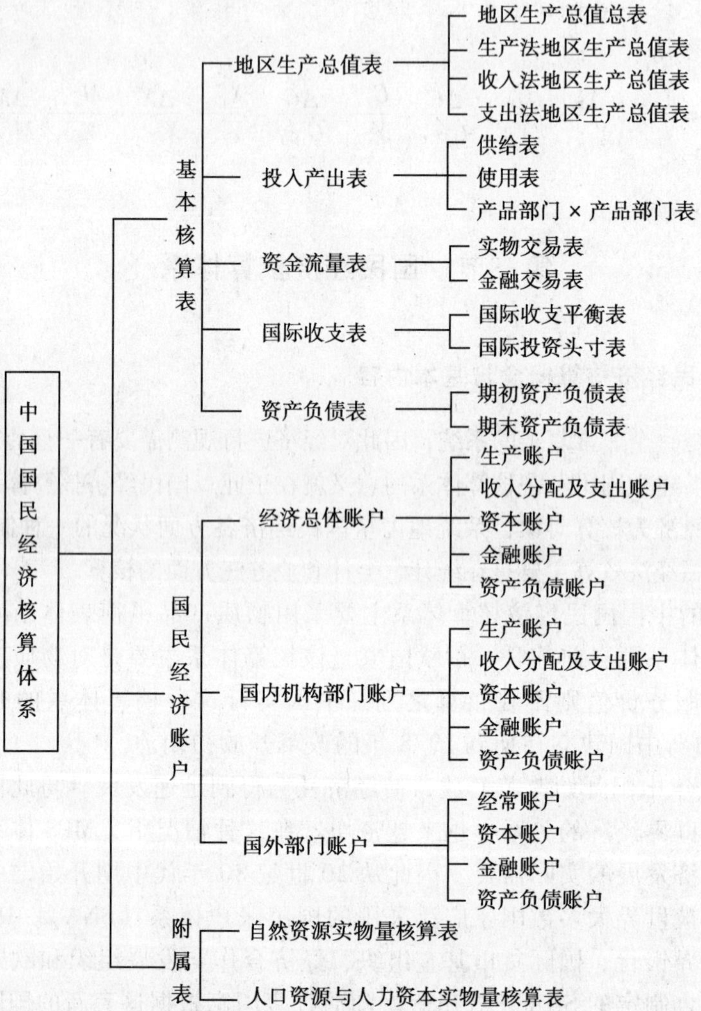

图 5 – 1　中国国民经济核算体系基本框架（2002 年）

（1）地区生产总值表

地区总值表包括地区生产总值总表、生产法地区生产总值表、收入法地区生产总值表和支出法地区生产总值表。地区生产总值表以地区生产总值的核算为中心，实际上是将生产法、收入法和支出法三种计算方法集中体现在一张表中，从而从不同的方面反映地区生产总值及其构成。生产法地区生产总值表是从价值构成方面核算，收入法地区生产总值表是从收入形式方面核算，支出法地区生产总值表是从使用去向方面核算。

（2）投入产出表

投入产出表是以矩阵的形式表现在一定时期（通常为一年）内，国民经济各部门生产中的投入来源和产出使用去向，从而揭示国民经济各部门间的相互投入与产出的数量关系。同时，投入产出表可将生产法、收入法、支出法地区生产总值结合在一张表上，从而可以细化地区生产总值核算。投入产出表的编制是一项繁重的工作。

（3）资金流量表

资金流量表的核算对象主要是收入分配和资金流动。它反映一定时期内各机构部门收入的形成、分配、使用、资金的筹集和运用以及各机构部门间资金流入和流出情况。资金流量表包括实物交易和金融交易两大部分，分别由国家统计局和中国人民银行编制。

（4）国际收支平衡表

国际收支平衡表用来反映一定时期内常住单位（居民）和非常住单位（非居民）之间发生的交易。现行核算体系中的国际收支平衡表是在国际货币基金组织最新制定的标准的基础上，根据中国的实际情况适当调整后形成的。目前国际收支平衡表包括四大部分，即经常账户、资本和金融账户、储备资产、净误差与遗漏。

（5）资产负债表

资产负债表是以经济资产存量为对象进行的核算，它反映某一时间点上机构部门及经济总体所拥有的资产和负债的历史积累状况。中国资产负债表采用国际上通用的矩阵结构，主栏为资产和负债项目，宾栏为机构部门和经济总体，并下设使用项和来源项，其中使用项目记录资产，来源项目记录负债和资产负债差额。资产负债核算的核算范围是常住单位拥有的资产、负债和资产净值。

国民经济账户包括经济总体账户、国内机构部门账户和国外部门账户。国民经济账户以账户的形式对国民经济运行过程和结果进行描述。按照国民经济运行的不同环节，国民经济账户分别设置了生产账户、收入分配及支出账户、资本账户、金融账户、资产负债账户和国外部门账户。附属表是对基本核算表和国民经济账户的补充，附属表包括自然资源实物量核算表和人口资源与人力资本实物量核算表，它是对国民经济运行过程所涉及的自然资源和人口资源与人力资本进行描述。

同时，核算体系还对一些基本概念、核算范围、经济单位与部门的划分、产业的划分以及核算原则等进行了明确规定。

2. 核算体系中 GDP 的三种计算方法

现实经济中的 GDP 不是通过生产函数计算的，生产函数仅是经济理论上的研究方式。现实经济中的 GDP 是通过统计而得到的。在国民经济核算体系中明确了三种计算 GDP 的方法，即生产法、收入法和支出法。

（1）生产法

在生产法中，GDP 首先按产业分解进行。即首先是利用生产法计算各产业的增加值，然后将各产业增加值加总而得到 GDP。于是涉及两个问题，一是产业的增加值如何计算，二是产业如何划分。

生产法的产业增加值按如下公式计算：

$$增加值 = 总产出 - 中间投入$$

增加值即是总产出减去中间投入后的差额。而总产出指常住单位在一定时期内生产的所有货物和服务的价值，既包括新增价值，也包括转移价值。它反映常住单位生产活动的总规模。总产出按生产者价格计算。中间投入指常住单位在一定时期内生产过程中消耗和使用的非固定资产货物和服务的价值。中间投入也称为中间消耗，反映用于生产过程中的转移价值，一般按购买者价格计算。计入中间投入的货物和服务必须具备两个条件，一是与总产出的计算范围保持一致；二是本期一次性使用的。

常住单位是指在中国的经济领土上，具有经济利益中心的经济单位称为中国的常住单位。常住单位也称常住机构单位。

由于在现行的中国 GDP 核算中，受资料来源的限制，产业部门分类所采用的核算单位是现行专业统计所采用的统计单位。根据国家新的国民经济行业分类（GB/T4754—2002），结合中国国情，目前的产业部门分类如表 5－1 所示：

表 5－1 中国产业部门分类

产业	产业部门
第一产业	1. 1 农业 1. 2 林业 1. 3 畜牧业 1. 4 渔业
第二产业	2. 1 工业（采矿业；制造业；电力、燃气及水的生产和供应业） 2. 2 建筑业
第三产业	3. 1 农林牧渔服务业 3. 2 交通运输、仓储和邮政业（交通运输和仓储业；邮政业） 3. 3 信息传输、计算机服务和软件业 3. 4 批发和零售业 3. 5 住宿和餐饮业 3. 6 金融业（银行业；证券业；保险业；其他金融活动） 3. 7 房地产业 3. 8 租赁和商务服务业 3. 9 科学研究、技术服务和地质勘察业 3. 10 水利、环境和公共设施管理业 3. 11 居民服务和其他服务业 3. 12 教育 3. 13 卫生、社会保障和社会福利业 3. 14 文化、体育和娱乐业 3. 15 公共管理和社会组织

从表 5－1 可以看到，中国产业首先是分为三大类，即第一产业、第二产业和第三产业。在此基础上各产业又进一步分解为产业部门。其中第一产业分为 4 个部门，第二产业分为 2 个部门，第三产业分为 15 个部门。而这种分类并不是永远固定不变的，随着统计状况的改善和经济发展的需要，GDP 核算中的产业部门分类可能会做进一步地调整和细化。

值得一提的是，目前在中国国家统计局正式公布的 GDP 数据，主要是以生产法计算的GDP。在《中国统计年鉴》中，也包括有按支出法计算的GDP，但生产法与支出法这两者不同计算方法下的GDP数值并不一致，这主要是计算误差造成的。其中生产法计算的GDP目前是作为度量中国经济增长情况的主要指标。

（2）收入法

收入法也称分配法。在收入法中，GDP同样也是按产业分解，然后计算各产业增加值，然后将各产业增加值相加即得GDP。与生产法不同的是，收入法的增加值计算是按生产过程形成的收入来核算常住单位的生产活动成果。从收入方面来看，国民经济各产业部门收入法增加值由劳动者报酬、生产税净额、固定资产折旧和营业盈余四个部分组成。计算公式为：

增加值 = 劳动者报酬 + 生产税净额 + 固定资产折旧 + 营业盈余

劳动者报酬指劳动者从事生产活动所应得的全部报酬。主要包括劳动者应得的工资、奖金、津贴和各种补贴等，既包括货币形式，也包括实物形式。

生产税净额指生产税减生产补贴后的差额。生产税指政府对生产单位从事生产、销售和经营活动以及因从事生产活动使用某些生产要素，如固定资产、土地、劳动力所征收的各种税、附加费和规费等。生产补贴与生产税相反，即政府对生产单位的转移支付，包括政策性亏损补贴、价格补贴等。

固定资产折旧指一定时期内为弥补固定资产损耗按照核定的固定资产折旧率提取的固定资产折旧，或按国民经济核算统一规定的折旧率虚拟计算的固定资产折旧。它反映了固定资产在当期生产中的转移价值。

营业盈余指常住单位创造的增加值扣除劳动者报酬、生产税净额和固定资产折旧后的余额。

（3）支出法

支出法计算的GDP是从最终使用的角度反映一个国家一定时期内生产活动最终成果的一种方法。在中国的现行国民经济核算体系中，GDP是按最终消费、资本形成总额及净出口三部分来分解的，计算公式为：

支出法 GDP = 最终消费 + 资本形成总额 + 净出口

这里的最终消费指常住单位从本国经济领土和国外购买的货物和服务的支出，而不包括非常住单位在本国经济领土内的消费支出。其中最终消费就分为居民消费和政府消费。居民消费指常住住户在一定时期内对于货物和服务的全部最终消费支出。居民消费按市场价格计算，即按居民支付的购买者价格计算。居民消费除了直接以货币形式购买货物和服务的消费之外，还包括以其他方式获得的货物和服务的消费支出。如单位以实物报酬及实物转移的形式提供给劳动者的货物和服务；住户生产并由本住户消费了的货物和服务，其中的服务仅指住户的自有住房服务；金融机构提供的金融媒介服务；保险公司提供的保险服务等。

政府消费指政府部门为全社会提供的公共服务的消费支出和免费或以较低的价格向居民住户提供的货物和服务的净支出，前者等于政府服务的产出价值减去政府单位所获得的经营收入的价值，后者等于政府部门免费或以较低价格向居民住户提供的货物和服务的市场价值减去向住户收取的价值。

资本形成总额指常住单位在一定时期内获得减去处置的固定资产和存货的净额，包括固定资本形成总额和存货增加两部分。固定资本形成总额指常住单位购置、转入和自产自用的固定资产，扣除固定资产的销售和转出后的价值，分有形固定资产形成总额和无形固定资产形成总额。存货增加指常住单位在一定时期内存货实物量变动的市场价值，即期末价值减期初价值的差额，再扣除当期由于价格变动而产生的持有收益。

净出口指货物和服务出口减货物和服务进口的差额。出口包括常住单位向非常住单位出售或无偿转让的各种货物和服务的价值；进口包括常住单位从非常住单位购买或无偿得到的各种货物和服务的价值。由于服务活动的提供与使用同时发生，一般把常住单位从非常住单位得到的服务作为进口，非常住单位从常住单位得到的服务作为出口。货物的出口和进口都按离岸价格计算。

3. 关于不变价核算

不变价核算的目的是剔除由于按现期市场价格的变动而导致对产出成果实际量的度量影响。现行核算体系中有多种不变价的核算方法。其中一种基本的思路是利用价格指数进行缩减。指数缩减的基本含义是，设 P 是产出的价格指数，Y 为现价计算的产出，则 $\frac{Y}{P}$ 即是利用产出价格指数缩减现价产出的结果，也就是不变价总产出。

（1）生产法的不变价计算

在现行中国国民经济核算体系中，生产法计算不变价 GDP 的基本思路是，将各产业部门现价增加值换算成不变价增加值，然后通过对各产业部门不变价增加值的加总得出不变价地区生产总值。

前面已经知道，生产法的产业增加值按如下公式计算：

增加值 = 总产出 - 中间投入

可见，要将现价增加值换算成不变价增加值，一种方法是把上式中的总产出和中间投入分别换算成不变价的总产出和不变价的中间投入，然后以不变价总产出减去不变价中间投入得到不变价增加值。

比如对现价总产出的缩减过程是，设 P 是总产出的价格指数，Y 为现价计算的总产出，则 $\frac{Y}{P}$ 即是利用产出价格指数缩减现价总产出而得到的不变价总产出。同样可利用中间投入价格指数缩减现价中间投入得出不变价中间投入。这种方法也叫双缩法。还有一种方法是单缩法，单缩法一般是直接利用总产出价格指数缩减现价增加值，求得不变价增加值。单缩法假定中间投入的价格变化与总产出的价格变化基本上保持相同的幅度。

（2）支出法的不变价计算

支出法的不变价核算基本思路是利用相应的价格指数缩减现价支出法 GDP 构成项目，得出不变价的构成项目，不变价构成项目之和等于不变价支出法地区生产总值。

根据构成项目的不同，分别采用不同的价格指数来缩减。如居民消费类的项目主要用消费品价格指数缩减；住房服务消费类项目主要用房屋租赁价格指数和固定资产投资价格指数缩减；而有些类项目可用某些价格指数的加权平均数来缩减。

案例学习 5 - 3：拉氏价格指数与帕氏价格指数

目前在一些使用较广泛的价格指数中，多数价格指数的定义公式在构造上主要可分为两种类型的价格指数，一是拉氏（Laspeyres）价格指数，另一为帕氏（Paasche）价格指数。所谓拉氏价格指数是指在指数的定义式中数量向量取自基期，而帕氏价格指数则是指在指数的定义式中数量向量取自现期。由此可见，GDP 减缩因子是属于帕氏价格指数，而 CPI 和 PPI 则是拉氏价格指数。两种类型价格指数的不同意义主要在于，由于所选取的不同期数量向量的不同，而使得定义公式中权重不同。在拉氏价格指数中，由于数量向量取自基期，因而实际上是取定了不变的权重；而在帕氏价格指数中，由于数量向量取自现期，因而权重是随着数量向量的变动而变动的。其结果是拉氏价格指数主要取决于价格的变动，而帕氏价格指数则取决于价格与数量变动的综合结果。

本章小结

1. 对GDP的核算是国民经济核算体系中一个重要的核心内容，其中时间性、地域性、最终产品或服务以及增加值是理解GDP概念的要点。

2. 从经济学意义上看，GDP的本质是度量经济中的产出总量，反映的是一个国家或地区的经济产出规模，因此经济学中的总量产出即可视为GDP。

3. 经济中的总量产出（GDP）具有两面性：一方面它是收入，另一方面它是支出。

4. GDP按消费、投资、政府购买和净出口四个方面分解，实际是对产出成果进行的四个不同使用方面的花费支出，即经济的总需求可分为消费、投资、政府购买和净出口四个部分。

5. 国民经济核算体系，是以整个国民经济为核算对象，系统度量国民经济各方面状况的一种制度规范。

思考题

一、名词解释

（1）增加值　（2）GDP
（3）GNP　（4）流量
（5）存量　（6）最终产品
（7）名义GDP　（8）实际GDP
（9）GDP减缩因子　（10）CPI
（11）PPI　（12）国民经济核算体系

二、简答题

（1）简述国民收入账户恒等式的基本内容。

（2）简述理解GDP的若干要点。

（3）简述如何理解产出是收入也是支出这种两面性。

（4）简述流量和存量的关系。

（5）简述GDP与GNP的关系。

（6）简述GDP的三种计算方法。

三、论述题

（1）推导 GDP 增长率与投资、消费、政府购买和净出口增长率的关系公式。

（2）论述 GDP 减缩因子、CPI 及 PPI 的区别及其应用。

（3）论述国民经济核算体系中的主要内容。

阅读参考文献

曼昆：《国民收入的衡量》，载《经济学原理》下，北京大学出版社 1999 年版。

李宝瑜主编：《国民经济统计分析》，中国统计出版社 2002 年版。

中华人民共和国国家统计局编：《中国国民经济核算体系（2002）》，中国统计出版社 2003 年版。

钱伯海：《国民经济核算原理》，中国经济出版社 2002 年版。

钱伯海：《国民经济统计学》，中国财政经济出版社 1991 年版。

杨灿：《国民核算与分析通论》，中国统计出版社 2005 年版。

杨灿：《GDP 指数体系研究》，载《中国经济问题》1998 年第 4 期。

联合国经济和社会事务部统计处编：《国民经济核算体系（SNA，1968）》，中国财政经济出版社 1982 年版。

理查德·斯通和吉奥瓦纳·斯通：《国民收入与支出（1977）》，上海译文出版社 1988 年版。

G. 斯图威尔：《国民账户分析（1986）》，中国统计出版社 1990 年版。

中华人民共和国国家统计局统计设计管理司编：《国民经济行业分类（GB/T4754—2002）》，国家统计局内部印行 2002 年版。

第六章 关于计量经济模型

内容提要

计量经济模型是目前较为流行的一种经济模型。本章介绍学习计量经济模型的有关问题。首先介绍计量经济模型的基本情况；然后简要论述线性回归模型的估计与检验的有关问题，以展示计量经济模型的理论与方法特点；最后简单介绍有关计量经济模型的软件。本章不是对计量经济模型理论与方法的系统介绍，而主要是通过实例来讲述计量经济模型及学习与应用计量经济模型的有关要点。

第一节 计量经济模型概论

统计数据是一种基本的信息形式，因此如果用某种方法可以有效地从统计数据中提炼出有价值的信息，那么这种方法肯定是广受欢迎的。计量经济模型就具有这样的作用。计量经济模型就是建立在统计数据基础上的模型。

1. 什么是计量经济模型

计量经济模型是按计量经济学（Econometrics）的理论与方法建立起来的经济模型。计量经济学是利用统计学、数学和经济学有关理论建立起来的一种经济分析方法论，属经济学范畴。统计数据对计量经济模型具有重要的意义。基于统计数据建立经济变量间的关系，是计量经济模型的核心。统计数据的类型及数据的特点，直接影响建模的理论与方法。例如，时间序列数据、横截面数据和面板数据等不同类型的统计数据，在计量经济理论中分别对应于不同理论与方法下的模型。

计量经济学与统计学、数学与经济学在理论方面既有密切联系也有截然的不同。首先，计量经济学与统计理论有密切关系：因为计量经济模型是要在统计数据中寻找经济关系，而统计数据就必然涉及统计学理论。其次，计量经济模型所要建立的经济关系不是定性关系，而是数量关系，而数量关系就必然涉及数学。最后，计量经济模型不是纯数学问题，无论模型是怎样的数学方程，都是要反映经济中的问题，都需要在经济意义上得到合理的解释，因此计量经济模型的建立和应用都要满足经济学理论的要求。

计量经济学是一门综合利用统计学、数学和经济学的理论与方法，所形成的独立而自成体系的学科。可以说，具备良好的统计学、数学和经济学的知识，是学好计量经济学的必要条件，但不是充分条件。更形象地说，如果一个人同时是统计学家、数学家和经济学家，他未必就是一个计量经济学家。

计量经济模型目前得到广泛应用，一方面因为经济计量学这门学科的理论与方法发展较快，且越来越完善；另一方面也与当今计算机技术的迅速发展与普及密切相关。目前，计量经济学的理论与方法已被开发成许多的软件，而且软件的功能越来越强大。有关估计、检验以及方程求解等繁琐计算，在软件中变得方便与快捷，使建立与应用模型的效率有很大提高，从而得到越来越多人的广泛使用。事实上，当前在具体建立计量经济模型时已经离不开计算机及有关计量经济分析软件的支持。可以说，计算机以及相应的软件已成为建立计量经济模型不可缺少的部分。

2. 计量经济模型的应用

计量经济模型的应用非常广泛，下面所列仅是有限几个方面的应用：

（1）预测

预测是计量经济模型较常见的应用。国外的一些决策机构在制定政策时，用计量经济模型进行预测是相当普遍的。这些机构包括政府、大公司、国际组织等，如联合国、欧洲经济共同体、世界银行等。用计量经济模型进行预测，是通过给定外生变量和前期内生变量的方法来进行的。设有一个模型：

$$y_t = f(x_t, y_{t-1}, \theta) + u_t$$

式中 u_t 为误差随机变量，θ 为参数。运用计量经济学的方法，可以得到参数 θ 的估计值 $\hat{\theta}$，所以只要给定外生变量 x_t 和前期内生变量 y_{t-1}，就能计算出本期内生变量 y_t：

$$\hat{y}_t = f(x_t, y_{t-1}, \hat{\theta})$$

同理可对下一期的内生变量做出预测。

（2）历史分析

现实中人们经常会对过去发生的事情进行思考，经常会进行“如果当初……那么就会……”之类的反思，以期从历史中得到一些有价值的启发。比如，如果1998年中央政府不实行积极的财政政策，不发行国债，当年中国的经济增长会是怎样？

计量经济模型为历史分析提供了一种手段。对历史进行回顾与分析，可以帮助检讨有关政策的效应，有助于积累经验，提供有益的借鉴，在这方面计量经济模型可提供有力帮助。

（3）模拟分析

假如世界石油产量减少一半，对中国经济将产生怎样的影响？如果明年要达到9%的经济增长率，至少需要有怎样的投资规模？对此类问题的回答，不是对未来的预测，也不是对过去已发生历史的分析，而是要回答在某种人为假设条件下的一个结果。这相当于回答“如果这样，就会怎样”的问题。

有些人喜欢考虑当出现最好情况、最坏情况或不好不坏情况时应该怎样办的问题。计量经济模型对于分析此类问题会有很大的帮助，只要把各种数据输入到模型中去，模型就会给出答案。模拟分析中通常设计出不同的模拟方案，从而可以对不同方案进行比较。

（4）政策制定

在制定政策方面计量经济模型有着广泛的应用，企业、政府和国际组织都常用此方法进行有关政策的制定。对诸如采用不同的税收、财政、货币政策对生产或消费会产生什么影响等问题，都可运用经济计量模型进行决策，并可分析政策的后果。

（5）发展计划制定

经济计量模型是制定经济发展计划时的一种有力的工具。利用经济计量模型可以进行未来长期趋势预测，可以进行经济结构分析，可以在各经济变量之间找到一个适当的平衡关系，以确定未来主要经济变量的数值。这些测算与模拟对制定发展计划都是极具参考价值的。

经济学中某些理论模型如增长模型、消费函数与生产函数等，对经济发展计划的制定提供重要的理论基础，而经济计量模型则是将它们具体化。例如在制定中国经济发展的“五年计划”中，计量经济模型可以提供增长目标、产业平衡、结构分析、投资规模、财政政策和贸易条件等多方面的数量分析结果。同时，计量经济模型也可以应用在企业发展计划的制定工作中。

案例学习 6-1：宏观计量经济模型在中国的应用

计量经济模型在中国宏观经济分析中有广泛的应用。从20世纪90年代开始，中国社会科学院成立了“中国经济形势分析与预测”课题组，主要通过宏观计量经济模型对中国经济形势进行分析与预测。该模型源于中国社会科学院数量经济与技术经济研究所同诺贝尔经济学奖获得者、美国宾夕法尼亚大学劳伦斯和克莱茵（Lawrence Klein）教授及美国斯坦福大学刘遵义教授进行的合作研究项目——中美日宏观经济连接模型。该模型由约百个方程组成，其中包括生产、人口、劳动力、投资、收入、消费、财政、金融、价格和贸易等模块。

以模型的分析与预测为基础，课题组从1990年秋季正式公开对外发布“中国经济形势分析与预测”报告，这项研究工作一直延续至今。目前，每年定期举行春秋两次预测会议，预测结果和政策建议报送国家领导和有关部门，并分别出版春季号和秋季号《经济蓝皮书》。该书目前已成为国内外有较大影响的关于中国短期经济形势分析的出版物。

“中国经济形势分析与预测”报告对未来一二年内的主要经济指标进行预测。然后在预测的基础上提出当前经济中的主要问题以及揭示未来可能出现的问题，并提出有针对性的相关政策建议。目前“中国经济形势分析与预测”已成为中国社会科学院数量经济与技术经济研究所科研工作的一个重要组成部分；此项研究工作的一个重要基础就是不断改进中国宏观计量经济模型。

除中国社会科学院外，国家信息中心、国务院发展中心以及国家统计局等机构都设有专门从事经济分析和预测的研究部门或课题组，并基本上都采用宏观计量经济模型进行预测、分析。除进行宏观经济分析和预测外，宏观计量经济模型在经济结构和产业结构的研究、经济计划与规划的制定、区域发展战略的研究、产业政策效应的模拟分析与评价、宏观经济政策的分析与研究以及国家中长期计划的编制等许多方面都有重要的应用。

第二节 线性回归模型

线性回归模型在计量经济理论中具有特殊的重要地位。一方面，它是最基本的计量经济模型，是掌握其他更复杂计量经济模型的基础；另一方面，它也是应用最广泛的计量经济模型，因为相当多的非线性模型事实上都可以转化为线性回归模型来处理。实际上，掌握好线性回归模型，就可以解决相当多的经济分析问题。然而，尽管线性回归模型只是整个计量经济模型体系的一个局部内容，但线性回归模型本身自成体系，内容是相当丰富的，本章的篇幅不足以对它进行完整的介绍。下面通过中国 GDP 与财政收入关系的实例，来展示线性回归模型及线性回归模型的估计。

1. 中国财政收入与 GDP 关系的散点图

回归分析源于人们对事物之间数量关系的探究。例如人们想知道：当已知一个人的身高时其体重会是多少；当企业投入一笔广告费用后其销售收入会怎样变动；当已知 GDP 时财政收入会是多少。诸如此类的问题在现实中有许多。下面通过实际考察中国财政收入与 GDP 的统计数据，来讲述分析此类问题的过程。

运用经济理论指导模型的建立，是本书强调的一个理念。因此，应当从理论上分析财政收入与 GDP 的关系，据此建立有关的模型。从理论上讲，财政收入主要来源于税收，而税收来自经济中的各种收入，而经济中的各种收入则是构成 GDP 的重要成分。因此，按此逻辑可以推断出：首先，财政收入与 GDP 之间存在着某种关系；其次，两者之间的关系应当是正向的关系，即 GDP 越大相应的财政收入也就越多。现在来看看实际的经验数据是否能支持这一判断。

为了展示建立模型的全过程，首先给出经济中的实际数据。表 6－1 是取自 2004 年《中国统计年鉴》的数据，即表 6－1 是 1978—2003 年全国 GDP 和财政收入的实际数据。

表 6－1　　1978—2003 年中国 GDP 和财政收入数据　　（亿元）

序号	年份	GDP（X）	财政收入（Y）	序号	年份	GDP（X）	财政收入（Y）
1	1978	3624	1132	6	1983	5935	1367
2	1979	4038	1146	7	1984	7171	1643
3	1980	4518	1160	8	1985	8964	2005
4	1981	4862	1176	9	1986	10202	2122
5	1982	5295	1212	10	1987	11963	2199

这里 $\hat{\alpha}$ 和 $\hat{\beta}$ 是待估系数。直线方程（6-1）中的 $\hat{\alpha}$ 和 $\hat{\beta}$ 一旦确定，这条直线就被确定了。因此，关键就是确定 $\hat{\alpha}$ 和 $\hat{\beta}$ 的数值。

现从图 6-2 中取 X 的任一值 X_i，将它代入（6-1）式中，由此计算出 $\hat{\alpha}+\hat{\beta}X_i$，所得结果记为 $\hat{Y}_i$：

$$\hat{Y}_i = \hat{\alpha} + \hat{\beta}X_i \tag{6-2}$$

这里字母 Y 上方的尖号表示该值是对 Y 的计算结果，即 $\hat{Y}_i$ 是对变量 Y_i 的估计值。字母上方的尖号表示“估计值”，这种表达方式用以区分估计值与实际值。

$|\hat{u}_i| = |Y_i - \hat{Y}_i|$ 是数据点 (X_i, Y_i) 至与 X_i 所对应的直线上点的距离，参见图 6-2。所谓“尽可能好地拟合”，就是要使 $|Y_i - \hat{Y}_i|$ 之总和越小越好，也就是要 $\sum_{i=1}^{n}|Y_i - \hat{Y}_i|$ 最小。但是，这种带绝对值符号的求和运算在数学上不便于处理。因此，计量经济理论中等价地变为：使这种距离的平方和最小，即使 $\sum_{i=1}^{n}(Y_i - \hat{Y}_i)^2$ 最小。这便是最小二乘法的基本原理。

最小二乘法是计量经济理论中一种经典的估计方法，这种方法在计量经济理论中有广泛的应用。由最小二乘法得到的结果具有一些理想的性质，如高斯—马尔柯夫定理说明，若所有的古典线性回归模型的基本假定都得到满足，则所有无偏估计量中，最小二乘法估计量有最小的方差。

于是，现在的问题可表示为：确定使 $\sum_{i=1}^{n}(Y_i - \hat{Y}_i)^2$ 达到最小的 $\hat{\alpha}$ 和 $\hat{\beta}$。

为了求出这样的 $\hat{\alpha}$ 和 $\hat{\beta}$，将 $\sum_{i=1}^{n}(Y_i - \hat{Y}_i)^2$ 展开，得表达式：

$$\sum_{i=1}^{n}(Y_i - \hat{Y}_i)^2 = \sum_{i=1}^{n}(Y_i - \hat{\alpha} - \hat{\beta}X_i)^2 = f(\hat{\alpha}, \hat{\beta}) \tag{6-3}$$

下面将（6-3）式对 $\hat{\alpha}$ 和 $\hat{\beta}$ 求一阶偏导数，并令它们等于零。首先，将（6-3）式求对 $\hat{\alpha}$ 的一阶偏导数，并令它等于零，得：

$$-2\sum_{i=1}^{n}(Y_i - \hat{\alpha} - \hat{\beta}X_i) = 0 \tag{6-4}$$

对上式进行整理，得：

$$\sum_{i=1}^{n}Y_i - \hat{\alpha}n - \hat{\beta}\sum_{i=1}^{n}X_i = 0$$

$$\frac{1}{n}\sum_{i=1}^{n}Y_i = \hat{\alpha} + \hat{\beta}\frac{1}{n}\sum_{i=1}^{n}X_i \tag{6-5}$$

记

$$\bar{Y} = \frac{1}{n}\sum_{i=1}^{n} Y_i \tag{6-6}$$

$$\bar{X} = \frac{1}{n}\sum_{i=1}^{n} X_i \tag{6-7}$$

因此，(6-5) 式可写成：

$$\bar{Y} = \hat{\alpha} + \hat{\beta}\bar{X}$$

即

$$\hat{\alpha} = \bar{Y} - \hat{\beta}\bar{X} \tag{6-8}$$

式中 $\bar{X}$ 和 $\bar{Y}$ 分别为 X_i 和 Y_i 的均值。

(6-8) 式表明，只要算出 $\hat{\beta}$，就可随之计算出 $\hat{\alpha}$。现将 (6-3) 式求对 $\hat{\beta}$ 的一阶偏导数，并令它等于零，得：

$$-2\sum_{i=1}^{n}(Y_i - \hat{\alpha} - \hat{\beta}X_i)X_i = 0 \tag{6-9}$$

对上式进行整理，得：

$$\sum_{i=1}^{n} X_iY_i - \hat{\alpha}\sum_{i=1}^{n} X_i - \hat{\beta}\sum_{i=1}^{n} X_i^2 = 0$$

$$\frac{1}{n}\sum_{i=1}^{n} X_iY_i = \hat{\alpha}\frac{1}{n}\sum_{i=1}^{n} X_i + \hat{\beta}\frac{1}{n}\sum_{i=1}^{n} X_i^2$$

$$\frac{1}{n}\sum_{i=1}^{n} X_iY_i = (\bar{Y} - \hat{\beta}\bar{X})\bar{X} + \hat{\beta}\frac{1}{n}\sum_{i=1}^{n} X_i^2$$

$$\frac{1}{n}\sum_{i=1}^{n} X_iY_i = \bar{X}\bar{Y} - \hat{\beta}\bar{X}^2 + \hat{\beta}\frac{1}{n}\sum_{i=1}^{n} X_i^2$$

$$\frac{1}{n}\sum_{i=1}^{n} X_iY_i - \bar{X}\bar{Y} = \hat{\beta}\left(\frac{1}{n}\sum_{i=1}^{n} X_i^2 - \bar{X}^2\right)$$

由此可以解出 $\hat{\beta}$：

$$\hat{\beta} = \frac{\frac{1}{n}\sum_{i=1}^{n} X_iY_i - \bar{X}\bar{Y}}{\frac{1}{n}\sum_{i=1}^{n} X_i^2 - \bar{X}^2} \tag{6-10}$$

由 (6-8) 式计算出 $\hat{\alpha}$：

$$\hat{\alpha} = \bar{Y} - \hat{\beta}\bar{X} \tag{6-11}$$

公式中 X_i 和 Y_i 是已知数据，$\bar{X}$ 和 $\bar{Y}$ 分别为均值，按 (6-6) 式和 (6-7) 式计算。

（6－10）式中约去 n，则得到 $\hat{\beta}$ 的另一表达式：

$$\hat{\beta} = \frac{\sum_{i=1}^{n} X_i Y_i - n\bar{X}\bar{Y}}{\sum_{i=1}^{n} X_i^2 - n\bar{X}^2} \tag{6-12}$$

另外，$\hat{\beta}$ 还可以写成下面的形式：

$$\hat{\beta} = \frac{\sum_{i=1}^{n}(X_i - \bar{X})(Y_i - \bar{Y})}{\sum_{i=1}^{n}(X_i - \bar{X})^2} \tag{6-13}$$

（6－13）式的推导请见附录6－1。

上面（6－10）、（6－12）和（6－13）式都是 $\hat{\beta}$ 的计算公式。在不同情况下可以采用不同的 $\hat{\beta}$ 计算公式。

3. 中国财政收入与GDP线性回归方程的估计

可以按最小二乘法的 $\hat{\alpha}$、$\hat{\beta}$ 计算公式来估计中国GDP与财政收入之间的数量关系。可按（6－10）式来计算 $\hat{\beta}$。具体计算见表6－2。在表6－2中，将GDP（X_i）和财政收入（Y_i）两列相乘，得到 X_iY_i 列；对GDP（X_i）列求平方得 X_i^2 列；计算平均值，得表6－2的最后一行。

表6－2　$\hat{\alpha}$ 和 $\hat{\beta}$ 的计算

序号 i	年份	GDP（X_i）	财政收入（Y_i）	X_iY_i	X_i^2
1	1978	3624	1132	4103423	13134101
2	1979	4038	1146	4629312	16307059
3	1980	4518	1160	5240332	20410517
4	1981	4862	1176	5717161	23642934
5	1982	5295	1212	6418924	28033848
6	1983	5935	1367	8112165	35218290
7	1984	7171	1643	11780949	51423241
8	1985	8964	2005	17972008	80360467
9	1986	10202	2122	21649170	104084885
10	1987	11963	2199	26309724	143101406
11	1988	14928	2357	35189586	222854141

续表

序号 i	年份	GDP（X_i）	财政收入（Y_i）	X_iY_i	X_i^2
12	1989	16909	2665	45061327	285921045
13	1990	18548	2937	54477037	344024594
14	1991	21618	3149	68084829	467329277
15	1992	26638	3483	92790358	709588372
16	1993	34634	4349	150623274	1199541663
17	1994	46759	5218	243995225	2186441488
18	1995	58478	6242	365031996	3419688180
19	1996	67885	7408	502888438	4608318917
20	1997	74463	8651	644186377	5544678799
21	1998	78345	9876	773733278	6137970363
22	1999	82068	11377	933677844	6735074556
23	2000	89468	13395	1198443093	8004540918
24	2001	97315	16371	1593140591	9470170299
25	2002	105172	18914	1989228882	11061212687
26	2003	117252	21715	2546154321	13748008054
平均值		39117 （$\overline{X}$）	5895 （$\overline{Y}$）	436486139 （$\frac{1}{26}\sum_{i=1}^{26}X_iY_i$）	2871580004 （$\frac{1}{26}\sum_{i=1}^{26}X_i^2$）

利用（6－10）和（6－11）式即可计算出 $\hat{\beta}$ 和 $\hat{\alpha}$：

$$\hat{\beta} = \frac{\frac{1}{26}\sum_{i=1}^{26} X_i Y_i - \overline{X}\overline{Y}}{\frac{1}{26}\sum_{i=1}^{26} X_I^2 - \overline{X}^2} \approx 0.15348$$

和

$$\hat{\alpha} = \overline{Y} - \hat{\beta}\overline{X} \approx -108.89$$

从而得到中国财政收入与GDP之间的线性数量关系的估计：

$$\text{财政收入} = -108.89 + 0.153\ \text{GDP} \qquad (6-14)$$

（6－14）式就是一个线性回归计量经济模型。这时，只要给定GDP，通过（6－14）式便可计算出对应的财政收入。

表6－2中的计算实际上可以利用有关的软件来进行，如EXCEL对这种表格形式的数据处理是很方便的。在专门的计量经济软件，如TSP和EVIEWS中，只需一个输入命令就可立刻算出结果。

4. 线性回归方程的判定系数 R^2

对任意两组已知数据 $X = \{X_i\}$ 和 $Y = \{Y_i\}(i = 1, \cdots, n)$，都可以用最小二乘法估计出一条直线，那么如此计算出的 $\hat{Y}_i$，在多大的程度上拟合了数据 Y_i 呢？需要构建一个指标来进行检验，该指标就是判定系数 R^2。

现在来看判定系数 R^2 是如何构造的。图6－3是已知数据 X 和 Y 的散点图。也就是对图中的任意一点 $(X_i, Y_i)(i = 1, \cdots, n)$，$X_i$ 和 Y_i 为已知数据。可以计算出 Y_i 的均值 $\bar{Y}$，即 $\bar{Y} = \frac{1}{n}\sum_{i=1}^{n} Y_i$。在图6－3中作一条水平直线 $Y = \bar{Y}$，将该水平线作为衡量距离的一个基准线。

从图6－3中的每一个已知点向水平直线 $Y = \bar{Y}$ 引垂直线。从任意点 $A(X_i, Y_i)$ 到直线 $Y = \bar{Y}$ 的距离为 $|Y_i - \bar{Y}|$，即线段 AC。

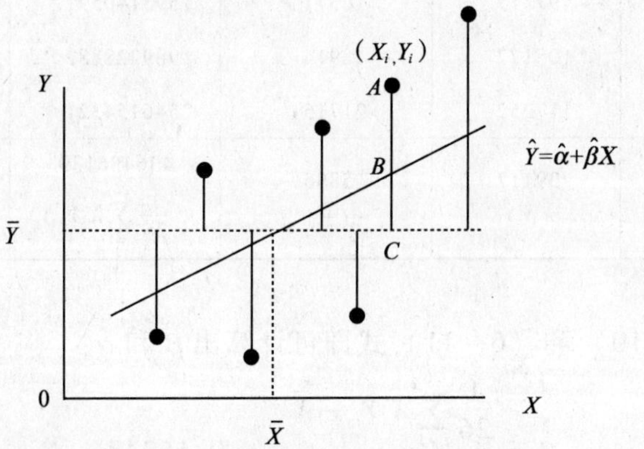

图6－3 散点图

由最小二乘法得到的线性方程为：

$$\hat{Y} = \hat{\alpha} + \hat{\beta}X \tag{6-15}$$

该直线如图6－3所示。由于 $\hat{\alpha}$ 和 $\hat{\beta}$ 是用最小二乘法估计的，故 $\hat{\alpha}$ 和 $\hat{\beta}$ 满足（6－4）和（6－9）。利用线性方程（6－15）可得 X_i 所对应的 Y_i 的估计值 $\hat{Y}_i$：

$$\hat{Y}_i = \hat{\alpha} + \hat{\beta}X_i$$

$(X_i, \hat{Y}_i)$就是方程（6－15）所代表的直线上的一点，即图6－3中的B点。

显然，从B点$(X_i, \hat{Y}_i)$到水平直线$Y = \bar{Y}$的距离为$|\hat{Y}_i - \bar{Y}|$，即线段BC。$\hat{Y}_i$是Y_i的估计值，如果估计得好，$\hat{Y}_i$就与Y_i越接近，也就是AC与BC越接近，即AC和BC两线段长度的比值越接近于1，也就是$|\hat{Y}_i - \bar{Y}|$与$|Y_i - \bar{Y}|$的比值越接近于1。

以上仅是对任意的一个数据点进行考察的情况。同样可对所有的数据点进行类似的考察。在最小二乘法中，采用距离的平方来代表对距离的度量。因此，距离平方和$\sum_{i=1}^{n}(\hat{Y}_i - \bar{Y})^2$就度量了所有点（估计点）到水平直线$Y = \bar{Y}$的距离，而$\sum_{i=1}^{n}(Y_i - \bar{Y})^2$则度量所有已知数据点（实际点）到水平直线$Y = \bar{Y}$的距离。于是，问题归结为$\sum_{i=1}^{n}(\hat{Y}_i - \bar{Y})^2$和$\sum_{i=1}^{n}(Y_i - \bar{Y})^2$的比较。同样的道理，两者的比值越接近于1，表明拟合距离平方和同实际距离平方和越接近。

于是，定义R^2为下面表达式：

$$R^2 = \frac{\sum_{i=1}^{n}(\hat{Y}_i - \bar{Y})^2}{\sum_{i=1}^{n}(Y_i - \bar{Y})^2} \tag{6－16}$$

在计量经济理论中（6－16）式的R^2称为判定系数，用以判定线性回归方程拟合实际数据点的拟合优度。R^2越接近于1，表明线性拟合优度越高；R^2越小于1，表明线性拟合优度越低。R^2也可理解为线性回归模型对变量Y的变动解释的比例（百分比）。

在计量经济学中，$\sum_{i=1}^{n}(Y_i - \bar{Y})^2$称为总离差平方和，通常记为TSS（total sum of squares）；$\sum_{i=1}^{n}(\hat{Y}_i - \bar{Y})^2$称为回归平方和，通常记为ESS（explained sum of squares）；$\sum_{i=1}^{n}(Y_i - \hat{Y}_i)^2$称为残差平方和，通常记为RSS（residual sum of squares）。可以证明，三者之间有如下的关系：

$$\text{TSS} = \text{ESS} + \text{RSS} \tag{6－17}$$

（6－17）式的证明见本章附录6－2。

R^2 有不同形式的表达式。例如，由（6－17）式可得 R^2：

$$R^2 = \frac{\text{ESS}}{\text{TSS}} = 1 - \frac{\text{RSS}}{\text{TSS}}$$

另外，由于

$$\sum_{i=1}^{n}(\hat{Y}_i - \bar{Y})^2 = \sum_{i=1}^{n}[\hat{\beta}(X_i - \bar{X})]^2 = \hat{\beta}^2\sum_{i=1}^{n}(X_i - \bar{X})^2 \quad (6-18)$$

并根据（6－13）式，有：

$$\hat{\beta} = \frac{\sum_{i=1}^{n}(X_i - \bar{X})(Y_i - \bar{Y})}{\sum_{i=1}^{n}(X_i - \bar{X})^2}$$

代入（6－18）式，得：

$$\sum_{i=1}^{n}(\hat{Y}_i - \bar{Y})^2 = \frac{[\sum_{i=1}^{n}(X_i - \bar{X})(Y_i - \bar{Y})]^2}{\sum_{i=1}^{n}(X_i - \bar{X})^2}$$

由此可得 R^2 的另一表达式：

$$R^2 = \frac{\sum_{i=1}^{n}(\hat{Y}_i - \bar{Y})^2}{\sum_{i=1}^{n}(Y_i - \bar{Y})^2} = \frac{[\sum_{i=1}^{n}(X_i - \bar{X})(Y_i - \bar{Y})]^2}{\sum_{i=1}^{n}(X_i - \bar{X})^2\sum_{i=1}^{n}(Y_i - \bar{Y})^2} \quad (6-19)$$

需要注意的是，X 和 Y 的线性相关性是用相关系数度量的。而这里的 R^2 与相关系数不是同一个概念。R^2 称为判定系数，是判定线性回归方程中解释变量对被解释变量的解释程度。但是根据（6－19）式，判定系数 R^2 与相关系数 r 有如下关系：

$$r = \pm\sqrt{R^2}$$

可见，计算 r 有两种方法，一种是利用定义公式（4－23），另一种是通过计算 R^2。但是，通过 R^2 来计算 r 时得不到 r 是正或负的判断。这时对 r 正负号的判断需要结合其他方面情况来进行。一种经验性的方法是借助有关的理论，或者是数据的经验关系，进行直接的判断或观察。而另一种严格的方法是根据 $\hat{\beta}$ 的符号，因为 $\hat{\beta}$ 和 r 具有相同的符号。

从总体上看，在回归分析中，判定系数 R^2 比相关系数 r 更有意义。因为判定系数可以表明解释变量对因变量的解释程度，也就是度量了一个变量决定另一个变量的程度。而 r 不具有这样的功能，而且在多元回归分析中，对 r 的解释也是不确定的。

5. 多元线性回归方程

上面讨论了回归方程中只有一个被解释变量和一个解释变量的情况。这样的回归方程称为一元线性回归方程。现在设方程中的解释变量不止一个，而是多个，记为 X_2，X_3，…，X_K。这里没有出现变量 X_1，仅是为了符号顺序上的方便，而没有别的意义。设多元线性回归方程为：

$$\hat{Y}=\hat{\beta}_1+\hat{\beta}_2X_2+\cdots+\hat{\beta}_KX_K$$

设$(Y_i,X_{i2},\cdots,X_{iK})$为第 i 个数据点，$i=1,\cdots,N$。于是，有：

$$\hat{u}_i=Y_i-\hat{Y}_i=Y_i-(\hat{\beta}_1+\hat{\beta}_2X_{i2}+\cdots+\hat{\beta}_KX_{iK}) \qquad (6-20)$$

用矩阵表示，记 $X=(1,X_2,\cdots,X_K)$，则有设 $X_i=(1,X_{i2},\cdots,X_{iK})'$；以及 $\hat{\beta}=(\hat{\beta}_1,\hat{\beta}_2,\cdots,\hat{\beta}_K)'$。于是，（6－20）式可以写成：

$$Y_i-\hat{Y}_i=Y_i-X_i'\hat{\beta}$$

从而：

$$\sum_{i=1}^{N}(Y_i-\hat{Y}_i)^2=\sum_{i=1}^{N}(Y_i-X_i'\hat{\beta})^2 \qquad (6-21)$$

将（6－21）式的右边对 $\hat{\beta}$ 求一阶偏导数，可得：

$$-2\sum_{i=1}^{N}X_i(Y_i-X_i'\hat{\beta})=0$$

将此式展开，整理得：

$$\left(\sum_{i=1}^{N}X_iX_i'\right)\hat{\beta}=\sum_{i=1}^{N}X_iY_i \qquad (6-22)$$

$\left(\sum_{i=1}^{N}X_iX_i'\right)$为正规矩阵。由于 X_i 是含有 K 个分量的向量，因此 X_iX_i'为 K 阶方阵，而$\left(\sum_{i=1}^{N}X_iX_i'\right)$为 N 个 K 阶方阵的和，故它仍是一个 K 阶方阵。为简单起见，假设这个 K 阶方阵的逆是存在的，则可得出满足（6－22）式的 $\hat{\beta}$，于是有：

$$\hat{\beta}=\left(\sum_{i=1}^{N}X_iX_i'\right)^{-1}\sum_{i=1}^{N}X_iY_i$$

因此，这个多元线性回归模型的方程为：

$$\hat{Y}_i=X_i'\hat{\beta}$$

案例学习 6－2：中国经济 GDP 与总消费之间关系的估计

消费取决于收入，不论在宏观经济理论还是微观经济理论中都是这样表述的。实际上，在标准的宏观经济学中，宏观消费函数都是基于微观个体消费函数加总的结果。因此，凯恩斯消费理论中关于边际消费倾向处在0和1之间以及平均消费倾向随收入增加而降低的结论，不论在微观经济中还是宏观经济中都是适用的。下面在这种理论指导下来估计中国GDP与总消费的关系。

消费是收入的函数，如第一章案例4给出的形式如下：

$$C = C(Y) \qquad (1-4)$$

式中Y为收入，C为消费。现利用统计数据进行实际的估计。假定总消费和GDP是线性关系，即有如下形式：

$$总消费 = \hat{\alpha} + \hat{\beta}\text{GDP} + \varepsilon$$

式中，$\hat{\alpha}$和$\hat{\beta}$是待估计参数，ε为误差项。《中国统计年鉴》提供了支出法GDP和总消费（最终消费）的统计数据，如表6－3所示。可利用第二节的公式（6－10）和（6－11）分别计算出$\hat{\beta}$和$\hat{\alpha}$，并利用（6－19）式计算出R^2。

表6－3　1978—2003年中国GDP和最终消费（支出法）　（亿元）

年份	GDP	最终消费	年份	GDP	最终消费
1978	3605.6	2239.1	1991	21280.4	13145.9
1979	4074.0	2619.4	1992	25863.7	15952.1
1980	4551.3	2976.1	1993	34500.7	20182.1
1981	4901.4	3309.1	1994	46690.7	26796.0
1982	5489.2	3637.9	1995	58510.5	33635.0
1983	6076.3	4020.5	1996	68330.4	40003.9
1984	7164.4	4694.5	1997	74894.2	43579.4
1985	8792.1	5773.0	1998	79003.3	46405.9
1986	10132.8	6542.0	1999	82673.1	49722.7
1987	11784.7	7451.2	2000	89340.9	54600.9
1988	14704.0	9360.1	2001	98592.9	58927.4
1989	16466.0	10556.5	2002	107897.6	62798.5
1990	18319.5	11365.2	2003	121511.4	67442.5

数据来源：《中国统计年鉴2004》。

略去具体计算过程，这里给出计算结果：

$$总消费(估计) = 636.86 + 0.577\ \text{GDP}$$

R^2为0.998，GDP的t检验值为112.05（t检验值将在第三节介绍）。可以看到，1978—2003 年中国平均边际消费倾向为 0.577。

根据政府支出乘数$\frac{dY}{dG}$的计算公式（如 1－6）：

$$\frac{dY}{dG}=\frac{1}{1-C'} \tag{1-6}$$

式中 $C'=0.577$，因此计算出$\frac{dY}{dG}\approx 2.36$。即增加 1 元的政府支出，可导致 2.36 元的经济总收入增加。可见，数理经济方程和计量经济模型可以相互结合起来使用。

第三节　古典线性回归模型及假设检验

上一节利用最小二乘法估计了 $\hat{\alpha}$ 和 $\hat{\beta}$，并实际建立了财政收入与 GDP 的线性回归模型，其结果为（6－14）式：

$$\text{财政收入}=-108.89+0.153\ \text{GDP} \tag{6-14}$$

实际上我们仅完成了回归模型的估计，此外还需要进行假设检验。为什么要检验？检验什么？还需对此细致分析。

在统计上，表 6－1 中的数据是一组样本数据。每一年的（年度）数据就是一个样本点(X_i,Y_i)，其中 X_i 表示 GDP，Y_i 表示财政收入。在表 6－1中，i 是年份序号，1978—2003 年共有 26 个年份，也就是共有 26 个样本点。

方程（6－14）是以表 6－1 的数据为样本所得到的回归方程。如果将新的数据加到表 6－1 中，即将样本扩大，或者减少一些样本点，那么 $\hat{\alpha}$ 和 $\hat{\beta}$ 的计算结果都将发生改变，也就是回归方程（6－14）就会发生变化。因此，不同的样本会得到不同的回归方程。

问题是：不同的样本得到不同回归方程，那么哪个才是更真实反映 GDP 与财政收入关系的回归方程？或者说，怎样度量一组样本点得出的回归方程的可信程度？

1. 样本回归与总体回归

显然，只有知道全部可能的(X_i,Y_i)，才能确定真实的 GDP 与财政收入之间的回归关系。统计理论中把这种全部可能的结果称为总体，即把全部样本点(X_i,Y_i)的集合称为总体。然而，事实上要知道“总体”是非常困难的，甚至是不可能的。例如，对 GDP 与财政收入之间的关系来说，要知道 GDP 和财政收入的总体，也就是要知道所有可能的 GDP 以及与之对应下的财政收入，在现实中这是不可能的。时间可以无限持续下去，因此 GDP 与财政收入的样本点(X_i, Y_i)可以无限增加下去。

但是，“总体”的不可知性并不意味考虑总体就没有意义。事实上，随着所掌握样本信息的增多，估计出的回归方程就越接近于真实的回归方程。尽管可能永远达不到 100% 的真实，但却可以无限接近于真实，只要对样本信息有足够多的掌握。当样本信息足够充分，达到一定程度时，我们就可以认为估计出的回归关系就是真实回归关系。

因此，假设存在着一个真实的回归方程是有意义的，该方程称为总体回归方程。对应地，由总体的一个样本（如表 6－1 的数据）得到的回归方程［如（6－14）式］，称为样本回归方程。也就是说，样本回归方程是对总体回归方程的一个具体估计。

2. 古典回归模型

设总体回归方程为：

$$E(Y \mid X_i) = \alpha + \beta X_i \tag{6-23}$$

式中 α 和 β 为总体回归参数。注意，这里的 α 和 β 与 $\hat{\alpha}$ 和 $\hat{\beta}$ 不同。$\hat{\alpha}$ 和 $\hat{\beta}$ 是由样本估计出的参数值，不同的样本会得到不同的 $\hat{\alpha}$ 和 $\hat{\beta}$ 值。而 α 和 β 则是对总体而言的真实参数值。

总体回归方程定义为“给定 X 时 Y 的数学期望”，即：

$$E(Y \mid X) = f(X)$$

它是条件数学期望。

设总体回归模型的形式为：

$$Y = \alpha + \beta X + u \tag{6-24}$$

设式中 X 的一个取值为 X_i，将这个取值 X_i 代入（6－24）式，得：

$$Y_i = \alpha + \beta X_i + u_i \tag{6-25}$$

（6－25）式表明，真实值 Y_i 由两部分构成，一部分是 $\alpha + \beta X_i$，这是有规则的一部分，另一部分是误差项 u_i，这是随机的一部分。随后可以看到，误差项 u_i 是计量经济学中一个关键性变量，假设检验正是基于 u_i 而展开的。

将误差项 u 视为一个随机变量，是一种合理的假设。现以财政收入(Y)与 GDP(X)之间的关系为例，来说明这个假设。GDP 给定时对应的财政收入是多少，取决于许多方面的复杂因素。首先 GDP 是一个主要影响因素，它是决定 Y 的一个有规则的部分。除此以外，还有很多复杂的影响因素，如财政体制的变化、税率的调整、价格的波动、统计的误差等，都是影响财政收入数据的因素。这些因素的综合作用对误差项 u 产生影响，使误差项 u 成为随机变量。

由于 u 是随机变量，Y 也就是随机变量。因为 X 为非随机变量，故 Y 的概率分布取决于 u 的概率分布。

因此，在计量经济理论中对一元线性回归模型有如下的假设：

（1）X 与 Y 的关系是线性的，如方程式（6－24）所示。

（2）X 是非随机变量，它的值是确定的。

（3）误差项的期望为零，即 $E(u)=0$。

（4）对于所有观测值的误差项 u_i（即 u_i 为 u 的观测值），具有相同的方差，即 $\mathrm{var}(u_i)=\sigma^2$，$\sigma^2$ 为常数，此即同方差假定。

（5）两个误差项之间不相关，即对所有的 $i\neq j$ 有 $\mathrm{cov}(u_i, u_j)=0$，此即无自相关假定。

（6）误差项服从正态分布。

上述假设条件（1）—（5）就是古典回归模型的假设条件。误差项服从正态分布的假定，有助于进行具体的假设检验。

3. 关于对 $\hat{\beta}$ 的 t 检验

已估计出一个样本回归方程后，以多大的程度可信这个样本回归方程就是真实的总体回归方程？这就涉及需要对样本回归方程进行检验的问题。

应对回归方程进行许多方面的检验，这里只介绍一种常见的重要检验，就是检验 $\beta=0$ 是否为真，即检验真实的 β 是否为零。“真实的 β 是否为零”是一个很重要的问题。如果真实的 β 等于零，那么就意味着所做出的回归估计就是没有意义的。如果检验证明 β 不为零，那么估计出的 $\hat{\beta}$ 就是有意义的。另外，如果要检验“β 等于某常数”是否为真，即对 $\beta=c$（常数）这个假设进行检验，那就令 $\gamma=\beta-c$，然后对 $\gamma=0$ 进行检验。

对“$\beta=0$ 是否为真”的检验，称为对“β 是否等于 0”的假设检验。做法是：首先人为假设 $\beta=0$，然后通过检验，得出拒绝 $\beta=0$ 或接受 $\beta=0$ 的结论。如果结论是拒绝 $\beta=0$，则认为“β 不为零”为真；如果接受 $\beta=0$，则认为“β 为零”为真。注意，不论是哪一种结论，都是基于一定的概率水平而得出的，即与所取定的概率水平有关。

（1）$\hat{\beta}$ 的分布

我们并不知道真实的 β，只能根据数据样本得到对 β 的估计，$\hat{\beta}$ 由（6-13）式给出：

$$\hat{\beta} = \frac{\sum_{i=1}^{n}(X_i - \bar{X})(Y_i - \bar{Y})}{\sum_{i=1}^{n}(X_i - \bar{X})^2} \tag{6-13}$$

由（6-13）式可以看到，$\hat{\beta}$ 中包含有 Y_i。前面已知道，由于 u_i 是随机变量，故 Y_i 也是随机变量。因此 $\hat{\beta}$ 也就是随机变量，因而具有概率分布。那么 $\hat{\beta}$ 服从怎样的分布？可以看到 $\hat{\beta}$ 的分布由 u_i 的分布决定。现进行下面的推导：

因为 $\sum_{i=1}^{n}(X_i - \bar{X})(Y_i - \bar{X}) = \sum_{i=1}^{n}(X_i - \bar{X})Y_i$［见附录6-1中的（6-39）式］，因此

$$\hat{\beta} = \frac{\sum_{i=1}^{n}(X_i - \bar{X})Y_i}{\sum_{i=1}^{n}(X_i - \bar{X})^2} \tag{6-26}$$

将（6-25）式的 Y_i 代入（6-26）式，得：

$$\hat{\beta} = \frac{\sum_{i=1}^{n}(X_i - \bar{X})(\alpha + \beta X_i + u_i)}{\sum_{i=1}^{n}(X_i - \bar{X})^2} \tag{6-27}$$

将上式的分子进行整理：

$$\sum_{i=1}^{n}(X_i - \bar{X})(\alpha + \beta X_i + u_i)$$

$$= \alpha\sum_{i=1}^{n}(X_i - \bar{X}) + \beta\sum_{i=1}^{n}(X_i - \bar{X})X_i + \sum_{i=1}^{n}(X_i - \bar{X})u_i$$

显然，$\sum_{i=1}^{n}(X_i - \bar{X}) = 0$，以及 $\sum_{i=1}^{n}(X_i - \bar{X})X_i = \sum_{i=1}^{n}(X_i - \bar{X})^2$。

因此（6-27）式的分子为：

$$\sum_{i=1}^{n}(X_i - \bar{X})(\alpha + \beta X_i + u_i) = \beta\sum_{i=1}^{n}(X_i - \bar{X})^2 + \sum_{i=1}^{n}(X_i - \bar{X})u_i \tag{6-28}$$

将（6-28）式代入（6-27）式，得：

$$\hat{\beta}=\frac{\beta\sum_{i=1}^{n}(X_i-\bar{X})^2+\sum_{i=1}^{n}(X_i-\bar{X})u_i}{\sum_{i=1}^{n}(X_i-\bar{X})^2}$$

$$=\beta+\frac{1}{\sum_{i=1}^{n}(X_i-\bar{X})^2}\sum_{i=1}^{n}(X_i-\bar{X})u_i \qquad (6-29)$$

（6－29）式说明，$\hat{\beta}$ 是误差项 u_i 的线性函数。因此，$\hat{\beta}$ 的概率分布由 u_i 的分布所决定。正态变量的线性函数仍为正态变量。因此，根据 u_i 服从正态分布的假定，$\hat{\beta}$ 也服从正态分布。

正态分布由均值和方差这两个参数所完全决定。我们先看 $\hat{\beta}$ 的均值。由于有 $E(u)=0$ 的假定（古典线性回归模型的假设条件 3），故对（6－29）式两边取数学期望，得 $E(\hat{\beta})=\beta$，即 $\hat{\beta}$ 的均值就是 β。

（2）$\hat{\beta}$ 的方差

现在计算 $\hat{\beta}$ 的方差。在（6－29）式中，对于 $i=1,2,\cdots,n,(X_i-\bar{X})$ 均为非随机数，且与 u_i 无关。因此，有以下结果：

$$\sigma_{\hat{\beta}}^2=\operatorname{var}(\hat{\beta})=\frac{1}{\left(\sum_{i=1}^{n}(X_i-\bar{X})^2\right)^2}\operatorname{var}\left[\sum_{i=1}^{n}(X_i-\bar{X})u_i\right]$$

即

$$\sigma_{\hat{\beta}}^2=\operatorname{var}(\hat{\beta})=\frac{\sigma^2}{\sum_{i=1}^{n}(X_i-\bar{X})^2} \qquad (6-30)$$

因此 $\hat{\beta}$ 服从均值为 β，方差为 $\sigma_{\hat{\beta}}^2$ 的正态分布，其中 $\sigma_{\hat{\beta}}^2$ 由（6－30）决定。对 $\hat{\beta}$ 标准化后，有：

$$\frac{\hat{\beta}-\beta}{\sigma_{\hat{\beta}}}=\frac{\hat{\beta}-\beta}{\sigma\Big/\sqrt{\sum(X_i-\bar{X})^2}}\sim N(0,1) \qquad (6-31)$$

但是，（6－31）式中的 σ 仍是未知的，因此用下面（6－32）式的 $\hat{\sigma}$ 来代替 σ。

$$\hat{\sigma}^2=\frac{\sum\hat{u}_i^2}{n-2} \qquad (6-32)$$

式中 $\hat{u}_i=Y_i-\hat{\alpha}-\hat{\beta}X_i$。这里直接给出了（6－32）式，公式的证明请参阅

计量经济学教科书。[①] 因此，得：

$$\frac{\hat{\beta}-\beta}{\hat{\sigma}\Big/\sqrt{\sum_{i=1}^{n}(X_i-\bar{X})^2}} \sim t_{n-2} \qquad (6-33)$$

即统计量 $\frac{\hat{\beta}-\beta}{\hat{\sigma}\Big/\sqrt{\sum_{i=1}^{n}(X_i-\bar{X})^2}}$ 服从于自由度为 $n-2$ 的 t 分布。

记

$$\hat{\sigma}\Big/\sqrt{\sum_{i=1}^{n}(X_i-\bar{X})^2} = se(\hat{\beta})$$

式中 $se(\hat{\beta})$ 表示估计量 $\hat{\beta}$ 的标准差。因此（6－33）式可以写成：

$$\frac{\hat{\beta}-\beta}{se(\hat{\beta})} \sim t_{n-2}$$

（3）t 统计量

根据上式，对 $\beta=0$ 的假设做检验时，t 统计量就是

$$t = \frac{\hat{\beta}}{se(\hat{\beta})} \qquad (6-34)$$

（6－34）式表明，进行 $\beta=0$ 的假设检验时，t 统计量就是 $\hat{\beta}$ 与 $\hat{\beta}$ 的标准差的比值。因此可以根据 t 统计量的大小来判断是否接受 $\beta=0$ 的假设。

如果我们已经算出 t 值，根据 t 值那么怎样判断是接受 $\beta=0$ 的假设，还是拒绝 $\beta=0$ 的假设？严格地讲，需要根据自由度 $(n-2)$ 及不同的概率水平，查阅 t 分布表，确定临界值，然后将 t 的实际计算值与临界值比较而做出结论。例如，当自由度为 14 时，t 值不小于 1.761 的概率为 5%；不小于 2.145 的概率为 2.5%。其意义是，如果对样本数为 16 的某个线性回归方程，其参数估计值 $\hat{\beta}$ 的 t 值计算结果为 2，则 $\beta=0$ 的概率处在 2.5% 至 5% 之间。如果这是一个可以接受的概率水平，那么就认为“β 不为零”为真。

严格地讲，对于不同的自由度和概率水平，需要查 t 分布表，以得到对应的 t 临界值，然后根据 t 的实际计算值与临界值的大小比较，得出是否接受或拒绝 $\beta=0$ 的假设。如果手头没有 t 分布表，则可按经验做粗略的判断。即大体上以 $t=2$ 为分界点，就是当算出的 t 值大于 2 时就可认为拒

① 可参见 Jeffery M. Wooldridge 著《计量经济学导论——现代观点》，中国人民大学出版社 2003 年版，第 52 页。

绝 $\beta=0$ 之假设的概率是高的，而 t 值越大，拒绝的显著性越大；如果 t 值小于 2，则做出拒绝 $\beta=0$ 之假设就需要小心。注意，这仅是一种经验，严格的做法还是要按有关程序进行。

4. D－W 检验

线性回归模型的误差项 $\hat{u}_i$ 之间是否存在自相关，可用 D－W 检验来判断。对此我们只作简要的介绍，略去具体的推导与证明。

D－W 检验是由德宾（Durbin）和沃特森（Watson）提出的检验方法。该检验要求计算出如下的 d 统计量

$$d=\frac{\sum_{i=2}^{n}(\hat{u}_i-\hat{u}_{i-1})^2}{\sum_{i=1}^{n}\hat{u}_i^2} \tag{6-35}$$

式中 $\hat{u}_i=Y_i-\hat{\alpha}-\hat{\beta}X_i$。可见，$d$ 统计量是依次残差之差的平方和，同残差平方和的比值。大样本下 d 统计量可近似地为：

$$d\approx 2(1-\hat{\rho}) \tag{6-36}$$

其中，

$$\hat{\rho}=\frac{\sum_{i=2}^{n}\hat{u}_i\hat{u}_{i-1}}{\sum_{i=1}^{n}\hat{u}_i^2} \tag{6-37}$$

$\hat{\rho}$ 是自相关系数 ρ 的估计量。由于 $|\rho|\leqslant 1$，故有 $0\leqslant d\leqslant 4$。有如下情况：（1）当 $\rho=-1$ 时，$d=4$，这时存在完全负相关；（2）当 $\rho=0$ 时，$d=2$，这时不存在自相关；（3）当 $\rho=1$ 时，$d=0$，这时存在完全正相关。可见 d 值越接近于 2，也就越接近于没有自相关。

对于参数 α 的情况，利用（6－11）式的关系式 $\hat{\alpha}=\bar{Y}-\hat{\beta}\bar{X}$ 可进行同样的讨论，这里不再赘述。以下只写出 $\hat{\alpha}$ 的方差和标准差的计算公式：

$$\text{var}(\hat{\alpha})=\frac{\sum X_i^2}{n\sum x_i^2}\sigma^2$$

$$se(\hat{\alpha})=\sqrt{\text{var}(\hat{\alpha})}$$

案例学习 6－3：关于计量经济模型表现形式的记法

由于计量经济模型涉及许多估计和检验的参数，因此如何展示一个计

量经济模型，也是一个需要注意的问题。关于计量经济模型表现形式的记法，目前一般习惯于如下的表示方式：

$$
\begin{aligned}
\mathrm{LOG(CONSUME)} = {} & \underset{(1.95)}{2.034} + \underset{(3.91)}{0.423} \times \mathrm{LOG(INCOME)} + \underset{(2.15)}{0.113} \times \mathrm{LOG(SAVE(-1))} \\
& + \underset{(26.2)}{1.356} \times \mathrm{LOG(PRICE)} - \underset{(-2.1)}{0.076} \times \mathrm{LOG(INTEREST)}
\end{aligned}
$$

$R^2 = 0.999$； DW = 1.73； 样本期：1978—1997

CONSUME：	居民实际消费
INCOME：	居民实际收入
SAVE（－1）：	滞后一期的实际储蓄存款
PRICE：	价格
INTEREST：	利息率

（以上方程仅是示意，不代表实际经济意义与实际的估计结果。）

可见，除写出具体模型方程外，一般还给出 R^2、D－W 检验值、数据的样本期以及 t 检验值这几项。上述方程中括号内的数字为对应变量的 t 检验值。也就是说，如果不特别加以声明，方程中变量下方所对应括号内的数字就是 t 检验值。同时，还需注明方程中各变量的具体含义。当然，对特殊情况可采用特殊的记法，而没有严格的规定。

第四节 关于计量经济分析软件

从上面可以看到，即使是一元线性回归方程的估计与检验，用手工方式来完成也是很繁琐的。为了解决计算问题，适用于计算机的计量经济分析软件应运而生。计量经济分析软件极大地提高了建立与应用计量经济模型的效率，对计量经济模型的发展起到了十分重要的促进作用。熟练地掌握一种计量经济分析软件，已成为建立与应用计量经济模型的必要条件。以下简要介绍有关的计量经济分析软件的情况。

1. TSP 与 EViews

TSP 是较早进入中国的计量经济分析软件。1981 年，美国 QMS 公司

（Quantitative Micro Software）和国际 TSP 公司（TSP International）合作开发出 Micro TSP 软件。这里 TSP 的含义是 Time Series Processor。当时为区别于大型机上的 TSP，这个面向微型计算机开发的 TSP 因此称为 Micro TSP。这几乎是第一个面向微型计算机用户开发的计量经济分析软件。

1983 年 QMS 公司和国际 TSP 公司分离。Micro TSP 继续由 QMS 公司经营，而国际 TSP 公司则在 1985 年开始发行 PC TSP。1994 年 QMS 公司开始发行 EViews 1.0，这实际就是 Micro TSP 的 Windows 版本，也可以说是 TSP 的替代品。到 2005 年，EViews 的最新版本是 EViews 5.1。

EViews（Econometric Views）目前已成为当今最流行的计量经济分析软件之一。它在一般统计分析、时间序列估计和预测、横截面数据和面板数据分析、大型模型求解、做图以及简单的数据管理等方面，都具有强大的功能。

虽然 EViews 是 TSP 的替代产品，但在功能上两者基本相同。两者的最大区别是，TSP 软件基于 DOS 操作系统，而且主要是通过特制的命令来实现操作；而 EViews 软件则在 Windows 环境下运行，更多地使用菜单和窗口方式，使有关的操作变得易学易用。但 TSP 软件的容量很小，只有 1M 多，通过命令语言的操作具有直接性和效率性。

关于两个软件的进一步了解，可以访问它们的网站：

Eviews：http://www.eviews.com；

TSP：http://www.tspintl.com。

2. PcGive

PcGive 是由牛津大学 Jurgen A. Doornik 及 David F. Hendry 所开发研制的，PcGive 是一套交谈式的计量经济模型软件，它提供广泛的有关估计和检验程序，如从基本的最小二乘法到协整分析等。PcGive 的主要特色是在建立协整经济模型方面。同时也包括其他一般的计量经济分析技术，例如横截面数据的回归、非线性模型、向量自回归、GARCH 模型和面板数据模型和 X-11 季节调整等。

关于 PcGive 的进一步了解，请访问 PcGive 的网站：

PcGive：http://www.oxmetrics.com；

http://www.pcgive.com/。

3. SAS

SAS 系统全称为 Statistics Analysis System，最早由北卡罗来纳大学的两位生物统计学研究生编制，并于1976年成立了SAS软件研究所，正式推出了SAS软件。SAS软件系统最早的功能限于统计分析，但发展很快，现在已成为用于决策支持的大型集成信息系统。不过统计分析功能也仍是它的重要组成部分和核心功能。目前SAS的用户遍及金融、医药卫生、生产、运输、通信、政府和教育科研等各个领域。

由于SAS系统是从大型机上的系统发展而来，因此其操作至今仍以编程为主，人机对话界面不太友好，并且在编程操作时需要用户最好对所使用的统计方法有较清楚的了解，非统计专业人员掌握起来较为困难。而且，SAS极为高昂的价格使个人用户较少问津。关于SAS软件的进一步了解，可以访问SAS的网站：

SAS：http://www.sas.com/。

4. SPSS

SPSS是Statistical Package for the Social Sciences的缩写，即“社会科学统计软件包”。SPSS是世界上最早的统计分析软件，由美国斯坦福大学的三位研究生于20世纪60年代末研制，同时成立了SPSS公司。1984年推出统计分析软件微机版本SPSS/PC+，开创了SPSS微机系列产品的开发方向。目前在通信、医疗、银行、证券、保险、商业和市场研究等诸多领域都有广泛的应用，是使用较为广泛的专业统计软件之一。关于对SPSS软件的进一步了解，请访问SPSS的网站：

SPSS：http://www.spss.com/。

有关的软件还很多，这里不便一一介绍。以下提供有关计量经济分析软件有关的网站地址，以供有兴趣者访问以进一步了解。列表如下：

表6-4 一些计量经济分析软件网站

软件名称	网站	说明
X-12-ARIMA	Http://www.census.gov/srd/www/x12a/	季节调整软件,免费下载
Stata	Http://www.stata.com/	统计软件
BUGS, WinBUGS	Http://www.mrc-bsu.cam.ac.uk/bugs/	利用Gibbs样本的贝叶斯分析
Fortran77等	Http://www.lahey.com	Fortran语言
GAUSS	Http://www.aptech.com	数学与统计软件
JMulTi	Http://www.jmulti.com/	Java的时间序列分析

续表

软件名称	网站	说明
LIMDEP	http://www. limdep. com	限值因变量、横截面、面板数据分析
MATLAB	http://www. mathworks. com/products/matlab/	数学计算和数据处理等
R	http://www. r - project. org	统计计算与做图，免费下载
RATS	http://www. estima. com	时间序列回归分析
SCA	http://www. scausa. com	计量经济分析
S - PLUS	http://www. insightful. com	高级统计分析
STAMP	http://stamp - software. com	时间序列模型、结构时间序列模型
Econometric Software Links Econometrics Journal	http://www. feweb. vu. nl/econometriclinks/software. html	分类的各种计量经济学软件网址

案例学习 6-4：计量经济分析软件的三种类型

目前计量经济分析软件有很多种，大体可分为以下三种类型：低级语言形式的软件；高级语言形式的软件；套装软件（software packages）。

低级语言形式的软件如 Fortran77、Fortran90 和 Fortran95 及 C 语言等。低级语言即指机器语言和汇编语言，其中机器语言是硬件唯一能直接理解的语言。通过这种低级语言编程可编译成可执行文件。由于低级语言直接面向计算机发出操作指令，因此通常具有较高的运行效率。但是，这要求专业性和技术性的程度较高，不适合非专业人员使用。

高级语言形式的软件如 MATLAB、Gauss 和 S-plus 等软件。这些软件已开发出一定的内部指令与功能模块，因此只需要进行较少的编程，而且编程的难度也大幅度降低，但效率不如低级语言，而且程序一般不能编译成可执行文件。

套装软件是不需要用户进行编程而可以直接使用的软件。对用户而言，套装软件就像一个包裹（packages），用户无法了解内部运算的细节情况，而是给出指令就可得到结果。现在被广为接受的主要就是这种套装软件。如目前流行的 EViews、PcGive、SAS 和 SPSS 等，都是套装软件。

目前可供选择的计量经济分析软件很多，但这些软件各具特色，不存在哪个是最好的问题。适合于自己的，能够满足经济分析要求的，就是最好的。不是一个软件的功能越强大、功能越全就越好。每个人的使用习惯不同、偏好不同，可以支付的成本也不同，因此并不存在按统一标准的最好的软件。

附录 6－1：关于 $\hat{\beta}$ 另一表达式的证明

现证明 $\hat{\beta}=\dfrac{\sum_{i=1}^{n}(X_i-\bar{X})(Y_i-\bar{Y})}{\sum_{i=1}^{n}(X_i-\bar{X})^2}$。

证明：$\hat{\beta}$ 的分子为：

$$\sum_{i=1}^{n}(X_i-\bar{X})(Y_i-\bar{Y})$$
$$=\sum_{i=1}^{n}(X_i-\bar{X})Y_i-\sum_{i=1}^{n}(X_i-\bar{X})\bar{Y}$$

上式中 $\sum_{i=1}^{n}(X_i-\bar{X})\bar{Y}$ 这一项为零：

$$\sum_{i=1}^{n}(X_i-\bar{X})\bar{Y}=\bar{Y}\sum_{i=1}^{n}(X_i-\bar{X})=\bar{Y}(\sum_{i=1}^{n}X_i-n\bar{X})=\bar{Y}(n\bar{X}-n\bar{X})=0 \tag{6-38}$$

因此，对此式进行推导：

$$\sum_{i=1}^{n}(X_i-\bar{X})(Y_i-\bar{Y})=\sum_{i=1}^{n}(X_i-\bar{X})Y_i \tag{6-39}$$

于是

$$\sum_{i=1}^{n}(X_i-\bar{X})(Y_i-\bar{Y})$$
$$=\sum_{i=1}^{n}(X_i-\bar{X})Y_i$$
$$=\sum_{i=1}^{n}(X_i-\bar{X}Y_i)$$
$$=\sum_{i=1}^{n}(X_iY_i-\bar{X}\sum_{i=1}^{n}Y_i)$$
$$=\sum_{i=1}^{n}(X_iY_i-n\bar{X}\bar{Y})$$

$\hat{\beta}$ 的分母为

$$\sum_{i=1}^{n}(X_i - \overline{X})^2$$

$$= \sum_{i=1}^{n}(X_i^2 - 2X_i\overline{X} + \overline{X}^2)$$

$$= \sum_{i=1}^{n}X_i^2 - 2\overline{X}\sum_{i=1}^{n}X_i + n\overline{X}$$

$$= \sum_{i=1}^{n}X_i^2 - 2n\overline{X}(\frac{1}{n}\sum_{i=1}^{n}X_i) + n\overline{X}^2$$

$$= \sum_{i=1}^{n}X_i^2 - 2n\overline{X}^2 + n\overline{X}^2$$

$$= \sum_{i=1}^{n}X_i^2 - n\overline{X}^2$$

因此，根据（6－10）式有：

$$\hat{\beta} = \frac{\frac{1}{n}\sum_{i=1}^{n}X_iY_i - \overline{X}\overline{Y}}{\frac{1}{n}\sum_{i=1}^{n}X_i^2 - \overline{X}^2}$$

这样，$\hat{\beta}$ 除了可表示为（6－12）式外，还可以写为如下的（6－13）式：

$$\hat{\beta} = \frac{\sum_{i=1}^{n}(X_i - \overline{X})(Y_i - \overline{Y})}{\sum_{i=1}^{n}(X_i - \overline{X})^2} \qquad (6-13)$$

附录 6－2：关于 TSS = ESS + RSS 的证明

证明：已知

$$\text{TSS} = \sum_{i=1}^{n}(Y_i - \overline{Y})^2$$，称为总离差平方和；

$$\text{ESS} = \sum_{i=1}^{n}(\hat{Y}_i - \overline{Y})^2$$，称为回归平方和；

$$\text{RSS} = \sum_{i=1}^{n}(Y_i - \hat{Y})^2$$，称为残差平方和。

现证明三者之间有如下的关系：

$$\text{TSS} = \text{ESS} + \text{RSS} \qquad (6-17)$$

首先，有：

$$Y_i - \bar{Y} = Y_i - \hat{Y}_i + \hat{Y}_i - \bar{Y}$$

因此

$$\sum_{i=1}^{n}(Y_i - \bar{Y})^2 = \sum_{i=1}^{n}(Y_i - \hat{Y}_i + \hat{Y}_i - \bar{Y})^2$$

$$= \sum_{i=1}^{n}(Y_i - \hat{Y}_i)^2 + 2\sum_{i=1}^{n}(Y_i - \hat{Y}_i)(\hat{Y}_i - \bar{Y}) + \sum_{i=1}^{n}(\hat{Y}_i - \bar{Y})^2 \tag{6-40}$$

对此式等号右边的中间项推导如下:

$$\sum_{i=1}^{n}(Y_i - \hat{Y}_i)(\hat{Y}_i - \bar{Y})$$

$$= \sum_{i=1}^{n}[(Y_i - \hat{\alpha} - \hat{\beta}X_i)(\hat{\alpha} + \hat{\beta}X_i - \bar{Y})]$$

$$= \sum_{i=1}^{n}[(Y_i - \hat{\alpha} - \hat{\beta}X_i)\hat{\alpha} + (Y_i - \hat{\alpha} - \hat{\beta}X_i)\hat{\beta}X_i - (Y_i - \hat{\alpha} - \hat{\beta}X_i)\bar{Y}]$$

$$= \hat{\alpha}\sum_{i=1}^{n}(Y_i - \hat{\alpha} - \hat{\beta}X_i) + \hat{\beta}\sum_{i=1}^{n}(Y_i - \hat{\alpha} - \hat{\beta}X_i)X_i - \bar{Y}\sum_{i=1}^{n}(Y_i - \hat{\alpha} - \hat{\beta}X_i)$$

上式中, 等号右边的第一项为零:

$$\sum_{i=1}^{n}(Y_i - \hat{\alpha} - \hat{\beta}X_i) = n\bar{Y} - n\hat{\alpha} - n\hat{\beta}\bar{X} = n\bar{Y} - n\bar{Y} = 0$$

根据最小二乘法, (6-9) 式成立, 即有:

$$\sum_{i=1}^{n}(Y_i - \hat{\alpha} - \hat{\beta}X_i)X_i = 0$$

(6-4) 式成立, 即有:

$$\sum_{i=1}^{n}(Y_i - \hat{\alpha} - \hat{\beta}X_i) = 0$$

从而, 得:

$$\sum_{i=1}^{n}(Y_i - \hat{Y}_i)(\hat{Y}_i - \bar{Y}) = 0$$

这样, (6-40) 式就变为:

$$\sum_{i=1}^{n}(Y_i - \bar{Y})^2 = \sum_{i=1}^{n}(Y_i - \hat{Y}_i)^2 + \sum_{i=1}^{n}(\hat{Y}_i - \bar{Y})^2$$

即:

$$\text{TSS} = \text{ESS} + \text{RSS}$$

本章小结

1. 计量经济学是利用统计、数学和经济有关理论发展起来的一种经济分析理论与方法；基于数据建立经济变量间的关系，是建立计量经济模型的核心问题。

2. 线性回归模型在计量经济理论中具有特殊的重要地位，一方面它是一种比较简单的计量经济模型，另一方面相当多的非线性模型都可以转化为线性回归模型来处理，因此线性回归模型是应用较为广泛的计量经济模型。

3. 最小二乘法是计量经济理论中一种经典估计方法；最小二乘法得到的有关结果具有一些理想的理论性质，若满足所有古典线性回归模型的基本假定条件，则在无偏估计量中，最小二乘法估计具有最小方差性。

4. 计量经济分析软件极大地提高了建立与应用计量经济模型的效率，对计量经济模型的发展起到了十分重要的促进作用。因此掌握好一种计量经济分析软件，同样是学习与应用计量经济模型的重要基础。

思考题

一、名词解释

(1) 估计值　(2) 一元线性回归方程
(3) 多元线性回归方程　(4) 样本回归
(5) 套装软件　(6) 总离差平方和
(7) 回归平方和　(8) 残差平方和
(9) 判定系数

二、简答题

(1) 简述在计量经济模型中所说的历史分析与模型分析的区别。
(2) 简述判定系数与相关系数之间的关系。
(3) 简述古典线性回归模型的基本假设内容。
(4) 简述在计量经济模型中 t 检验的作用。
(5) 简述在计量经济模型中 D－W 检验的作用。
(6) 简述总离差平方和、回归平方和与残差平方和之间的关系。

三、论述题

(1) 论述计量经济模型主要有哪几方面的应用。
(2) 论述最小二乘法的基本原理。
(3) 令一个总体回归模型的具体形式为：

$$Y = \alpha + \beta X + u$$

其中 u 为随机误差，试证明：用最小二乘法对 α 和 β 的估计结果是随机变量。

阅读参考文献

[美] 劳伦斯·克莱因：《经济计量学讲义》，航空工业出版社 1990 年版。

[美] 古扎拉蒂：《计量经济学》上、下，中国人民大学出版社 2000 年版。

李子奈、潘文卿：《计量经济学（第二版）》，高等教育出版社 2005 年版。

罗伯特·S. 平狄克、丹尼尔·L. 鲁宾费尔德：《计量经济模型与经济预测》（第四版），钱小军等译，机械工业出版社 1999 年版。

[美] 因特里格特、博德金、萧政：《经济计量模型、技术与应用》李双杰、张涛主译，中国社会科学出版社 2004 年版。

张晓峒：《计量经济学基础》，南开大学出版社 2001 年版。

张晓峒：《计量经济学软件 EViews 使用指南》，南开大学出版社 2003 年版。

黄海波：《经济计量学精要习题集》，机械工业出版社 2003 年版。

董麓：《数据分析方法》，东北财经大学出版社 2001 年版。

William E. Griffiths, R. Carter Hill, George G. Judge, *Learning and Practicing Econometrics*, Wiley, 1993.

William H. Greene, *Econometric Analysis* (*6th Edition*), Prentice Hall, 2007.

Peter Kennedy, *Guide to Econometrics* (*5th edition*), Blackwell Publishers, 2004.

David F. Hendry, *Dynamic Econometrics*, Oxford University Press, 1995.

Dennis Halcoussis, *Understanding Econometrics*, Thomson/South-Western, 2005.

Kenneth G. Stewart, *Introduction to Applied Econometrics*, Thomson Brooks/Cole, 2005.

Russell Davidson, James G. MacKinnon, *Econometric Theory and Methods*, Oxford University Press, 2004.

Marno Verbeek, *A Guide to Modern Econometrics*, Wiley, 2004.

第七章 计量经济模型的建立与应用

内容提要

本章对计量经济模型的建立与应用等方面做一些介绍。首先，根据对实际经济中各种因素的考虑，对财政收入与 GDP 之间的数量关系进行估计，以展示结合现实经济中具体因素建立计量经济模型的过程。其次，基于作者的经验介绍建立计量经济模型的过程与技术细节，以指出建立经济模型过程中应注意的一些环节。最后，讲述建立宏观计量经济模型的有关问题，并给出一个宏观计量经济模型实例。本章虽以计量经济模型的建立与运用为主要论题，但其中有关建立模型的基本思想，对于理解其他类型经济模型的构建同样有借鉴意义。

第一节 财政收入与 GDP 之间数量关系再估计

要建立现实的经济模型，仅有建立模型的理论与方法是远远不够的，必须考虑现实经济中的具体因素。可以说，用标准的理论、方法得到的最佳估计方程，未必就是真实反映现实经济的模型。要建立真实而恰当反映现实经济，并满足经济分析需要的模型，就应当将有关的经济理论、现实经济中的具体因素和建立模型的理论与方法等进行有机的结合，并运用相应的建模技巧。

1. 现实经济中具体因素的考虑

在上一章，我们用线性回归方法做出了中国财政收入与 GDP 之间数量关系的估计方程。但是，在那里我们的目的仅是展示线性回归的理论与方法，故未曾考虑现实经济中的一些具体因素。现实经济中的一些具体因素与模型的变量选择、数据意义、方程形式、模型结构等都有密切关系。

应当指出，在试图建立一个能够反映现实经济情况的模型时，只停留于用数据估计方程，而不对现实经济背景进行考察，这样的做法是不可取的。只有考虑了现实经济背景因素的模型，才能具有现实的经济意义。同时，对现实经济中有关因素的考察，也将直接影响到模型变量的选择与方程形式的确定等具体问题。

下面基于对一些现实经济因素的考虑，重新考察中国财政收入与GDP之间数量关系的估计。实际上，在观察散点图6－1时不难发现，图中数据点在1993年前后开始呈现显著向上的趋势。这是否与某种具体因素有关？实际上，在1994年中国的财政体制进行了分税制改革，[①] 因此这些呈现显著向上趋势的数据点恰好是在1994年以后。

为了清楚地表现这一点，图7－1给出了1978—2003年中国财政收入的时间序列数据。从图7－1可以看到，在1978—1993年这段时期中国财政收入处在相对较低的水平上，而1994年后开始出现较大幅度的上升。可见，1994年的中国财政体制改革，似为重要的影响因素。

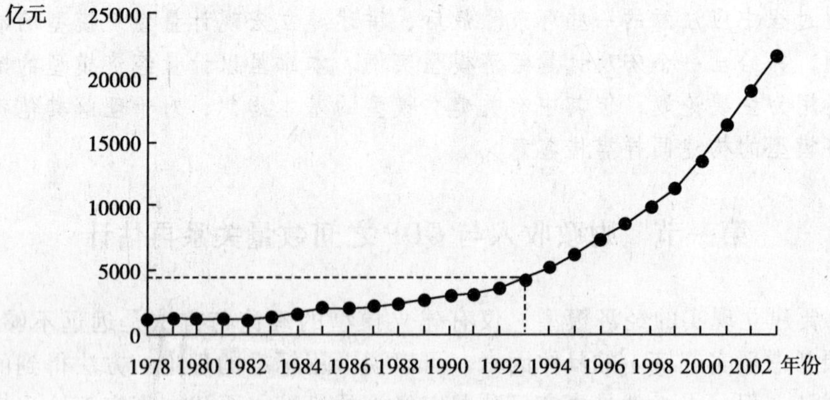

图7－1　1978—2003年中国财政收入（现价）

客观上，需要考虑的因素是很多的，但为了简化问题及突出重点，这里只考虑价格因素问题。显然，通货膨胀会使财政收入在名义上增长。这里的问题是，通货膨胀是不是构成1994年以后中国财政收入快速增长的主要原因？为了回答这个问题，可采取如下做法：在财政收入中剔除价格因素，即得到实际财政收入；如果实际财政收入的增幅依然很高，那么就可基本上确定价格因素不是决定财政收入快速增长的主要因素。

实际财政收入是一个实际经济变量。实际经济变量就是剔除了价格变

① 说明：所谓分税制是指中央政府和地方政府按事权划分税收的一种财政体制。即一些税种的税收归中央政府，而有些是归地方政府，也有些是中央和地方按一定比例共享。

动因素后的经济变量，与前面讲过的实际变量同义。称之为实际经济变量，目的是指出该变量是实际反映现实经济的变量。与实际经济变量相对，未剔除价格变动因素的经济变量称为名义经济变量，与前面讲过的名义变量同义。

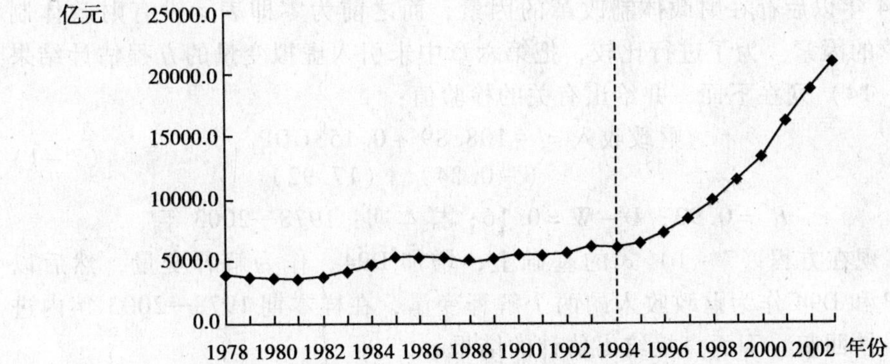

图 7－2　1978—2003 年中国实际财政收入（2000 年价）

事实上，在 1992—1995 年期间，中国的确经历了严重的通货膨胀。现在就来考察剔除价格上涨因素后的中国实际财政收入情况。将现价的财政收入数据除以 GDP 价格指数，① 即得到对实际财政收入的估计。实际财政收入如图 7－2 的曲线（以 2000 年价格水平为 1）所示。

可以看到，图 7－2 的曲线和图 7－1 的曲线有基本相同的上升趋势。也就是说，经验数据表明价格因素并不是导致 1994 年以后中国财政收入快速增长的主要原因。因此，我们可以忽略价格因素，而把财政体制改革的因素作为重点因素。

这种体制因素在模型中应如何体现？一般来说有两种办法：一是引入虚拟变量，二是在估计方程时改变数据样本区间。

然而，在以下的分析中将可看到：采用怎样的方法建立经济模型，不仅是方法或技巧问题，更是如何理解现实经济的问题。也就是说，在确定了建模方法的同时，实际上已隐含了对于现实经济的某种理解，而不管是否已意识到。

2. 虚拟变量的应用

现构造一个虚拟变量，记为 D94。D94 为时间序列变量（即随时间而

① 该 GDP 价格指数由作者自己计算，具体请见表 7－1 的数据。

取值的变量），具体定义是：

$$D94=\begin{cases}1 & \text{时间 } t \geq 1994 \text{ 年} \\ 0 & \text{时间 } t < 1994 \text{ 年}\end{cases}$$

D94 代表财政体制改革的因素。D94 在 1994 年以后取值为 1，表示 1994 年以后存在财政体制改革的因素，而之前为零即表示没有财政体制改革的因素。为了进行比较，把第六章中未引入虚拟变量的方程估计结果（6-14）列在下面，并给出有关的检验值：

$$\text{财政收入} = -108.89 + 0.153GDP \qquad (7-1)$$
$$(-0.24) \qquad (17.92)$$

$$R^2 = 0.93;\ D-W = 0.16;\ \text{样本期：1978—2003 年}$$

现在方程（7-1）式的基础上，增加 D94，作为解释变量，然后以 GDP 和 D94 作为财政收入的两个解释变量，在样本期 1978—2003 年内进行线性回归。下面直接给出估计的结果：

$$\text{财政收入} = -616.55 + 0.22GDP - 5446.04D94 \qquad (7-2)$$
$$(-1.695) \qquad (13.423) \qquad (-4.413)$$

$$R^2 = 0.96;\ D-W = 0.65;\ \text{样本期：1978—2003 年}$$

可以看到，在引入 D94 虚拟变量后判别系数从（7-1）式的 0.93 提高到 0.96，说明方程（7-2）式的拟合效果比（7-1）式有所提高，而 t 检验也可以通过。由此说明引入虚拟变量 D94 确实改善了估计的结果。

对于引入 D94 变量对估计方程的实际影响解释如下：1994 年以后 D94 的取值是 1，将 1 乘以变量 D94 的系数，其结果是影响直线方程的截距，而不影响 GDP 的系数。1994 年以后直线方程（7-2）的截距是：

$$\text{截距} = -616.55 - 5446.04 \times 1 = -6062.59$$

因此，引入 D94 的实际效果是把估计方程分为两段，在 1978—1993 年期间财政收入与 GDP 之间的数量关系用如下估计方程来解释：

$$\text{财政收入} = -616.55 + 0.22GDP \qquad (7-3)$$

而在 1994—2003 年期间财政收入与 GDP 之间的数量关系则用如下估计方程来解释：

$$\text{财政收入} = -6062.59 + 0.22GDP \qquad (7-4)$$

即（7-3）式连同（7-4）式在一起，等同于（7-2）式。从（7-3）式和（7-4）式的比较可以看到，两方程中只是截距项的数值不同，而 GDP 的系数却相同。

3. 虚拟变量 D94 的经济含义

现在来分析引入虚拟变量 D94 的经济意义。引入虚拟变量 D94 有两方面的效应：首先，引入 D94 可使 1978—2003 年期间的全部样本对直线方程的估计提供统计信息，表现为 1978—2003 年整个时期内直线方程斜率是相同的，且该斜率和不引入 D94 的（7－1）式直线方程的斜率是不相同的。其次，引入 D94 使财政收入与 GDP 之间的数量关系得以分段表示。

（7－2）式表明，引入虚拟变量 D94（财政体制变化因素）并没有在根本上改变财政收入与 GDP 的变动关系，因为在 1978—2003 年整个样本区间回归直线方程的斜率$\frac{dY}{dX}$始终是一个常数。具体说，不论是 1994 年财政体制变化之前还是变化之后，GDP 每增加一元所对应的财政收入增加量都是相同的。引入 D94 的效应只是改变了回归直线的截距，即分两段来表达财政收入与 GDP 的关系，而两段中回归直线方程的斜率$\frac{dY}{dX}$则是相同的。

因此，是否添加虚拟变量 D94 以及如何添加这种变量，实际上是涉及如何理解经济的问题。现通过下面的举例看对经济的不同理解会导致怎样不同的做法，且不论哪一种是接近于实际的。

第一种理解是，认为 1994 年的财政体制改革没有任何效应，也就是说不管有没有财政体制变动，财政收入和 GDP 都同样会是现有的数据情况。如果这样地理解经济，那么就采用（7－1）式的回归方程，这时数据样本区间就是从 1978—2003 年，且不用引入虚拟变量 D94。

第二种理解是，认为 1994 年的财政体制改革是有效应的，但不是本质的效应，即不改变财政收入与 GDP 的变动关系，也就是不改变$\frac{dY}{dX}$之值。这时，以截距项形式引入 D94，即直线方程截距发生变化，结果是对财政收入与 GDP 之关系进行分段解释。

第三种理解是，认为财政体制变动从根本上改变了财政收入与 GDP 的关系，即使$\frac{dY}{dX}$发生变化。这时，可以有两种做法，一种是改变估计方程的样本区间，即丢弃 1993 年以前的数据，这意味着认为 1993 年以前的样本数据并不反映 1994 年以后的财政收入与 GDP 的关系。另一种做法是通过添加虚拟变量以改变斜率。为此可采用如下的方程形式进行估计：

$$财政收入 = C + \alpha GDP + \beta(D94 \times GDP)$$

其中 C、α 和 β 为待估计系数。对如此引入虚拟变量的做法，其效应是分段采用不同的斜率。

是否引入虚拟变量 D94，还与所确定的模型目的有直接关系。例如，如果模型的目的是通过 GDP 预测未来的财政收入，那么对未来财政收入与 GDP 关系的理论判断就是非常重要的。如果判断的结果认为未来财政收入与 GDP 的关系不含任何的 1994 年以前的财政收入与 GDP 关系的信息，那么就可完全抛弃 1994 年之前的数据。具体的做法是改变方程估计的样本区间。但是，如果模型的目的是为了对 1994 年财政体制改革的效应进行模拟分析，那么引入虚拟变量 D94 就是必要的了。

从纯数学上看，被估计的方程本身并不确定 D94 是代表财政体制改革因素，还是代表别的什么因素。对被估计方程来说，方程估计的结果只同 D94 的数值有关。可见，对 D94 的经济意义的理解具有很强的人为因素。因此，对经济的不同理解可能会导致采用不同的建模方法。本书始终强调要用经济理论指导建模，用经济意义把握建模，其道理就在于此。

4. 虚拟变量的系数和符号的含义

需要注意的是，不能因为（7－2）式中 D94 的系数是负号，就认为财政体制改革的效应是负的效应。其道理在于，D94 的作用只是分段解释财政收入与 GDP 之间的关系。

实际上，虚拟变量取值为 0 或 1，只是指明适用于所有“无或有”这种二选一的情况。实际上只要是采用两个不同的数表示即可，而不一定非采用 0 或 1 不可。例如，将 D94 中的 1 改取值为 102（或其他某一常数），将 0 改取值为－12（或其他某一常数），即得如下取值的虚拟变量 D94：

$$\text{D94}=\begin{cases}102 & \text{时间 } t\geqslant 1994 \text{ 年}\\ -12 & \text{时间 } t<1994 \text{ 年}\end{cases}$$

如果采用如上定义的 D94，则（7－2）式的回归结果变为：

$$\text{财政收入} = -5489.33 + 0.22\text{GDP} + 47.77\text{D94} \qquad (7-5)$$
$$(-1.695) \quad (13.423) \quad (-4.413)$$

$$R^2=0.96;\ \text{D-W}=0.65;\ \text{样本期：1978—2003 年}$$

从表面上看，（7－5）式与（7－2）式不一致，但稍加分析就会发现两者实际上是完全一样的。具体看，$t\geqslant 1994$ 年时把 D94＝102 代入（7－5）式，回归方程（7－5）式中的截距为：

$$\text{截距} = -5489.3312 + 47.772317\times 102 = -616.555$$

$t<1994$ 年时把 D94 = −12 代入（7−5）式，回归方程（7−5）式中的截距为：

$$截距 = -5489.33 + 47.77 \times (-12) = -6062.6$$

这个结果与（7−2）式中的截距是一样的。（7−5）式中 GDP 系数和各个检验值与（7−2）式中都是一样的。因此（7−5）式与（7−2）式实际上是完全一致的。

此时，（7−5）式中 D94 的符号为正号，而在（7−2）式中为负号，由此说明不能用 D94 的符号来判断财政体制改革的正负效应。不能因为在（7−2）式中 D94 的符号为负就认为 1994 年财政体制改革具有负效应，同样也不能因为在（7−5）式中 D94 的符号为正就认为 1994 年财政体制改革具有正效应。

D94 的影响效应可通过对其他变量的系数的影响而体现出来。例如，在没有引入 D94 时，（7−1）式的回归直线方程中 GDP 的系数是 0.153，而在引入 D94 后（7−2）式的回归直线方程中 GDP 的系数是 0.22，即此系数明显提高了。也就是说，如果没有考虑财政体制的变动，估计的结果是 GDP 增加 1 元可以增加 0.153 元的财政收入；而如果考虑财政体制变动因素后，估计的结果是 GDP 增加 1 元可以增加 0.22 元财政收入。这表明考虑财政体制变化因素后，等量的 GDP 可带来更多的财政收入，由此说明财政体制改革的因素具有正效应。

5. 改变估计样本区间

如前面所述，构建方程同如何理解经济有很大关系。假如坚定地认为 1994 年财政体制改革以后，财政收入与 GDP 的关系已彻底改变（这里暂且不论对与错），那么在估计方程时就毫不犹豫地改变数据样本区间（放弃 1993 年以前的数据），而将样本期取为 1994—2003 年。改变样本区间后的估计结果如下面（7−6）式所示：

$$\begin{aligned} 财政收入 = {} & -8880.82 + 0.254\text{GDP} \\ & (-5.587) \quad\ (13.484) \end{aligned} \tag{7-6}$$

$R^2=0.956$；D−W = 0.61；样本期：1994—2003 年

从（7−6）式可以看到，直线方程的斜率（0.254）有所增大，但判别系数（0.956）并没有达到（7−5）式的水平。因此，可尝试舍弃 1994 年的数据，即认为在 1994 年当年财政体制改革的效应还没有显现出来，真正发生效应是从 1995 年开始，因此用 1995—2003 年的样本数据再进行估计。估计的结果如（7－7）式所示。可以看到，R^2 的数值为0.983，即拟合效果得到了进一步改善，直线方程的斜率（0.285）也进一步有所增大。

$$\text{财政收入} = -11759.371 + 0.285GDP \quad (7-7)$$
$$(-5.587) \quad (13.484)$$

$R^2=0.983$；D－W＝1.05；样本期：1995—2003 年

6. 灵活地理解模型的重要性

上面一系列不同情况下的回归结果都证明，1994 年中国财政体制改革是成功的。从上述回归方程看，当引入 D94 这个虚拟变量时，回归方程中 GDP 变量的系数以及判别系数都提高了。但是，我们应该清楚地知道，单纯得到一个好的估计方程并不是建模的目的；用模型有效解决经济分析的有关问题，才是建立经济模型的意义所在。

例如，以预测为目的同以政策模拟为目的，两者对于方程的设计与取舍有不同的标准。如果建模的目的是要用 GDP 预测未来的财政收入，则一个关键点是：需要对未来财政收入与 GDP 之间关系的变动趋势进行理性的判断。假如你认为 1994 年财政体制改革后财政收入的快速增长，只是几年内的短期效应，而从长期来看财政收入与 GDP 之间的关系将回到 1994 年以前的数据关系上。如果是这样的判断，那么在估计方程时就不应放弃 1994 年以前的数据。如果放弃了 1994 年以前的数据，就意味着 1994 年以后的短期内数据关系将长期持续下去，即意味着财政收入在短期内相对快速增长的趋势将持续下去，由此可能会导致相对高的预测结果。具体说，在上述财政收入与 GDP 之间关系的各个估计中，（7－7）式的估计效果是最好的，但如果用（7－7）式的方程进行预测，就很可能导致对未来财政收入水平的过高估计。如果建模的目的不是预测未来，而是进行历史的模拟分析，模拟有或没有 1994 年财政体制改革的效应，这时就不应放弃 1994 年以前的数据。

总之，建模目的不同，适于采用的模型就可能不同；估计效果为最好的方程，未必就是最真实反映实际经济的方程；而最真实反映实际的方程，未必是用于预测目的的最好方程。换句话说，如果一个方程适合于预测，那么该方程可能未必适合于政策分析。因此，不能期望有一个固定的模型可以适合所有目的的分析或预测。为什么一些人能有效地运用模型，而另一些人则不能，关键在于是否理解模型的“真谛”。即建模需要灵活把握，而不是一劳永逸的。一些人把建模简单地理解为要找到一个估计效果最好的方程，这实际上是一种误解。

7. 财政收入与 GDP 之间对数线性关系的估计

上面的讨论，只限于一元线性回归方程的估计。现拓宽我们的建模思路。在此有两个问题需要考虑，一是方程是否有其他的可选择的具体形式，二是还是否需要引入新的解释变量。

当然，对财政收入更为精确的估计需要建立具有一定规模的模型。本书第八章对此问题将有专门的讨论。这里我们仅限于讨论财政收入与 GDP 之间的数量关系，而不是财政收入的预测问题。

在前面，我们所讨论的是现价计算的财政收入与 GDP 的关系，即名义变量之间的关系。这里，将用实际变量建立模型。为此，通过《中国统计年鉴》所提供的现价 GDP 数据和可比价增长率数据，可以估算出 GDP 价格指数。具体的计算方法可参见第四章提供的可比价估计方法。表 7－1 给出了数据结果。数据样本区间为 1994—2003 年。

表 7－1　　1994—2003 年 GDP 及其价格指数

年份	GDP 现价（亿元）（变量名：GDP）	GDP 价格指数（变量名：PGDP）	GDP 可比价（2000 年价格，亿元）（变量名：GDPC）
1994	46759	0.8590	54432
1995	58478	0.9722	60150
1996	67885	1.0298	65917
1997	74463	1.0379	71745
1998	78345	1.0128	77354
1999	82068	0.9902	82878
2000	89468	1.0000	89468
2001	97315	1.0118	96178
2002	105172	1.0097	104161
2003	117252	1.0299	113848

用 BUD 表示现价财政收入，用 BUDC 表示可比价财政收入，则

$$BUDC = \frac{BUD}{PGDP} \tag{7-8}$$

可以估计出如下对数线性回归方程：

$$\text{Ln}(BUDC) = -12.08 + 2.02\text{Ln}(GDPC) - 1.26\text{Ln}(PGDP) \quad (7-9)$$
$$(-29.649) \quad (46.248) \quad (-6.576)$$
$$R^2 = 0.997;\ D-W = 1.34;\ \text{样本期：1994—2003 年}$$

（7－9）式是可比价财政收入与可比价 GDP 和 GDP 价格指数之间的对数线性回归估计方程。可以看到，该方程的各项指标都可通过检验，其中判别系数达到 0.997 的水平。根据第二章的内容可知，对数线性方程中解释变量的系数就是弹性系数，因此可见 BUDC 关于 GDPC 的弹性系数为 2.02，即表明 1994—2003 年期间年均经济增长 1%，可比价财政收入年均增长 2.02%。BUDC 关于 PGDP 的弹性系数为 1.26，即表明该期间 GDP 价格指数年均上涨 1%，可比价财政收入年均下降 1.26%。

8. 一个小型的财政收入预测模型

如果以可比价 GDP 的增长率和 GDP 价格指数增长率作为外生变量，那么就可以对未来财政收入进行预测。该预测模型如下：

$$BUDC = EXP[-12.08 + 2.02\text{Ln}(GDPC) - 1.26\text{Ln}(PGDP)] \quad (7-10)$$
$$GDPC = GDPC(-1)(1+G) \quad (7-11)$$
$$PGDP = PGDP(-1)(1+P) \quad (7-12)$$
$$BUD = BUDC \times PGDP \quad (7-13)$$
$$GDP = GDPC \times PGDP \quad (7-14)$$

上述方程中 G 和 P 分别是可比价 GDP 的增长率和 GDP 价格指数增长率，它们被作为外生变量，EXP 表示自然对数为底的指数，GDPC（－1）和 PGDP（－1）中的（－1）表示滞后一期的变量。

9. 关于样本期内估计值与实际值的“对齐”

要特别注意的是，如果要进行样本期外的预测，则有必要在预测方程中加上样本最后一期的误差，即加上实际数据与回归方程计算值之差值（即 $u_i = Y_i - \hat{Y}_i$），这样就可以把模型调整到使样本最后一期的回归方程计算值与实际值完全吻合。经验表明，这样的外推预测，可以有效地提高预测精度。

对模型中的恒等式也可按以上做法进行。虽然在理论上讲是不必要的，但由于实际中存在各种原因，会使理论上相等的恒等式在实际数据上并不吻合。如在统计年鉴中也经常出现理论上恒等的加总关系由于统计误差而不能完全吻合，甚至在模型计算过程中四舍五入的计算误差也能引起此类问题。如果模型中的恒等式确实是完全吻合的，这只不过是所加上的误差项的值为零而已，也不会有别的麻烦。当然，每个人的经验不同，计量经济软件不同，因此不能一概而论。总之，要确保在实际预测时样本最后一期的计算值与实际值完全吻合。

本节最后要说明的是，直到目前我们并没有对财政收入与GDP之间数量关系的估计给出结论性结果，而主要是展示如何考虑一些问题。正如本书强调指出的，由于模型的目的、可利用的数据以及对经济的不同理解等多方面原因，实际上并不存在一个“最好”的模型，而只能是寻找适合于既定目的的模型。

第二节　建立经济模型过程中的若干环节

上一节主要是以财政收入与GDP之间数量关系的估计为例，讨论了建立一个实际的计量经济模型中的一些细节问题。在实际中，要建立一个基于实际经济的计量经济模型，并不是一上来就要估计方程，而是需要综合考虑多方面的因素，如模型的目的、数据资料情况、可利用的数学工具及软件、可投入的时间以及可支持的财力等。从模型的建立与应用等方面看，需要指出一些值得注意的重要环节。

1. 确定模型的目的

确定模型的目的是一个重要的环节。确定模型的目的就是要回答下面这样一些问题：为什么要建立模型？模型应解决怎样的问题？评判模型是否实现目标的标准是什么？等等。模型的建立与应用就是围绕模型的目的而进行的。

模型目的需要依据具体的实际情况而定，应切合实际而不能过高或过多。如果一个模型的目的确定得不恰当，那么要实现模型预期的功能通常是非常困难的，甚至是不可能的。为了恰当确定模型的目的，一方面需要对所要分析的实际问题有深刻的研究，另一方面还要对建模方面的知识有相应的了解。每类特定类型的经济模型都有其特定的适用性，因此要求所确定的模型目的，要和模型本身特点相适应及相互匹配。

2. 设计模型的结构

模型所描述的经济问题通常不是能由一个方程完成的，而需要一组方程。例如，在上一节中，即使是用 GDP 来预测财政收入，也需要从（7-10）到（7-14）这样一组联立方程才能完成。通常模型把具有一定关联的一组描述变量间数量关系的方程组合成一个系统。因此模型是一个具有特定结构的系统。

一个重要思想是，要建立一个实际经济的模型，需要系统地考虑问题，而不是就数据论数据，就方程而论方程。系统考虑即要求把有关的问题进行整体性考虑，而不是孤立地考虑。这要求对模型的结构进行设计，而模型结构通常用结构框图来表现。

如同一项工程，经济模型同样需要进行设计，其中一个重要的环节是模型结构的设计。模型结构主要是指模型所包含的主要方面或要素。例如一个宏观经济模型的结构可按产业、投资、财政及金融等方面来划分。划分模型的原则是多种多样的，如按所涉及的经济方面划分，或按不同的功能划分等。划分出的不同部分，称为模型的模块。

进行模型结构设计，在于从模型结构上考虑模型的主要和关键的方面，而不必顾及太多的细节，以起到容易对整个模型进行系统和有效控制的目的。当然，对于简单的模型如单一方程模型，模型结构设计实际上可归结为变量选择与变量关系的设计。但是，对于变量较多、规模较大的复杂模型，模型结构的设计就是一个非常重要的问题，甚至决定建模的成败。

3. 设计模型的运行机制

经济模型的运行实际是按一定的机制来运行的。所谓模型的运行机制是指决定模型变量之间相互作用关系的机理。如对 GDP 的决定，是通过生产方面决定，通过收入方面决定，还是通过供给和需求的均衡关系决定，这就是涉及模型运行机制的问题。对模型运行机制的设计，可在不同层次上来考虑。如可以按决定模块之间的关系设计模型的运行机制，也可以按决定变量之间的关系设计模型的运行机制。

通常采用模块间相互作用关系的框图来表现模型的运行机制。例如，图 7-3 是国民经济运行机制的框图。从该图可以看到，劳动力和资本决定产出，产出成果一部分用于消费，一部分用于政府购买，剩余为国民储蓄，国民储蓄一部分用于投资，剩余用于出口，而投资形成资本积累，从而再与劳动结合形成产出。可以看到，劳动力模块和资本模块对国民储蓄模块间接地发生作用。

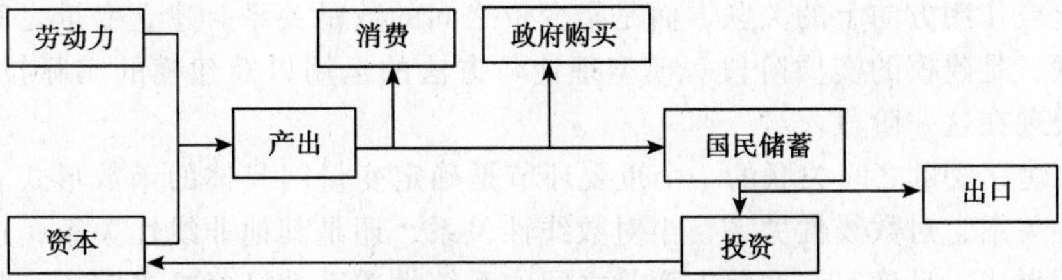

图 7－3　国民经济运行机制示意

模型机制框图只反映模型内部模块之间的相互作用的方向性关系，而不反映相互作用的细节。因此模型机制框图实际上还只是一种粗略的框图，但它却是构建模型的重要基础。这种模型机制框图有利于人们从主要方面把握模型，是模型进一步细化的前期准备。

4. 选择模型的变量

选择模型的变量是另一个重要环节。变量是模型的构成要素。模型中变量的选择应根据模型的目的、可利用的数据、可行的技术手段以及可以利用的财力和时间等因素综合决定。然而值得注意的是，并不是要把能够考虑到的所有因素都作为变量加入到模型中去。并非是模型包含的变量越多越好，而主要是看所选择的变量对提高模型解决问题的有效性是否有帮助。

现提出以下选择模型变量时可供参考的思路：（1）依据理论选择变量。一些变量之间的关系可由有关的理论明确，如消费理论表明消费取决于收入，因此在消费模型中收入应是一个重要变量。（2）依据数据上的经验选择变量。对变量的统计数据进行观察与分析后，可能会发现变量间存在数据上的关系。例如，企业销售收入与广告费用之间的数据关系，可以成为广告费用是否可以取作销售收入的一个解释变量的依据。然而对这种数据间的关系还要进行理性的分析与判断，以避免单纯依靠数据关系选择变量的做法发生失误。（3）根据法则或规定选择变量。某些变量间的关系是由某种法则、制度或规则决定的。如国民经济核算体系对许多经济变量给出了定义及对许多变量间关系作了规定。（4）根据其他的逻辑关系来选择变量。

5. 建立变量之间的关联

在建立经济模型时所讲的建立变量之间的关联，不是指变量之间在定性上或作用方向上的关联，而是指变量之间的数量关系。建立变量之间的关联，是建模的实质阶段。模型理论与方法的运用以及建模的实际技能，都表现在这一阶段。

建立变量之间关联的一个重要环节是确定变量间具体的函数形式。是线性关系，对数线性关系，半对数线性关系，还是其他非线性关系，这些函数形式一旦确定，实际上变量之间的系统性关系就已经被决定了，剩下的只是需要确定有关参数。对此，可借鉴以下的一些经验：

（1）利用已有的理论或研究成果。例如，生产函数理论中的 C－D 生产函数给出了一种具体的生产函数形式：$Y=AK^{a}L^{b}$，其中 Y 为产出、K 为资本投入、L 为劳动投入，A、a 和 b 是参数。该函数可变形为对数线性函数：

$$\ln Y=C+a\ln K+b\ln L$$

因此在建立与生产或投入产出有关变量之间的关联时，在具体的关系形式上就可参考上述的函数形式。

（2）数据经验。如果所建立的模型具有足够量的数据，那么就可以通过数据所表现出的经验来尝试建立变量间的关联。例如，可通过数据散点图进行分析、判断。需要熟知各种函数曲线的形状，可参阅本章附录 7－1 提供的一些函数曲线。

（3）利用数理经济模型。建立有关的数理经济模型，并通过一定的数学演绎推导，也是确定变量间函数关系的一种方式，而且是一种严谨的方式。这时计量经济模型的作用实际是估计数理经济模型中的参数。从理论上讲这是一种很好的方法，但这样做的难度一般较大。

（4）其他有关经验。个人的经验是非常重要的。个人经验来自于实践，而实践需要一定的时间。这里提示注意的是，对相关实际背景的考察与理解是必要的，如政策因素、制度因素或者是人为因素等，都可提供有益的信息。在集中各种信息基础上，可对变量的变化趋势进行判断，如做出上升、下降或平稳的判断，然后再看怎样的函数关系符合这种判断，从而有助于确定出合适的具体函数形式。

6. 检查相关符号与系数

在具体建立模型后，对有关的符号与系数进行检查是一必要的环节。

一些模型在理论上或在某种经验上，已经将其有关的符号与系数的合理范围确定下来，因此对有关符号与系数的检查可以有效地判断模型是否合理、是否成立的有效手段。具体说明如下：

（1）变量间关系的符号

如果从某种理论或常理上变量 Y 和变量 X 之间是正向关系，但方程估计的结果是负向关系，这就说明方程的估计结果是有问题的。如按常理经济增长与就业是正向关系，但如果估计结果是这两个变量间为负向关系，则说明此模型的估计是不合理的，除非是在某种特殊情况下能够得到合理的解释。

（2）系数

在经济模型中，有关系数的决定是模型中的精巧之处。实际中有些人模型做得好，而有些人则做不好，对有关系数的把握是一个重要的环节。例如，对如下的对数线性方程而言，

$$\ln y = a\ln x_1 + b\ln x_2 + c \quad (7-15)$$

如果要使 y 随 x_1 和 x_2 的增大而加速增大，则要求 $a+b>1$；如果要使 y 随 x_1 和 x_2 的变动而同步变动，则要求 $a+b=1$（实际中可按尽可能接近于 1 为原则）；如果要使 y 随 x_1 和 x_2 的增大而减速增大，则要求 $a+b<1$。

上述说法有其道理：在（7－15）中，$\frac{\partial \ln y}{\partial \ln x_1}=a$，$\frac{\partial \ln y}{\partial \ln x_1}=b$，即 a 和 b 分别是 y 对 x_1 和 y 对 x_2 的偏弹性系数。如果 $a+b>1$，则当 x_1 和 x_2 按同一变化率变化时，y 的变化率将大于 x_1 和 x_2 的变化率。如果 $a+b=1$，则当 x_1 和 x_2 按同一变化率变化时，y 的变化率将等于 x_1 和 x_2 的变化率。如果 $a+b<1$，则当 x_1 和 x_2 按同一变化率变化时，y 的变化率将小于 x_1 和 x_2 的变化率。

对于线性方程 $y=mx+b$，y 与 x 的增长比率是一个固定数 m。如果 $m=1$，则 y 和 x 同量增长。如果 $m>1$，则 y 的增长将大于 x 的增长。如果 $m<1$，则 y 的增长将小于 x 的增长。

对于多元线性方程 $y=mx_1+nx_2+b$，这时主要关注的是 $m+n$ 是大于 1，等于 1，还是小于 1，其道理请读者自己思考。

有时需要有关理论的指导。如消费理论表明边际消费倾向递减，因此在消费与收入的线性方程中，边际消费倾向系数应小于 1，如果估计的结果是大于 1，则这样的结果是不合理的。

7. 对结论进行分析

在模型建立后，通过运用可以得到有关应用的结果。这时需要对有关的结论进行分析。如检验所得的结论是否符合有关的经济理论；结论是否合理；是否可在经济上得到解释等。一个好的、成功的模型通常需要经过一个反复调整和修正的过程。

第三节　关于宏观计量经济模型

宏观计量经济模型是以计量经济学理论与方法建立的宏观经济模型。实践证明，宏观计量经济模型是一种有效的研究宏观经济问题的工具。美英等发达国家早在几十年前就已广泛使用宏观计量经济模型。著名的LINK模型将一些国家的宏观计量经济模型进行连接，构成一个独特的世界计量经济模型。

宏观计量经济模型可以按不同层次及不同范围来划分。如可以有国家总体经济的宏观计量经济模型，也可以有地区模型，还可以有产业模型等。宏观计量经济模型经常被用于经济预测、经济理论评价和经济政策分析等方面，如在经济增长、产业结构、就业、通货膨胀、财政政策、货币政策、财政风险、金融风险、贸易以及社会保障等许多方面进行有关的分析、预测和评价。

宏观计量经济模型在规模大小方面具有灵活性，可根据实际的需要而定。大型的宏观计量经济模型可包含上千个方程，而小型的模型则由几个方程甚至单一方程构成，中型的模型一般有几十个方程。实际中比较常见的是中等规模的宏观计量经济模型。关于建立宏观计量经济模型的过程，可参阅上节中的有关论述。下面主要讲一些具体问题。

1. 宏观计量经济模型的结构框架

要建立一个一定规模的宏观计量经济模型，一个要点是在系统地把握模型总体的基础上设计出一个可行、合理而有效的模型结构框架。但是，切忌一上来就急于建立具体的方程。

宏观计量经济模型在本质上是对宏观经济结构的仿真描述，因此一个重要环节是决定模型的整体结构框架及模型的运行机制。需要有一定宏观经济理论指导，并结合模型的目的、可利用的数据资料及有关背景因素等多方面的实际情况确定模型的结构。一种常见的宏观经济模型结构框架是按凯恩斯一般均衡理论来构建的。

凯恩斯一般均衡理论描述了在以企业、劳动力和政府为主体的经济中，通过产品市场、劳动力市场和金融市场上实现均衡而决定产出的一种理论。图7-4是以凯恩斯一般均衡理论为基础的宏观经济模型结构框图。可以看到，图7-4的宏观经济模型结构中包含了总供给与总需求两大方面。在需求方面，总需求可分解为消费、投资、政府购买和净出口。在供给方面，劳动力供给和企业投资形成生产能力。生产要素通过市场进行配置，这些市场包括劳动力市场、货币市场、产品市场，并通过国外市场实现贸易。在经济运行过程中，收入、消费、政府税收、银行利率及价格等因素都被考虑入模型。

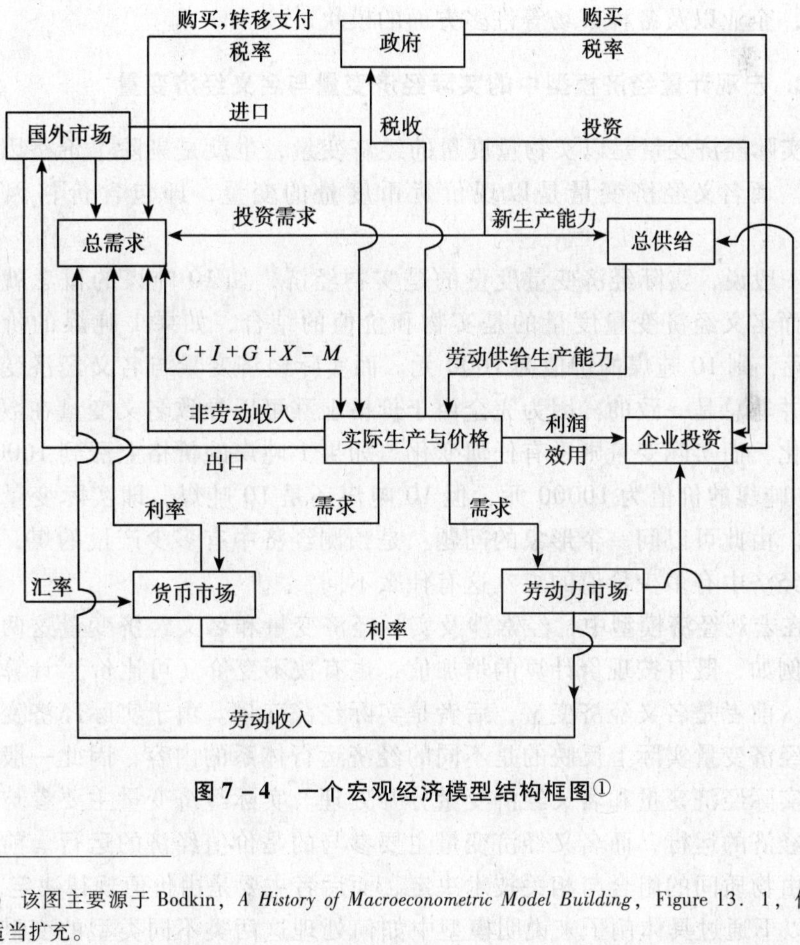

图7-4　一个宏观经济模型结构框图①

① 该图主要源于 Bodkin，*A History of Macroeconometric Model Building*，Figure 13. 1，作者进行了适当扩充。

需要说明的是，这里图 7 - 4 所展示的宏观经济模型结构框架仅是示意图，而不是一个标准。实际上也不存在一种标准的宏观经济模型结构框架。具体的宏观经济模型结构，只能根据实际的问题及实际情况来决定。

在建立比较复杂的宏观计量经济模型时，先建立一个图 7 - 4 那样的模型结构关系图是非常必要的。虽然，模型结构关系不必画得尽善尽美，甚至可以存于头脑中而不必实际画出，但模型结构框架及内部逻辑关系是一定要清晰的。

在建立复杂的宏观计量经济模型时，可按模型结构框架划分出不同的模块，以便有序安排有关的方程，并可以清晰展示模型的结构。一个涉及面较广的宏观经济模型结构，可以包含生产、劳动力、人口、资本、投资、财政、金融、贸易、能源、价格、产品、消费、储蓄、收入、区域、产业、企业以及各种市场等许多方面的模块。

2. 宏观计量经济模型中的实际经济变量与名义经济变量

实际经济变量是以实物量度量的经济变量，也就是剔除了价格因素的变量。而名义经济变量是以现价货币度量的变量，即包含价格因素的变量。

一般说，实际经济变量度量的是实物经济，如 10 吨煤的概念就是如此。而名义经济变量度量的是实物和价值的结合，如果 1 吨煤的价格为 100 元，则 10 吨煤的价值为 1000 元。而实际经济变量与名义经济变量的关系并非总是一致的。因为完全由于价格上涨可以导致名义变量在数量上的变化，而实际变量则没有任何变化。如果 1 吨煤的价格上涨到 1000 元，则 10 吨煤的价值为 10000 元，但 10 吨煤还是 10 吨煤，即实际变量没有变化。由此可以问一个形象的问题：是预测经济中有多少产量的煤，还是预测经济中有多少价值的煤？这有什么不同？

在宏观经济模型中，经常涉及实际经济变量和名义经济变量这两类变量。例如，既有按现价计算的增加值，也有按不变价（可比价）计算的增加值。前者是名义经济变量，后者是实际经济变量。由于实际经济变量和名义经济变量实际上反映的是不同的经济运行体系的内容，因此一般原则是将实际经济变量和名义经济变量分开处理。实际经济变量主要参与的是实物经济的运行，而名义经济变量主要参与的是价值经济的运行。前者主要是由物质间的组合与相关技术决定，而后者主要是由价值规律决定。

以下通过具体例子来说明模型中如何处理这两类不同类型的变量，以及如果忽略此问题会有怎样的情况出现。举例说，假设 $V1$ 表示现价计算的第一产业增加值，$V1C$ 为其可比价，$PV1$ 为其价格指数。于是有

$$V1 = V1C \times PV1 \tag{7-16}$$

按照实际经济变量和名义经济变量分开处理的原则，应分别估计 $V1C$ 和 $PV1$，然后通过（7－16）式的关系可以得到现价的 $V1$。

由于 $V1C$ 是第一产业的实际产出，因此可用生产函数理论来进行具体的估计。生产函数是从技术角度描述生产要素投入与产出的关系，一般记产出为 Y、资本投入为 K、劳动投入为 L，生产函数为 $Y=F(K, L)$。生产函数中不含价格因素。估计生产函数时可取 $C-D$ 生产函数。因此，在利用生产函数估计第一产业增加值时，应估计的是可比价计算的 $V1C$，而不是现价计算的 $V1$，否则与生产函数中实际经济变量的要求不符。

如果对生产函数 $Y=F(K, L)$ 中的变量取为现价值，这在理论上是通不过的。因为生产函数是从技术角度度量投入与产出的关系，如果用现价计算，则不能反映这种技术关系。例如，由产出价格变动而引发的产出价值量的变化，并不是由生产函数算出的结果，即与生产函数没有关系。如果所有生产要素都保持不变，只是把产出价格提高为原来价格的 10 倍，那么此时名义产出量同样比原产出量提高 10 倍，但实物量还是原来那个实物量。

对第二产业和第三产业可作同样的处理。于是，可得到如下一系列方程构成的一个宏观计量经济模型。由于这里要展示的是模型中实际经济变量与名义经济变量的分解，而不在于实际的结果，因此下面的有关函数以抽象形式给出。

模型示例一：实际经济变量与名义经济变量的分解

模型如下：

（1）$GDPC = V1C + V2C + V3C$

（2）$V1C = F_1(K1, L1)$

（3）$V2C = F_2(K2, L2)$

（4）$V3C = F_3(K3, L3)$

（5）$PV1 = P_1(M)$

（6）$PV2 = P_2(M)$

（7）$PV3 = P_3(M)$

（8）$V1 = V1C \times PV1$

（9）$V2 = V2C \times PV2$

（10）$V3 = V3C \times PV3$

（11）$GDP = V1 + V2 + V3$

在上面，$F_i(i=1, 2, 3)$ 表示相应产业的生产函数，K 和 L 分别表示资本投入和劳动投入，$P_i(i=1, 2, 3)$ 表示相应产业的价格指数，M 为某种解释变量，如货币，而 V 表示产业现价增加值。

可以看到，方程（1）至（4）是关于实际生产的模块，即体现包含实际经济变量的部分。（5）至（7）是决定价格的模块，体现的是包含名义经济变量的部分。（8）至（11）是实际经济变量和名义经济变量相结合的部分。

如果不区分实际经济变量与名义经济变量，那么预测出未来10年后的1万元现价产值，究竟代表多少实物产出，是难以评判的。因为现价计算的产出增加，可能在很大程度上是通货膨胀的结果。因此，如果没有对价格变化进行判断，整个预测就变得没有意义。因此，一般需要有价格模块。

区分实际经济变量和名义经济变量，并不意味不可用名义经济变量来解释实际经济变量，也不意味不可用实际经济变量来解释名义经济变量。这里所说的实际经济变量和名义经济变量之区分，是指模型中的系统性问题，是模块划分问题，而不是具体方程估计问题。这与具体方程的估计没有关系。

3. 宏观计量经济模型中一些常用的函数和关系式

宏观经济模型中有一些常用的函数和关系式，了解和掌握这些函数和关系式，对建立宏观计量经济模型会很有帮助。

（1）国民经济恒等式

即：

$$Y = C + I + G + NK \qquad (7-17)$$

式中 C 表示消费、I 表示投资、G 表示政府购买、NX 表示净出口。这是一个经常用到的关系式，它表示对需求的分解，是宏观经济总需求的大框架性分析。每一部分需求，可以继续往下分解，也可以直接估计，根据需要而定，这样可以将模型逐渐扩展。

模型中像（7-17）这种根据定义或规则而形成的方程称为定义式或恒等式。这种方程是依据某种定义或某种恒等关系而得到的，不需要估计。

（2）生产函数

宏观经济模型中，对生产行为的描述一般是用生产函数进行的。生产函数的具体形式是多种多样的，而常用的主要是 C－D 函数，即：

$$Y = AK^a L^b$$

式中 Y 为产出、K 为资本投入、L 为劳动投入，A、a、b 为待估计参数。注意，这里的产出 Y、资本投入 K 和劳动投入 L 均是实际变量，即都应按可比价计算。劳动投入 L 原本是用劳动小时数来度量，但在宏观经济研究中经常假定劳动力是同质的，因此每人的劳动小时数是一样的，这样对劳动投入的度量一般用劳动力人数来替代。资本投入 K 应是资本存量。

还需要注意的是，在实际应用中，经常以对数线性方程的形式来估计 C－D 函数，即估计如下的方程：

$$\ln Y = C + a\ln K + b\ln L$$

而像生产函数这样的方程在模型中称为行为方程，因为它是对经济中某种行为的具体描述。

（3）消费函数

消费是宏观经济分析中经常遇到的一个概念。相应地，消费函数在宏观经济模型中是一个重要的函数。消费理论为建立消费函数提供了理论基础。经典的消费理论是凯恩斯消费理论。满足凯恩斯消费理论的消费函数形式一般为：

$$C = \bar{C} + cY$$

式中 $\bar{C}$ 和 c 为待估计的常数，且 $0 < c < 1$。

生命周期假说（Life－Cycle Hypothesis）考虑了对退休的预期对于消费行为产生的影响，该假说认为：由于人在退休后停止工作，退休后的预期收入水平要相对下降，为保持一生的消费都是平稳的，现期消费就要从整个生命周期来安排。假定消费者的一生资源可分为初始财富 W 和一生收入 $R \times Y$，其中 R 为工作年数、Y 为年收入，假定消费者生存年数为 T。那么，在不考虑利息因素的情况下，其年度消费水平由下式决定：

$$C = (W + RY)/T$$

上式可进一步写成：

$$C = (1/T)W + (R/T)Y$$

即

$$C = \omega W + \gamma Y$$

这里 ω 为财富 W 的边际消费倾向，γ 为收入 Y 的边际消费倾向。可见，在生命周期假说中，不仅包括收入，还包括初始财富对消费的效应，也包括养老预期对消费的影响。

其他著名的消费理论还有永久收入假说（Permanent - income Hypothesis）、无限期界模型（Infinite Horizon Model）和世代交叠模型（Overlapping Generation model）等。

（4）投资与资本的关系

理论上，资本对时间的导数就是投资，即 $I=\dot{K}$，其中 I 表示投资、K 为资本，按习惯约定 $\dot{K}$ 表示 K 对时间的导数。但是在实际模型中主要是采用如下的关系式：

$$K_t = K_{t-1} \times (1-D) + I_t$$

其中 K_t 为 t 期资本存量，K_{t-1} 为滞后一期的资本存量，D 为折旧率。

4. 关于宏观计量经济模型的系统性与整体性

强调考虑宏观计量经济模型的系统性与整体性是非常重要的，因为宏观经济本身就是一个系统。除了在模型结构框架方面需要考虑模型的系统性外，还应当注意以下几个环节。

（1）方程的联立

宏观经济的系统性，表现为模型的多方程联立求解。因此，需要把分别估计出的行为方程和不需要估计的定义式方程放在一起，构成联立方程组。

（2）外生变量的决定

模型运行的过程就是输入外生变量从而输出内生变量的过程。也就是说，模型的输出结果是在一定外生变量下的结果。理论上，一个模型不宜有过多的外生变量。事实上有些外生变量的决定，可能比建立模型本身还困难。确定外生变量的一个原则是，应尽可能选择那些容易确定和把握的变量。

（3）模型的“收口”

对模型进行整体考虑时，会出现一个考虑单独方程时还顾及不到的问题，即模型系统的“收口”问题。这是指要运行整个模型，最终要落实到对有限的若干外生变量的决定。模型一旦建成，所能控制的变量只有外生变量。

（4）模型中的桥方程

为了实现模型系统的有效“收口”和模型内部的系统性连接，有时需要添加一些过渡性方程。这些方程保证模型中有关变量的过渡或联结。这种方程称为桥方程，起连接其他方程的桥梁作用。通常把模型中的桥方程集中在一起，由此形成的模块称为桥模块。

5. 模型“收口”的应用举例

现以上面的产业模型为例，来展示什么是模型的“收口”。我们看看模型示例一，发现该模型到处是“口子”，要运行该模型，需要决定各产业的资本 K、劳动 L 以及 M 这些变量的取值。然而，在下面的模型示例二中可以看到，模型可以“收口”，直到实际上只需决定一个外生变量的取值，即投资率 θ 的取值。

模型示例二：一个宏观计量经济模型（结构）及“收口”示意

模型如下：

1. 生产

（1）$GDPC = V1C + V2C + V3C + BLA$

（2）$V1C = F1(K1C,\ L1)$

（3）$V2C = F2(K2C,\ L2)$

（4）$V3C = F3(K3C,\ L3)$

（5）$V1 = V1C \times PV1$

（6）$V2 = V2C \times PV2$

（7）$V3 = V3C \times PV3$

（8）$GDP = V1 + V2 + V3$

2. 价格

（9）$PV1 = P_1(M)$

（10）$PV2 = P_2(M)$

（11）$PV3 = P_3(M)$

（12）$PGDP = GDP/GDPC$

3. 资本

（13）$K1C = K1C(-1)(1-D1) + I1C$

（14）$K2C = K2C(-1)(1-D2) + I2C$

（15）$K3C = K3C(-1)(1-D3) + I3C$

4. 投资

（16）$I1C = G_1(IIC)$

（17）$I2C = G_2(IIC)$

（18）$I3C = G_3(IIC)$

（19） $IIC = \theta \times GDPC$

5. 劳动力

（20） $L1 = H_1(L)$

（21） $L2 = H_2(L)$

（22） $L3 = H_3(L)$

6. 人口

（23） $L = H[L(-1)]$

7. 货币

（24） $M = Z(PGDP, GDPC)$

8. 桥

（25） $BLA = E[BLA(-1)]$

附：变量表

内生变量

1. *GDP*： GDP，即国内生产总值（现价）
2. *GDPC*： 可比价格计算的 GDP
3. *V1*： 第一产业增加值（现价）
4. *V2*： 第二产业增加值（现价）
5. *V3*： 第三产业增加值（现价）
6. *V1C*： 第一产业增加值（可比价）
7. *V2C*： 第二产业增加值（可比价）
8. *V3C*： 第三产业增加值（可比价）
9. *BLA*： *GDPC* 的平衡项
10. *K1C*： 第一产业固定资产（可比价）
11. *K2C*： 第二产业固定资产（可比价）
12. *K3C*： 第三产业固定资产（可比价）
13. *L1*： 第一产业劳动力数量
14. *L2*： 第二产业劳动力数量
15. *L3*： 第三产业劳动力数量
16. *L*： 总人口
17. *PV1*： 第一产业价格指数
18. *PV2*： 第二产业价格指数
19. *PV3*： 第三产业价格指数

20. *PGDP*　GDP 价格指数

21. *M*：　解释价格指数的变量，如货币供应量

22. *I1C*：　第一产业固定资产投资（可比价）

23. *I2C*：　第二产业固定资产投资（可比价）

24. *I3C*：　第三产业固定资产投资（可比价）

25. *IIC*：　全社会总固定资产投资（可比价）

其中变量后面的（-1），表示该变量滞后一期，如 *M*（-1）表示 *M* 滞后一期。

外生变量

26. θ：　投资率，即全社会固定资产投资同 GDP 的比率

27. *D1*：　第一产业折旧率

28. *D2*：　第二产业折旧率

29. *D3*：　第三产业折旧率

可以看到，模型示例二包含生产、价格、资本、投资、劳动力、人口和货币等模块。方程（1）中出现 *BLA* 项，这是因为：在可比价计算中，价格体系不同导致各产业的可比价增加值之和不等于可比价 GDP，加入 *BLA* 项就是为了使定义式成为恒等式。该模型仅是为了说明模型的“收口”而编制的例子，并不是一个实际的经济模型，解释变量的选择也是示意性的。模型示例二这种形式的模型称为结构式模型，因为它所体现的是经济的一种结构状态。

模型示例二中外生变量是投资率 θ 及三个产业的折旧率 *D1*、*D2* 和 *D3*。但是，真正可控制的外生变量实际上只有投资率 θ，因为折旧率在实际核算中是由制度决定的，而且折旧率的数值甚至在长期内都不会有太大的变化。经验证明，投资率的变化与经济的发展有一定的相关规律，因此可以参照一定的规则予以外生确定。因此，只要给定投资率 θ（此时折旧率 *D1*、*D2* 和 *D3* 已定），该模型中其他变量便全部被决定下来。这样，θ 就可作为一个政策变量进行模拟分析，即模拟不同投资率下的经济增长、产业增长及通货膨胀等情况。模型示例二的模型结构与运行机制示意图如图 7-5 所示。

评判模型中某个变量是否是外生变量，在于该变量在模型中是否被解释，如果被解释，则它是内生变量，如果没有被解释，它就是外生变量。因此，模型中处在方程左端的变量（被解释变量）一定是模型的内生变量。

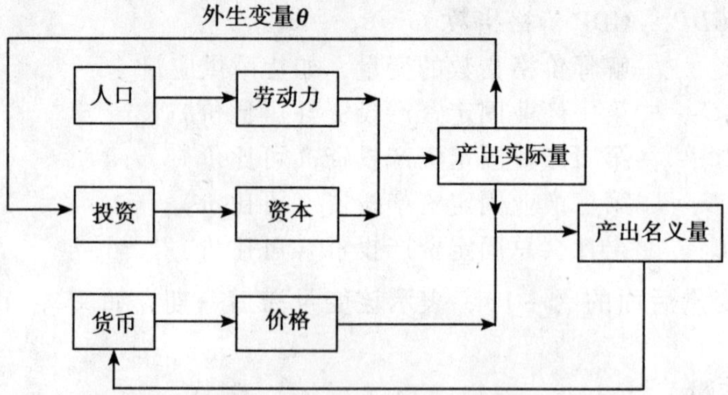

图 7－5 模型结构及运行机制（模型示例二）

附录 7－1：一些常用函数的曲线形状

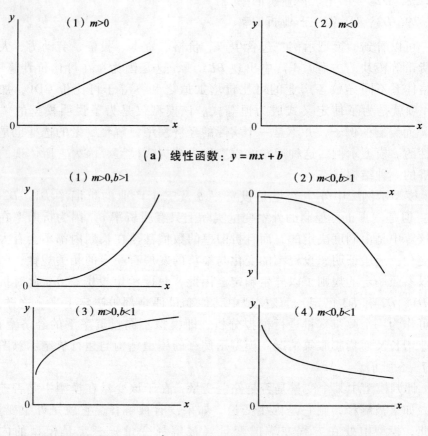

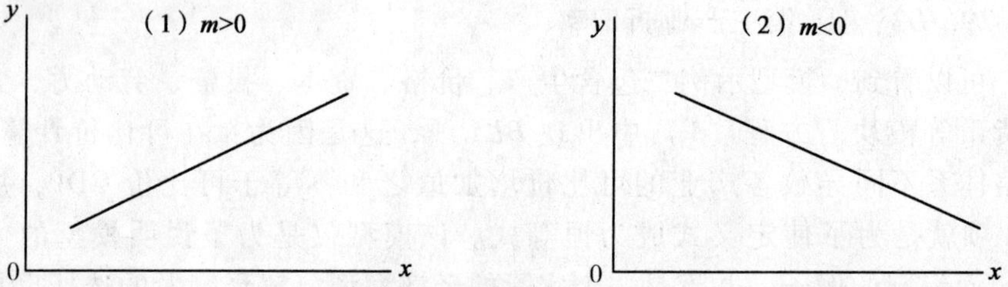

（a）线性函数：$y=mx+b$

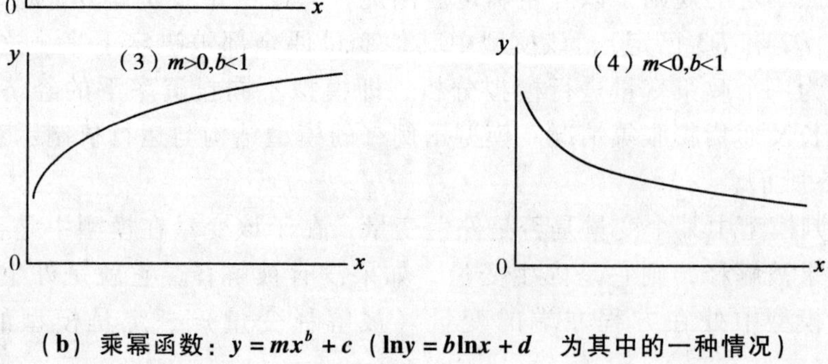

（b）乘幂函数：$y=mx^b+c$（$\ln y=b\ln x+d$ 为其中的一种情况）

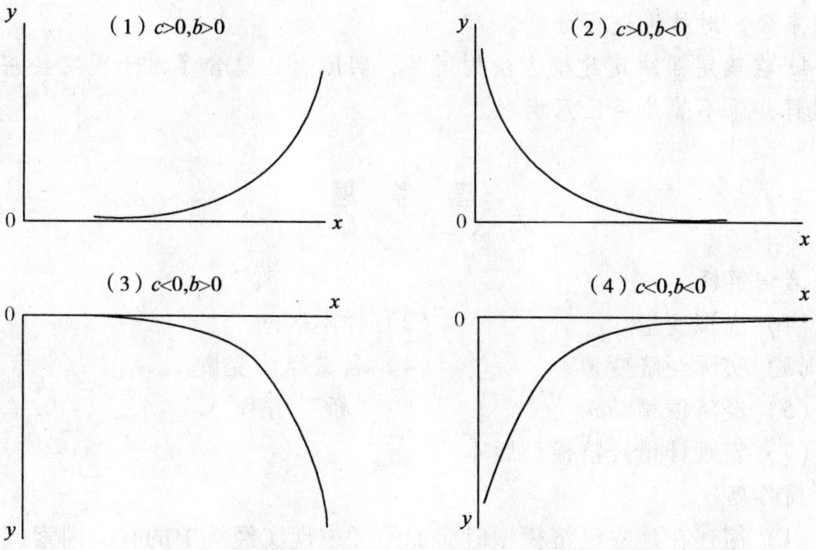

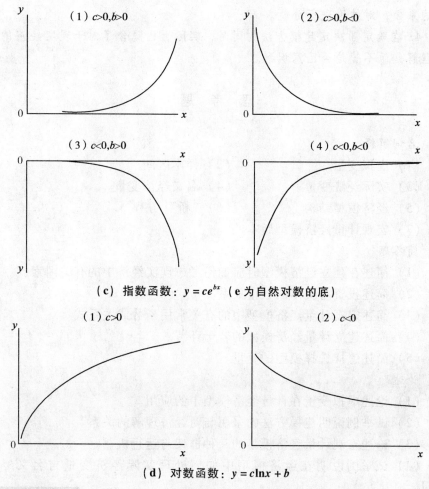

（c）指数函数：$y = ce^{bx}$（e 为自然对数的底）

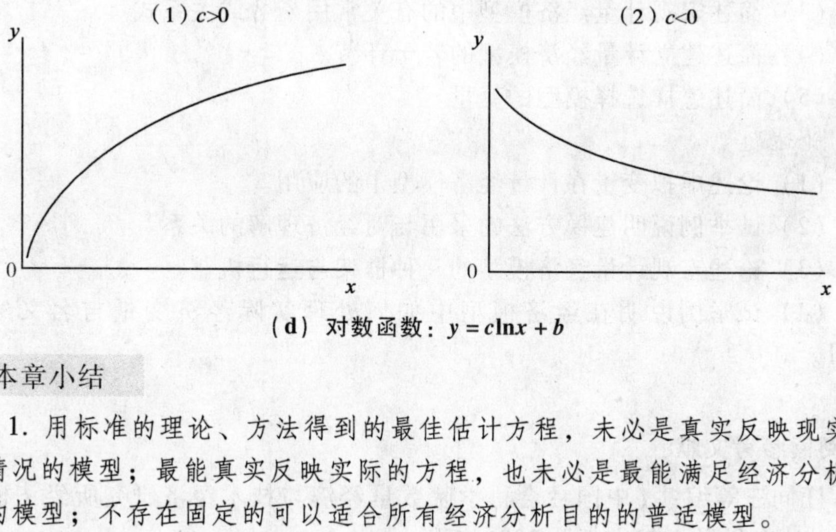

（d）对数函数：$y = c\ln x + b$

本章小结

1. 用标准的理论、方法得到的最佳估计方程，未必是真实反映现实经济情况的模型；最能真实反映实际的方程，也未必是最能满足经济分析目的的模型；不存在固定的可以适合所有经济分析目的的普适模型。

2. 为了建立真实反映现实经济的模型，需要综合地考虑经济理论、具体的经济因素、建模的方法与技术、数据资料、可利用的数学工具和软件、可投入的时间及可支持的财力等多方面的因素。

3. 在模型的建立与应用方面，需要注意以下一些重要环节：确定模型的目的；将建模有关问题系统化；设计模型的结构；明确模型的主要运行机制；选择模型的变量；建立变量之间的关联；检查变量间的关系与模型中的系数；对结论进行分析。

4. 在确定了决定建模方法的同时，实际上已隐含了对于现实经济的某种理解，而不管是否已意识到。

思 考 题

一、名词解释

(1) 虚拟变量 (2) 样本区间

(3) 实际经济变量 (4) 名义经济变量

(5) 经济模型结构 (6) “桥”方程

(7) 宏观计量经济模型版本

二、简答题

(1) 简述在建立经济模型时应如何考虑现实经济中的有关因素。

(2) 简述投资与资本的数量关系。

(3) 简述宏观计量经济模型中的有关常用函数或关系式。

(4) 简述建立计量经济模型的若干环节。

(5) 简述怎样选择模型的变量。

三、论述题

(1) 论述虚拟变量在计量经济模型中的应用。

(2) 试举例说明建模方法的采用与对经济理解的关系。

(3) 论述宏观计量经济模型的一种框架与运行机制。

(4) 试举例说明在经济模型中如何处理实际经济变量与名义经济变量。

阅读参考文献

汪同三等编：《中国社会科学院数量经济与技术经济研究所经济模型集》，社会科学文献出版社 2001 年版。

王慧炯、李泊溪、李善同主编：《中国实用宏观经济模型 1999》，中国财政经济出版社 1999 年版。

何新华等：《中国宏观经济季度模型》，社会科学文献出版社 2005 年版。

汪同三：《宏观经济模型论述》，经济管理出版社 1992 年版。

刘晓越：《中国年度宏观经济计量模型与模拟研究》，中国统计出版社

2004 年版。

赵国庆:《经济数学模型的理论与方法》，中国金融出版社 2003 年版。

汪同三主编:《数量经济学前沿》，社会科学文献出版社 2001 年版。

李京文、张守一主编:《数量经济学的新发展》，社会科学文献出版社 1991 年版。

Ronald G. Bodkin, Lawrence R. Klein, Kanta Marwah, *A History of Macroeconometric Model Building*, Edward Elgar, 1991.

Frank Neal, Sir Robert Shone, *Economic Model Building*, Palgrave Macmillan, 1976.

L. Boland, *The Methodology of Economic Model Building*, Routledge, 1991.

第八章　数理经济模型及应用实例

内容提要

数理经济模型是利用数学研究经济问题的一种基本而重要的工具。本章首先讲述建立与应用数理经济模型的基本方法，然后通过实例展示数理经济模型的建立与应用：在财政政策效应分析中的应用，在分析收入差距与消费需求之间关系中的应用，对GDP减缩因子的数理分析，对帕氏价格指数和拉氏价格指数的数理分析。

第一节　建立与应用数理经济模型的基本方法

建立数理经济模型不像建立计量经济模型那样具有独特的方法论。但是，以采用严谨的数学方法为特色的研究模式，是其他类型的经济模型所不能替代的。实际上数理经济模型最适于用以训练分析问题与解决问题的方式，以及有助于培养严谨的经济分析的思维方式。

有两种分析问题的方法：定性分析与定量分析。定性分析是一种常见的分析问题的方法。但是，对于复杂的问题，定性分析的方法往往有很大的局限性，甚至无法把问题讲清楚。因此，人们就转向使用定量分析的方法。数理经济模型是一种充满严谨逻辑推理的定量分析工具。以下通过一个具体的问题讲述数理经济模型的应用。

这里的问题是：以利润最大化为原则的企业应雇用多少劳动力？如果定性地分析此问题，则即便是使用大段的文字，似乎也难以把这个问题说清楚。现在来看看运用数理经济模型进行分析是如何解答这个问题的。

经济学的生产理论告诉我们，产品来源于在一定技术下资本和劳动这两种要素的投入。企业雇用劳动力，需要付出工资；购买厂房、设备等资本货物，需要付出资金。因此，劳动力投入和资本投入构成企业生产的成本。

假设：(1) 企业雇用劳动力的数量为 L，付给每个劳动力的工资为

W，则企业支付劳动力的工资总额为 WL；（2）企业购买资本品的数量为 K，每单位资本品价格为 R，则企业支付总资本成本为 RK；（3）企业产出数量为 Y，销售价格为 P，则企业收入为 PY。

于是，WL 和 RK 是成本，而 PY 是收入；收入减去成本则得企业利润。设利润为 M，则有：

$$M = PY - WL - RK \tag{8-1}$$

（8－1）式看起来很简单，但实际上它已是一个数理经济模型——用数学语言表达的各经济变量之间的关系。

现在看看利用（8－1）式的数理经济模型能做些什么事情。首先，将（8－1）式改写为

$$PY = WL + RK + M \tag{8-2}$$

（8－2）式表明：收入可以分解为劳动要素收入（WL）、资本要素收入（RK）与利润（M）三者之和。这样，通过一个简单的数学变换即得到一个有意义的结果。然而我们关注的问题不止如此，而是：当企业雇用多少劳动力时，企业可获得最大的利润。这时问题归结为（8－1）式中 L 应为何值才能使 M 达到最大值。

有关的数学知识告诉我们，要使（8－1）式中 M 达到最大值，必要条件是 M 关于 L 的一阶偏导数等于零。于是，将（8－1）式两边求关于 L 的一阶偏导数，得：

$$\frac{\partial M}{\partial L} = P\frac{\partial Y}{\partial L} - W \tag{8-3}$$

令 $\frac{\partial M}{\partial L} = 0$，由（8－3）式得：

$$\frac{\partial Y}{\partial L} = \frac{W}{P} \tag{8-4}$$

现在分析（8－4）式的经济意义。由于 P 是产出价格，W 是劳动力工资，因此 $\frac{W}{P}$ 实际上是用产出数量来表示劳动力工资水平的一种形式，称之为实际工资。之所以称为实际工资，是因为 $\frac{W}{P}$ 是以实物量来表示工资的多少，即剔除了价格的因素。而 $\frac{\partial Y}{\partial L}$ 是边际劳动产出（此概念在第二章中已介绍）。因此（8－4）式表明，实现企业利润最大化的条件是：劳动力的边际产出等于劳动力的实际工资。

对此可这样理解：当企业增加劳动力所带来的产出增量，恰好抵得上为该劳动力付出的工资时，表明企业的利润已经最大化了，这时企业将不再增加劳动力。于是，企业雇用劳动力的准则就是（8－4）式劳动力的边际产出应当等于劳动力的实际工资。

可以归纳出一个分析上述问题的基本过程。整个分析过程可大致分为两个阶段，第一阶段是建立数理经济模型的准备阶段，第二阶段是建立并运用数理经济模型的阶段。第一阶段包括的环节是：提出问题、确定有关的理论、确定假设条件；第二阶段包括的环节是：用数学语言描述问题、进行数学推导、揭示有关结果的经济意义。这个基本过程可用图8－1表示。

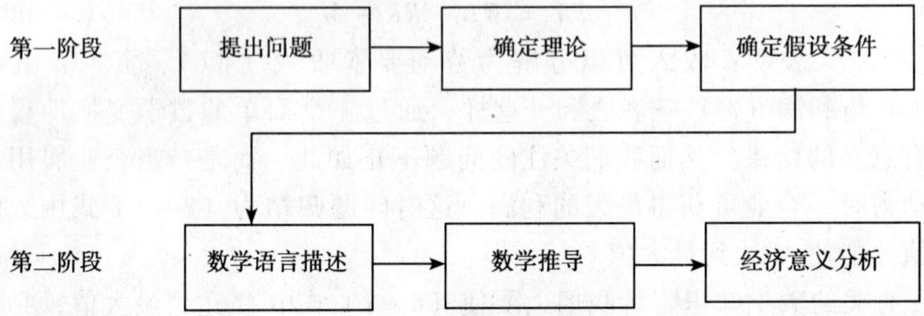

图8－1　建立与运用数理经济模型的基本过程

可见，这两个阶段各自都有三个分段。第二阶段是建立与运用数理经济模型的核心阶段。该阶段的三个分段是：首先把问题数学化，然后进行数学推导，最后对有关结果从经济意义上进行分析与解释。然而，这些都是在完成第一阶段的基础上进行的。第一阶段中假设条件的确定是至关重要的，因为分析的结果是在这些假设条件下才能够成立的。

以上仅提供了建立与运用数理经济模型的一般的基本过程。然而实际中还会遇到不同的具体问题，因此需要灵活掌握和运用。建立与运用好数理经济模型的关键是要同时具备良好的数学与经济理论方面的知识。

数理经济模型和计量经济模型有很大的不同。首先，数理经济模型中变量间的关系是严谨的逻辑关系。在建立数理经济模型的过程中，演绎推理是在严格的数学推导中进行的。因此，数理经济模型的优点在于，如果依据的理论和假设条件是正确的、合理的，且数学推导也是正确的，那么得出的结论就是正确的、可信的。而计量经济模型是在统计数据基础上建立被解释变量与解释变量间的关系，而且这种关系是估计的，即具有随机性。因此，那种基于经验或统计数据建立的模型，归属计量经济模型的范畴。

数理经济模型是数学和经济理论的结合，只要具备良好的数学知识和良好的经济理论知识，就可以建立数理经济模型，分析有关的问题。目前有关数理经济学及数理经济模型的书籍不少，但尚未发现具有方法论特色的书，现有的这些书籍主要不是论述如何建立数理经济模型，而是用数学方法论述经济学理论。计量经济模型的理论与方法具有很强的方法论特色。因此，如果要建立计量经济模型，首先需要学会计量经济模型本身的建模理论与方法。而计量经济模型的理论与方法目前已形成一门独立的、内容十分丰富的学科。

不论是数理经济模型、计量经济模型，还是其他类型的经济模型，它们并不是相互排斥的，而是相互补充、可相互利用的。例如，为了获得（8-1）式中参数 P 和 R 的数值，可以用计量经济方法进行估计。数理经济模型中严格推导出的数学公式，可以作为计量经济模型中的待估计方程。因此，在解决实际问题时经常需要综合运用各种类型的模型。

第二节　数理经济模型在财政政策效应分析中的应用

本节通过对财政政策效应的数理分析，来展示数理经济模型的应用。

1. 建立数理经济模型的准备

（1）提出问题

财政政策是政府的一项重要经济政策，它对经济的运行有直接影响。财政政策包括支出政策和税收政策两个方面。因此财政政策效应有支出效应和税收效应。支出效应就是通过财政的支出对经济产生的效应，而税收效应就是通过增加或减少税收对经济产生的效应。这些不同的财政政策对经济中的总需求有怎样的影响作用，是我们要分析的问题。

第一章的案例学习 1-4 已涉及政府支出效应的分析。这里对此问题做进一步分析。

（2）确定理论

国民收入恒等式提供了分析此问题的基础。国民收入恒等式为：

$$Y = C + I + G + NX \tag{8-5}$$

式中 Y 为收入，C 为消费，I 为投资，G 为政府支出，NX 为净出口。（8-5）

式实际上是经济总收入按需求分解的表达式，可见政府支出的增加，将提高经济的总需求水平。

消费理论指出，消费取决于收入，更确切地说，是取决于可支配的收入。税收对于消费者而言是负收入。因此经济中可支配收入是 $Y-T$，其中 T 表示税收。

（3）确定假设条件

现假定：

第一，消费 C 是可支配收入 $Y-T$ 的可微函数，即有：

$$C = C(Y-T) \tag{8-6}$$

第二，投资 I 和净出口 NX 不受政府支出 G 和税收 T 的影响；同时，政府支出 G 与税收 T 之间也没有关系。

至此，我们完成了建立数理经济模型的准备工作。

2. 财政政策效应分析的数理经济模型

（1）用数学语言描述问题

将（8-6）式和（8-5）式联立得：

$$\begin{cases} Y = C + I + G + NX \\ C = C(Y - T) \end{cases} \tag{8-7}$$

（8-7）式便是对所研究问题的数学描述，就是一个数理经济模型。

（2）数学推导

现将（8-7）式进行数学变换与有关的推导。从（8-7）式可得如下关系式：

$$Y = C(Y - T) + I + G + NX \tag{8-8}$$

式中，根据投资 I 和净出口 NX 不受政府支出 G 和税收 T 的影响以及政府支出 G 与税收 T 之间没有关系的假定，有 $\frac{dI}{dG}=0$、$\frac{dNX}{dG}=0$ 以及 $\frac{dT}{dG}=0$。

于是对（8-8）式求 Y 关于政府支出变量 G 的导数得：

$$\frac{dY}{dG} = C'\frac{d(Y-T)}{dG} + 1$$

即：

$$\frac{dY}{dG} = C'\frac{dY}{dG} + 1$$

式中 $C' = \frac{dC}{d(Y-T)}$，从而可以得到：

$$\frac{dY}{dG} = \frac{1}{1 - C'} \tag{8-9}$$

对（8－8）式求 Y 关于政府税收变量 T 的导数，得：

$$\frac{dY}{dT} = C' \frac{d(Y - T)}{dT}$$

$$\frac{dY}{dT} = C'(\frac{dY}{dT} - 1)$$

从而得：

$$\frac{dY}{dT} = \frac{-C'}{1 - C'} \tag{8-10}$$

（3）对有关结果的经济意义分析

（8－9）式是关于政府支出对经济产出产生影响效应的一个结果，其中$\frac{dY}{dG}$称为政府支出乘数（government－purchases multiplier）。政府支出乘数说明政府增加 1 元支出，可使总需求增加多少。

（8－10）式是关于政府税收对经济产出产生影响效应的一个结果，其中$\frac{dY}{dT}$称为税收乘数（tax multiplier）。税收乘数说明政府增加 1 元税收，可使总需求增加多少。

而 C' 为边际消费倾向。因此，只要知道经济中的边际消费倾向 C' 就可利用（8－9）式和（8－10）式计算这两个乘数。例如，如果边际消费倾向为0.6，通过（8－9）式可以计算出$\frac{dY}{dG}=2.5$。对此可作这样理解：政府增加 1 元的支出，可使总需求增加 2.5 元。通过（8－10）式可以算出$\frac{dY}{dT}=\frac{-0.6}{1-0.6}=-1.5$。即政府增加 1 元的税收，将使总需求减少 1.5 元。

3. 关于乘数效应的几何解释

通过上述可以看到，数理推导的方式可以简洁地得到有关的结论。但这样得到的结果显得有些缺乏直观性。实际上支出乘数或税收乘数的效应，可通过图 8－2 得到直观展示。

首先需要指出，（8－8）式是总需求的表达式。如果政府支出增加，意味总需求增加。如果实际经济中按需求进行生产，那么需求增加将导致实际产出增加。为了将需求与实际产出区别开来，设（8－8）式的总需求用符号 E 表示，即有如下表达式：

$$E = C(Y - \overline{T}) + \overline{G} + \overline{I} + \overline{NX} \quad (8-11)$$

此时式中 $\overline{T}$、$\overline{G}$、$\overline{I}$ 和 $\overline{NX}$ 在（8－11）中为外生变量，而 Y 则为实际产出。这样，式（8－11）说明总需求 E 是实际产出 Y 的函数。E 又称计划产出。

图 8－2 中直线 E 的方程是（8－11）式，而经济中的实际产出是按 $E=Y$ 来决定的。因此，有如下联立方程组：

$$\begin{cases} E = C(Y - \overline{T}) + \overline{G} + \overline{I} + \overline{NX} \\ Y = E \end{cases}$$

E 和 Y 是模型的两个内生变量。

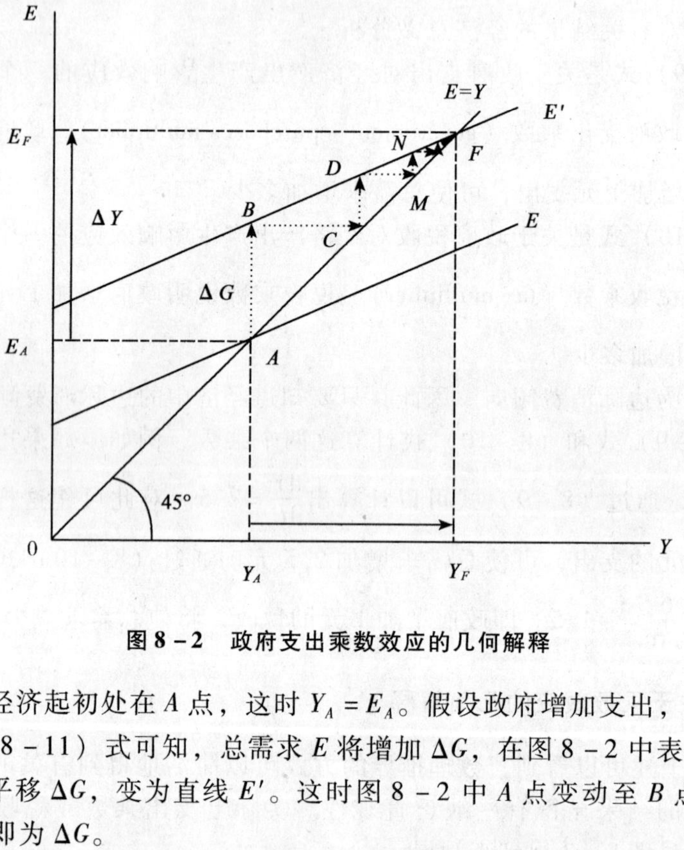

图 8－2　政府支出乘数效应的几何解释

现设经济起初处在 A 点，这时 $Y_A = E_A$。假设政府增加支出，支出增加 ΔG。由（8－11）式可知，总需求 E 将增加 ΔG，在图 8－2 中表现为直线 E 将向上平移 ΔG，变为直线 E'。这时图 8－2 中 A 点变动至 B 点，AB 线段的长度即为 ΔG。

经济达到 B 点，意味着总需求为 $E_A + AB$，高于原来 E_A 所对应的实际产出 Y_A。于是，实际产出按总需求（$E_A + AB$）之值调整到 C 点，即在 C 点实际产出为 $E_A + AB$。由于 $Y = E$ 在图 8－2 中是 45°直线，因此线段 AB 的长度等于线段 BC 的长度。一旦实际产出达到 $E_A + AB$，此刻按总需求直

线 E' 之要求，总需求由 B 点调整到 D 点，即这时总需求为 $E_A + AB + CD$。于是，实际产出随即调整到 $E_A + AB + CD$ 的水平。如此下去，直到实际产出达到 F 点，这时实现 $Y_F = E_F$。

从图 8－2 中可以看到政府支出增加 ΔG 的效应。增加 ΔG 最终导致实际产出增加者 $\Delta Y = Y_F - Y_A = E_F - E_A$。而（$E_F - E_A$）的长度是 $AB + CD + MN + \cdots$。

设直线 E'（或 E）的斜率为 c，则可计算出 $AB = \Delta G$，$CD = c\Delta G$，$MN = c^2\Delta G$，因此 $\Delta Y = AB + CD + MN + \cdots$，即

$$\Delta Y = \Delta G + c\Delta G + c^2\Delta G + \cdots \qquad (8-12)$$

由于 c 是边际消费倾向，即 c 为小于 1 的正数，因此（8－12）式为：

$$\begin{aligned} \Delta Y &= \Delta G + c\Delta G + c^2\Delta G + \cdots \\ &= \frac{\Delta G}{1-c} \qquad (8-13) \end{aligned}$$

同理，对于税收乘数的情况可类似进行理解。所不同的是，当税收增加 ΔT 时，首次直接引发的产出变动量为 $-c\Delta T$，而不是 ΔT。这是因为 T 是通过消费函数 $C(Y-T)$ 而对需求 E 产生效应，且税收 T 和需求 E 是反向效应。因此这里的 $-c\Delta T$ 相当于支出乘数中的首次产出增加量 ΔG，因此只需把 $-c\Delta T$ 替换（8－13）式中 ΔG 项即可，即税收乘数为 $-\frac{c}{1-c}\Delta T$。

可见，对上述乘数几何意义的分析虽然具有直观性，但是要从这种直观分析中得出政府支出或税收的乘数效应公式，明显比采用数理推导的方式更为复杂，且是一种不严谨的方法。由此也可以反映出数理经济模型的有效性。

第三节 数理经济模型在分析收入差距与消费需求关系中的应用

本节以具体分析收入差距与消费需求之间的关系为例，说明数理经济模型的应用。收入差距的扩大对消费需求有怎样的影响？以下通过建立数理经济模型对此问题展开分析。

1. 建立数理经济模型的准备

（1）提出问题

收入是影响消费的重要因素。在主流经济学的消费理论中，总量消费

函数是由个人消费函数加总而生成。其前提假设是消费者无差异。这样的做法给分析问题带来方便，但实际上却忽略了不同消费者间的差别对消费的影响作用。例如，不能反映消费者间的收入差别对总消费需求的影响。

（2）确定理论

收入差距对消费的影响在理论上是存在的。凯恩斯消费理论表明，一般地说，高收入者有相对低的边际消费倾向，低收入者有相对高的边际消费倾向。因此，高收入者和低收入者的消费行为是不一样的。也就是说，收入的差别对消费产生影响。这里重述一下凯恩斯消费理论的三个要点：第一，收入是决定消费的主要因素；第二，边际消费倾向的数值是在 0 和 1 之间；第三，平均消费倾向随收入增加而降低。

（3）确定假设条件

现将经济中全体居民按某一收入标准线划分为两类群体：高收入群体和低收入群体。收入高于或等于标准线的居民属于高收入群体，收入在标准线以下的居民属于低收入群体。在实际中，收入标准线应根据国家或地区的实际情况来确定；同时，收入标准线可以随经济的发展而改变。

设定的符号和假设条件如下：

第一，高收入群体的总收入为 Y_h，其平均消费倾向为 c_h（$0 < c_h < 1$）。

第二，低收入群体的总收入为 Y_l，其平均消费倾向为 c_l（$0 < c_l < 1$）。

第三，高收入群体的平均消费倾向小于低收入群体的平均消费倾向，即 $c_h < c_l$。

第四，全体居民的总收入为 Y，即有 $Y = Y_h + Y_l$。

第五，记 $\beta = \frac{Y_h}{Y}$（$0 < \beta < 1$），即 β 为高收入群体的收入占全体居民总收入的比率。β 的大小反映收入差距程度大小，因此 β 是收入差距的一个度量指标，称 β 为收入差距系数。

2. 收入差距与消费需求关系的数理经济模型

先用数学语言来描述问题。按定义，平均消费倾向是指收入中用于消费的比率。因此，高收入群体的消费总量为 c_hY_h，低收入群体的消费总量为 c_lY_l，由此得到总量消费 C 的一个关系式：

$$C = c_hY_h + c_lY_l \tag{8-14}$$

将 $Y_l = Y - Y_h$ 及 $Y_h = \beta Y$ 代入（8－14）式，进行整理后可得（8－14）式的另一表达式：

$$C = [(c_h - c_l)\beta + c_l]Y \tag{8-15}$$

或写成：

$$C = [\beta c_h + (1-\beta)c_l]Y \tag{8-16}$$

记 $\beta c_h + (1-\beta)c_l = \bar{c}$，则有 $\frac{C}{Y} = \bar{c}$，可见 $\bar{c}$ 就是全体居民的平均消费倾向。由于 $c_h < c_l$ 及 $0 < \beta < 1$，故可证明 $c_h < \beta c_h + (1-\beta)c_l < c_l$ 成立。此式说明，考虑收入差距因素的全体居民的平均消费倾向介于 c_h 和 c_l 之间。

这时，（8－15）式和（8－16）式可进一步简写为

$$C = \bar{c}Y \quad [\bar{c} = \beta c_h + (1-\beta)c_l] \tag{8-17}$$

全体居民的平均消费倾向 $\bar{c}$ 的含义是：$\bar{c}$ 是两类不同收入群体的平均消费倾向的加权和，因此 $\bar{c}$ 具有收入差距的结构效应。

上述（8－14）式到（8－17）式，实际上构成了收入差距与消费需求关系的数理经济模型，它适合于讨论各种不同的问题。下面对这些公式进行数学推演及对有关结果的经济意义进行分析。

（1）收入差距的测算公式

由公式 $\bar{c} = (c_h - c_l)\beta + c_l$ 解出收入差距系数 β，可得收入差距的测算公式：

$$\beta = \frac{c_l - \bar{c}}{c_l - c_h} \tag{8-18}$$

（8－18）式表明，β 由全体居民、高收入群体和低收入群体三者的平均消费倾向来确定，它提供了一种测算收入差距的方法。（8－18）式可称为收入差距测算公式。

实际中对收入差距的估算是一个非常复杂的问题。（8－18）式提供了一个理论上十分清晰且操作上简单可行的方法，因此它具有重要的实际应用价值。后面将利用此公式对中国实际状况进行有关测算。

（2）收入差距对总消费的影响作用

首先，根据（8－15）式可知 $C = [(c_h - c_l)\beta + c_l]Y$。因此，对于相同的 Y，在不同的 β 值下会得到不同的 C 值。这说明即使对于相同的总收入水平 Y，收入结构的不同，将使总消费水平 C 也不同。这从理论上证明了收入差距对消费水平有直接的影响。

其次，由于 $c_h - c_l < 0$，因此根据公式 $C = [(c_h - c_l)\beta + c_l]Y$ 可知，总消费 C 是收入差距系数 β 的单调减函数。于是，在收入 Y 一定的情况下，总消费 C 随 β 的增大而变小，随 β 的减小而变大。β 越大，代表收入两极

分化程度越严重。这意味着收入差距越大，总消费水平也就越低。这从理论上证明了收入差距扩大将使总消费水平下降。

由以上分析可得结论：收入分布结构对总消费水平有着直接的影响；收入差距的扩大将使总消费水平下降。

（3）不同的收入增加方案对总消费的影响效应

给不同收入阶层增加收入，会对总消费水平产生不同的作用。假定对总收入 Y 给一个增量 ΔY，那么这个 ΔY 可以有三种给予方式：一是高收入者收入增加，低收入者收入不增加；二是低收入者收入增加，高收入者收入不增加；三是高、低收入者收入各有增加。问题是：对同一个增量 ΔY，三种不同的收入增长方案对总消费 C 所产生的效应是否是一样的？

对（8－14）式求微分，得：

$$\mathrm{d}C = c_h \mathrm{d}Y_h + c_l \mathrm{d}Y_l \qquad (8-19)$$

由（8－19）式可以看到：

第一种给予方式为：$\mathrm{d}Y_h = \Delta Y$，$\mathrm{d}Y_l = 0$，这时 C 的增加量为 $c_h \Delta Y$。

第二种给予方式为：$\mathrm{d}Y_l = \Delta Y$，$\mathrm{d}Y_h = 0$，这时 C 的增加量为 $c_l \Delta Y$。

由于 $c_l > c_h$，故 $c_l \Delta Y > c_h \Delta Y$。这个结果的意义是：如果 Y_l 增加而 Y_h 不变，所导致 C 的增加量，将大于 Y_h 增加而 Y_l 不变所导致 C 的增加量。这在现实经济中的实际意义是：一笔收入，全部增给低收入者所导致总消费的增加将大于全部增给高收入者所导致总消费的增加。

可以证明，第三种给予方式将使总消费的增加处于 $c_h \Delta Y$ 与 $c_l \Delta Y$ 之间。

由以上分析可得结论：同一收入增量，以不同的给予方式分配给各收入阶层，导致的总消费增加效应也不同；全部增给低收入者使总消费增加最多，全部增给高收入者使总消费增加最少。这种结果在政策上的指导意义是：增加低收入者的收入具有相对高的增加总消费效应。

（4）总收入变动对总消费的影响效应

总收入变动对总消费的效应可以用 $\frac{\partial C}{\partial Y}$ 来衡量。可计算出总消费 C 对总收入 Y 的偏导数：

$$\frac{\partial C}{\partial Y} = [(c_h - c_l)\beta + c_l] \qquad (0 < \beta < 1) \qquad (8-20)$$

（8－20）式的含义是：在其他参数不变的情况下，总收入 Y 的变动导致总消费 C 变动的结果为 $(c_h - c_l)\beta + c_l$，即为 $\bar{c}$。这意味着当收入差距系数 β 不变时，总消费 C 与总收入 Y 的关系是正的常数比例关系。此时总收入 Y 增加导致总消费 C 增加的大小，取决于平均消费倾向的大小。

总消费 C 对总收入 Y 的弹性系数为$\frac{\partial \ln C}{\partial \ln Y}$。由于$\frac{C}{Y}=\bar{c}=[(c_h-c_l)\beta+c_l]$，因此总消费 C 对总收入 Y 的弹性系数为$\frac{\partial \ln C}{\partial \ln Y}=1$。这表明在收入结构不变的情况下，总收入增长1%，相应地总消费增长1%。

(5) 居民收入差距变动对总消费的影响效应

收入差距的变动表现为收入差距系数 β 的变动。因此，收入差距对总消费的作用效应可用$\frac{\partial C}{\partial \beta}$来度量。总消费 C 对收入差距系数 β 的偏导数为：

$$\frac{\partial C}{\partial \beta}=Y(c_h-c_l) \tag{8-21}$$

(8－21) 式的含义是：在其他参数不变的情况下，β 的变动导致总消费 C 变动的结果为 $Y(c_h-c_l)$。这就是收入差距变动对总消费的影响效应。

由于 $c_h-c_l<0$，因此$\frac{\partial C}{\partial \beta}$为负值，表明总消费 C 随 β 的下降而增加，随 β 的上升而减少，即收入差距增大，总消费水平下降。

可进一步计算出总消费 C 对 β 的弹性系数：

按定义，总消费 C 对 β 的弹性系数为$\frac{\partial \ln C}{\partial \ln \beta}$。于是，利用 (8－21) 式，得：

$$\frac{\partial \ln C}{\partial \ln \beta}=\frac{\beta}{c}\frac{\partial C}{\partial \beta}=\frac{\beta}{C}Y(c_h-c_l)=\frac{\beta}{Y[(c_h-c_l)\beta+c_l]}Y(c_h-c_l)$$

得：

$$\frac{\partial \ln C}{\partial \ln \beta}=\frac{\beta(c_h-c_l)}{(c_h-c_l)\beta+c_l}=\frac{\beta(c_h-c_l)+c_l-c_l}{(c_h-c_l)\beta+c_l}$$

从而得：

$$\frac{\partial \ln C}{\partial \ln \beta}=1-\frac{c_l}{\bar{c}}\quad \bar{c}=(c_h-c_l)\beta+c_l \tag{8-22}$$

由于 $\bar{c}<c_l$，因此$\frac{\partial \ln C}{\partial \ln \beta}=1-\frac{c_l}{\bar{c}}<0$。此弹性系数为负值，说明 β 的变动对总消费 C 变动的作用是相反方向的，即当 β 下降时 C 增大，而当 β 上升时 C 减小。$\frac{\partial \ln C}{\partial \ln \beta}$的绝对值为$\frac{c_l}{\bar{c}}-1$，此绝对值的大小取决于 c_l 与 $\bar{c}$ 比值的大小，即 c_l 与 $\bar{c}$ 的比值越大，此弹性系数的绝对值就越大。

(8－22)式同样具有明确的政策指导意义：是否要以缩小收入差距来

刺激消费，及成效如何，一个重要的衡量指标是低收入者的平均消费倾向与全体居民的平均消费倾向的差距的大小，如果二者差距大，弹性系数的绝对值就大，因而缩小收入差距对总消费水平提高的作用就大。比如，由于$\frac{\partial \ln C}{\partial \ln \beta}=1-\frac{c_l}{\bar{c}}>1-\frac{c_l}{c}$，因此当$c_l>2c_h$时弹性系数的绝对值就将大于1，即这时降低1%的$\beta$可使总消费水平的提高大于1%。如当低收入者的平均消费倾向为0.7，而高收入者的平均消费倾向为0.3时，总消费对收入差距系数β的弹性系数绝对值就将大于1。

（6）总收入变动效应与收入差距变动效应间的替代关系

在总收入变动效应与收入差距变动效应之间存在着替代关系。

令（8－19）式中$dC=0$，可得：

$$\frac{dY_h}{dY_l}=-\frac{c_l}{c_h}$$

$\frac{dY_h}{dY_l}$是保持总消费不变时两类收入群体间的收入边际替代率。

Y_l与Y_h间的替代关系，可以通过总收入Y与收入差距系数β间的替代关系来体现。即：如果保持Y不变，通过改变β可以起到使总消费C变动的效应；同样，如果保持β不变，通过改变Y也可以使总消费C产生同样的变动效应。即β与Y之间具有替代关系。

可以证明：β与Y的边际替代率为$\frac{dY}{d\beta}=\frac{Y}{\beta}\cdot\left(\frac{c_l}{\bar{c}}-1\right)$。

证明如下：取（8－15）式，令$dC=0$，得到：

$$[(c_h-c_l)\beta+c_l]dY=-Y(c_h-c_l)d\beta$$

从而得：

$$\frac{dY}{d\beta}=\frac{-(c_h-c_l)Y}{[(c_h-c_l)\beta+c_l]}=-\frac{Y}{\beta}\cdot\frac{(c_h-c_l)\beta+c_l-c_l}{[(c_h-c_l)\beta+c_l]}$$

整理得：

$$\frac{dY}{d\beta}=\frac{Y}{\beta}\cdot\left(\frac{c_l}{\bar{c}}-1\right)\qquad \bar{c}=(c_h-c_l)\beta+c_l \tag{8-23}$$

$\frac{dY}{d\beta}$即为边际替代率。

由于$\bar{c}<c_l$，故（8－23）式中$\frac{dY}{d\beta}$等式的右侧为正，即Y与β的边际替换率是正数。这说明，要保持总消费水平不变，Y应与β按相同方向而变

动，即当β增大时，必须相应提高总收入水平Y才能保持消费水平不变。β增大（收入两极分化程度加大），按（8－22）式将起到降低总消费需求的作用，这时要保持总消费水平不变，就要提高总收入水平。而当β减小时，总消费水平要提高，这时可适当降低总收入水平以维持总消费水平不变。

由（8－23）式可进一步推导出保持总消费水平不变时Y对β的替代弹性：

$$\frac{dY}{Y}\bigg/\frac{d\beta}{\beta}=\frac{c_l}{\bar{c}}-1 \qquad \bar{c}=(c_h-c_l)\beta+c_l \tag{8-24}$$

由（8－24）式可见，Y对β的替代弹性大小同样与c_l与$\bar{c}$差距大小有关，差距越大弹性就越大。

3. 中国城镇居民收入差距实际测算

（1）中国城镇居民收入差距测算

根据公式$\beta=\dfrac{c_l-\bar{c}}{c_l-c_h}$，如果知道各个平均消费倾向之值，就可以计算出高、低两类收入群体的收入差距。根据国家统计局提供的家庭调查数据，可得到中国城镇居民按低收入户、高收入户和全体居民平均水平分类的人均年收入和消费性支出数据（表8－1）。用表8－1中同收入阶层的消费性支出比同类中的收入，可得出该类居民的平均消费倾向的一个估算值。由于在当前中国经济中广泛存在隐性收入，以及统计制度与水平等多方面的问题，要得到客观真实的居民收入与消费的数据实际上有很大难度，因此这里关于平均消费倾向的估算仅供参考。具体计算结果如表8－2所示。

表8－1　中国城镇居民收入与支出结构　（元）

年份	低收入户		高收入户		平均	
	收入	消费性支出	收入	消费性支出	收入	消费性支出
1996	3148.6	2780.8	6826.8	5204.4	4844.8	3919.5
1997	3246.2	2895.4	7495.3	5709.5	5188.5	4185.6
1998	3329.1	2979.3	7918.5	6003.2	5458.3	4331.6
1999	3518.4	3137.3	8674.9	6443.3	5888.8	4615.9
2000	3658.5	3274.9	9484.7	7102.3	6316.8	4998.0

数据来源：《中国统计摘要2001》，第94页。

表 8-2 城镇居民平均消费倾向与收入差距估算结果

年份	平均消费倾向			高收入群体收入占总收入比例(β)
	低收入(c_l)	高收入(c_h)	全体平均($\bar{c}$)	
1996	0.883	0.762	0.809	0.612
1997	0.892	0.762	0.807	0.654
1998	0.895	0.758	0.794	0.737
1999	0.892	0.743	0.784	0.725
2000	0.895	0.749	0.791	0.712
1996—2000 年平均	0.891	0.755	0.797	0.691

从表 8-2 可以看到，按此方法计算的中国城镇居民中高收入群体收入占总收入的比率 β，1996 年为 61.2%，2000 年为 71.2%，其中 1998 年该比例相对最大，达到 73.7%。就 1996—2000 年平均而言，该比例为 69.1%。因此从总体上看，当前中国高低收入者的收入差距是较大的。

(2) 中国城镇居民收入差距变动对消费的效应的估算

收入差距变动对消费的效应可通过总消费 C 对 β 的弹性系数来表现。根据公式 (8-22)，总消费 C 对 β 的弹性的计算公式为：

$$\frac{\partial \ln C}{\partial \ln \beta} = 1 - \frac{c_l}{\bar{c}} \qquad \bar{c} = (c_h - c_l)\beta + c_l$$

根据表 8-2 的结果很容易算出总消费 C 对 β 的弹性系数，结果如表 8-3 所示。

表 8-3 中国城镇居民消费对收入差距变动的弹性系数

年份	弹性系数	弹性系数的倒数
1996	-0.091	-10.93
1997	-0.105	-9.49
1998	-0.127	-7.86
1999	-0.138	-7.26
2000	-0.131	-7.61
1996—2000 年平均	-0.118	-8.44

表 8-3 的计算结果表明，就 1996—2000 年平均而言，中国城镇居民

消费对收入差距变动的弹性系数为 -0.118，这表明城镇居民的收入差距上升1%，总消费水平要下降0.118%。弹性系数的倒数含义更直观些，它表示消费要增长1%所需要的收入差距变小的变动率。从表8-3可以看到，就1996—2000年平均而言，消费水平要增长1%，城镇居民的收入差距要下降8.44%。显然，要求如此大的收入结构变动是不现实的。这说明，按目前的情况，要通过改善收入结构来刺激中国的消费需求，难度是相当大的，可以说是不现实的。

（3）中国城镇居民收入差距替代效应估计

根据（8-24）式，可以计算出中国城镇居民收入差距对收入水平提高的替代效应。计算结果如表8-4所示。

表8-4　　中国城镇居民收入差距对收入的替代弹性系数

年份	替代弹性系数
1996	0.091
1997	0.105
1998	0.127
1999	0.138
2000	0.131
1996—2000年平均	0.118

表8-4的结果表明，按1996—2000年的平均水平，收入差距系数下降1%，等同于收入增长0.118%对消费提高的效应。可见这种收入差距缩小对收入水平提高的替代效应是很小的。从公式（8-24）可以看出，随着β的增大，收入差距缩小对替代收入提高的效应越显著。

这样的测算结果表明，就目前中国的收入分配情况而言，改善收入分配结构，缩小收入差距，对收入提高的替代效应不是很大。其主要原因在于，中国当前的高收入者和低收入者的平均消费倾向差距不是很大。正如（8-24）式的公式所表明的那样，当高收入者和低收入者的平均消费倾向差距不大时，其替代弹性系数的绝对值就相对较小，从而两者间的替代效应就不会很大。因此，就中国现实而言，提高总收入水平仍是提高总消费水平的关键。

通过以上分析得到的一些主要结论是：收入差距可按不同收入阶层的平均消费倾向来测算；收入分配结构对总消费水平有直接的影响；收入差

距的扩大起着降低总消费水平的作用；增加低收入者的收入具有比较大的增加消费的效应；是否以缩小收入差距作为刺激消费的重点，一个衡量指标是不同收入阶层的平均消费倾向差距的大小，差距越大，缩小收入差距对消费提高的作用效果则越大；测算表明，中国当前高收入阶层的收入总量占全体居民收入总量的70%左右，但收入差距尚不是构成消费需求不足的主要原因；通过改善收入结构来刺激中国的消费需求，从当前情况看不仅难度相当大，而且效应也不明显。

第四节　对 GDP 减缩因子的数理分析

价格指数是经济中的重要指标，因此对现实经济问题的分析经常涉及对价格指数的分析。然而，从数理经济模型的角度看，各类价格指数实际上均是由一定数学关系式确定的数理经济模型。将有关数据代入价格指数的数理经济模型，即可得到该价格指数的计算结果。因此，对价格指数的数理经济模型进行分析，可以理解价格指数的构造特点，从而有利于进行正确的经济分析。本节对 GDP 减缩因子的构造进行数理分析，以展示数理经济模型应用的另一种风格。

GDP 减缩因子（GDP Deflator）又称国民经济综合价格指数，简称 GDP 价格指数。这个指数对于研究国民经济重大问题，如经济增长水平、通货膨胀、货币供应量等，有重要作用。由于在它的定义中包含全社会的产品和服务的价格与数量，所以它是反映国民经济总体价格变动的比较完整的指标。因此，了解 GDP 减缩因子的有关特性，对正确进行经济分析是十分必要的。下面对 GDP 减缩因子的含义及其特性，经济增长度量与基期选择的关系以及两种价格指数定义的结构进行分析。

1. GDP 减缩因子定义结构的数理分析

GDP 度量的是一个国家或地区在一定时期内全社会最终产品的价值总量。它包含两方面内容：一是一定时期内全社会最终产品的实物量（包括服务量）；二是市场价格。由于不同时期产出的数量及价格均不同，因此按当年现价计算的 GDP，是当年产出数量与当年市场价格相结合的结果。为了剔除价格变动对度量的影响，通常取定某一年为基年，用该年的价格来计算其他各年份产品的价值，由此得到按不变价计算的 GDP。GDP 减缩因子按（5-6）式的定义，为：

$$D_t^0 = \frac{名义\ GDP}{实际\ GDP} = \frac{\sum_i p_t^i q_t^i}{\sum_i p_o^i q_t^i}$$

令：

$$P_t = (p_t^1, p_t^2, \cdots, p_t^i, \cdots); Q_t = (q_t^1, q_t^2, \cdots, q_t^i, \cdots)'; P_0 = (p_0^1, p_0^2, \cdots, p_0^i, \cdots)$$

则 D_t^0 可以写成：

$$D_t^0 = \frac{P_t Q_t}{P_0 Q_t} \tag{8-25}$$

这里 D_t^0 表示以 0 期为基期的 t 期 GDP 减缩因子，p_t^i、q_t^i 分别表示 t 时期的第 i 类产品（或服务，下同）的价格和数量，p_0^i、q_0^i 表示 0 期的第 i 类产品的价格和数量，其中 P_t、Q_t、P_0 为元素均大于 0 的向量。

由于在定义式（8-25）中，分子和分母中都包含产出数量 Q_t，其差异在于 P_t 与 P_0 的不同。因此 D_t^0 定义式反映了不同期价格所产生的差异，即反映了 GDP 的名义值与实际值的差异。由于这个差异完全是由 t 期价格 P_t 与 0 期价格 P_0 的不同而引起的，所以 D_t^0 反映了 t 期价格相对于 0 期价格的变动对产出总价值度量的影响程度，从而反映了通货膨胀的程度。

同其他反映通货膨胀的经济指标相比，GDP 减缩因子能更为全面地反映通货膨胀的程度，这是因为在 GDP 的度量中囊括了全社会的全部产品与服务。其他指标如商品零售价格指数等，一般是对确定的代表性商品及确定的样本数量进行计算而得。因此，GDP 减缩因子比其他经济指标更能全面反映国民经济总体价格水平的变动情况。

值得注意的是，GDP 减缩因子直接反映现期与基期这两期相比的价格变动，如果进行不同期的比较，如 D_t^0 与 D_{t-1}^0 的比较，那么这种比较的确切含义是什么？如果我们稍加分析就会发现，假定 D_t^0 式中的价格水平不变，即 P_t、P_0 都不变，当给出不同的产出数量 Q_t 时，就会得到不同的 D_t^0 值。这相当于经济中不同期的价格水平相同，只是产出数量不同，从而得到的各期 D_t^0 值也是不同的。那么 D_t^0 与 D_{t-1}^0 不相等是否就可以认为这两期的整体价格水平有差异？例如，假设 t 期与 $t-1$ 期的各类产品和服务的价格一样（即没有价格上涨），那么 D_t^0 与 D_{t-1}^0 是否一样？显然，如果 Q_t 与 Q_{t-1} 不相同，那么 D_t^0 与 D_{t-1}^0 将不相同。可是已经假定了 t 期与 $t-1$ 期的各类产品和服务的价格一样，即按通常的理解是没有通货膨胀发生，但由于 Q_t 与 Q_{t-1} 不同而导致 D_t^0 与 D_{t-1}^0 不同，这该如何理解？问题只有通过进一步的分析才能获得深入的理解。

由定义式（8－25）可见，D_t^0 的值由三个因素决定，一是 t 期产出的价格 P_t；二是 t 期产出的数量 Q_t；三是基期产出的价格 P_0。因此从理论上讲，只要确定了 P_t、Q_t、P_0 这三个因素，就可以得到确定的 D_t^0。但是这三个因素在定义式中所处的地位是不一样的，因此作用也不一样。通过下面的数学推导可得到 GDP 减缩因子的特性。

特性 1：有界性。

由 D_t^0 的定义出发得如下表达式：

$$D_t^0 = \frac{\sum_i p_t^i q_t^i}{\sum_i p_0^i q_t^i} = \frac{\sum \frac{p_t^i}{p_0^i} p_0^i q_t^i}{\sum p_0^i q_t^i} \sum \frac{p_t^i}{p_0^i} \frac{p_0^i q_t^i}{\sum p_0^i q_t^i} = \sum \frac{p_t^i}{p_0^i} \alpha_{t0}^i$$

式中

$$\alpha_{t0}^i = \frac{p_0^i q_t^i}{\sum p_0^i q_t^i}$$

可以验证：

$$0 \leqslant \alpha_{t0}^i \leqslant 1 \quad 且 \quad \sum_i \alpha_{t0}^i = 1$$

由 α_{t0}^i的表达式可知它的经济含义，即 α_{t0}^i是以 0 期为基期按不变价计算的 t 期 GDP 中第 i 类产品所占的价值比重。由于$0 \leqslant \alpha_{t0}^i \leqslant 1$ 且 $\sum_i \alpha_{t0}^i = 1$，故可证：

$$\bar{p}_{\min} = \min\left\{\frac{p_t^i}{p_0^i}\right\} \leqslant D_t^0 = \sum \frac{p_t^i}{p_0^i} \alpha_{t0}^i \leqslant \max\left\{\frac{p_t^i}{p_0^i}\right\} = \bar{p}_{\max} \qquad (8-26)$$

由（8－26）式可见，D_t^0 的值域由价格 P_t、P_0 决定而与数量 Q_t 无关，即只要价格 P_t 和 P_0 确定，无论 Q_t 为何值，D_t^0 的值将不会超出值域［$\bar{p}_{\min}$，$\bar{p}_{\max}$］之外。也就是说价格 P_t、P_0 决定了 D_t^0 的界，更确切地说，价格的最大涨幅与最小涨幅决定了 D_t^0 的界。

特性 2：产出数量变动的作用有限，且产出数量变动对 D_t^0 的作用具有相互抵消的特性。

由有界性知，只要价格 P_t、P_0 给定，无论产出数量为何数值，减缩因子的值均不会超出一个界限。从这个意义上讲，产出数量的作用是有限的。

那么产出数量 Q_t 的变动会对 D_t^0 产生怎样的有限作用呢？通过分析 D_t^0 关于产出数量 q_t^i 的弹性，可得到有关的启示。记 D_t^0 关于第 i 类产品产出数量 q_t^i 的弹性为 e_{qt}^i，则有：

$$e_{qt}^{i} = \frac{\partial D_t^0}{\partial q_t^i} \frac{q_t^i}{D_t^0} = \frac{p_t^i q_t^i}{\sum p_t^i q_t^i} - \frac{p_0^i q_t^i}{\sum p_0^i q_t^i} = \alpha_{tt}^i - \alpha_{t0}^i \qquad (8-27)$$

式中

$$\alpha_{tt}^i = \frac{p_t^i q_t^i}{\sum p_t^i q_t^i}$$

式中的 α_{tt}^i 是按现价计算的 t 期 GDP 中第 i 类产品所占的价值比重。(8－27)式表明 D_t^0 关于第 i 类产品数量的弹性是：该类产品在按现价计算的 t 期 GDP 中的价值比重与其在按不变价计算的 t 期 GDP 中价值比重之差值。如果国民经济结构没有很大变化，这个差值一般可以认为是很小的，特别是当 t 期与基期较近时更是如此。如果 t 期与基期相距较远，这个差值可能就比较大。但不论怎样，从总体产出数量变动的角度来看，（8－27）式表明 e_{qt}^i 可能为正，也可能为负，因此总体产出数量变动对 D_t^0 的作用具有相互抵消的特性。特别是

$$\sum_i e_{qt}^i = \sum \alpha_{tt}^i - \sum \alpha_{t0}^i = 1 - 1 = 0$$

此式的结果并不表明总体产出数量变动对 D_t^0 的综合效应为零，而只是表明只有当所有的产出数量以相同的比率变动时，总体产出数量变动对 D_t^0 的效应才为零。由于在现实经济中，各产出数量变动幅度的差别往往是很大的，因此总体产出数量变动对 D_t^0 的影响作用是存在的。

特性 3：产出价格的变动对减缩因子的作用较为灵敏，且减缩因子关于产出价格的弹性大于其关于产出数量的弹性。

由（8－26）式可知，价格 P_t 的变动将直接决定 D_t^0 值域的变动。因此当 $\bar{p}_{\max}$ 增大时，减缩因子的值域也将增大。

现考察 D_t^0 关于价格 P_t 的弹性。记 D_t^0 关于第 i 类产品的价格 p_t^i 的弹性为 e_{pt}^i，则有：

$$e_{pt}^i = \frac{\partial D_t^0}{\partial p_t^i} \frac{p_t^i}{D_t^0} = \frac{p_t^i q_t^i}{\sum p_t^i q_t^i} = \alpha_{tt}^i \qquad (8-28)$$

从（8－27）式和（8－28）式得：

$$e_{pt}^i - e_{qt}^i = \alpha_{t0}^i \geqslant 0 \qquad (8-29)$$

可见，弹性 e_{pt}^i 恒大于 e_{qt}^i，在 α_{tt}^i 与 α_{t0}^i 很接近的情况下，e_{pt}^i 将远比 e_{qt}^i 大。

现考察基期价格 P_0 的作用及 P_0、P_t、Q_t 的弹性间之数量关系。首先考察 D_t^0 关于 p_0^i 的弹性。记 D_t^0 关于第 i 类产品的 0 期价格 p_0^i 的弹性为 e_{p0}^i，则有：

$$e_{p0}^{i} = \frac{\partial D_t^0}{\partial p_0^i}\frac{p_0^i}{D_t^0} = -\frac{p_0^i q_t^i}{\sum p_0^i q_t^i} = -\alpha_{t0}^i \leqslant 0 \qquad (8-30)$$

$e_{p0}^{i} \leqslant 0$，说明 P_0 的变动对 D_t^0 有反向作用，也可以说明，在价格水平不断上涨的情况下，基期选择越近，D_t^0 一般越小；基期选择越远，D_t^0 一般越大。

综合（8-28）式、（8-29）式、（8-30）式，得：

$$e_{qt}^{i} = e_{pt}^{i} + e_{p0}^{i}$$

由（8-26）式也可以看出，在价格水平不断上涨的情况下，基期取得近，D_t^0 值一般要小；基期取得远，D_t^0 值一般要大。

通过以上的分析可以得到如下的启示：

（1）产出价格对 GDP 减缩因子的作用

第一，价格对 GDP 减缩因子起到最重要的作用，它确定了 D_t^0 的值域，对 D_t^0 有较大的弹性。

第二，由（8-26）式可知，产出中价格涨幅的最大值与最小值确定了 D_t^0 的值域，这个最大值越大，意味着 D_t^0 可能达到的上界就越高。

由于这个最大值与最小值都是价格的相对比值，而不是价格的绝对涨幅。因此得到的提示是，政府在调控物价时，特别要注意的应是价格的相对涨幅，而不是绝对涨幅。如果政府确定 D_t^0 的调控目标为 g，那么从理论上讲，如果能将所有的产出价格的相对涨幅 $\left\{\frac{p_t^i}{p_0^i}\right\}$（$i=1, 2, \cdots$）都控制在 g 以下，则必有 $D_t^0 \leqslant g$。

（2）产出数量对 GDP 减缩因子的作用

即使产出价格不变，产出数量的变化同样可以引起 D_t^0 的变化，尽管这种变化的作用有限，但这足以说明不同期的 GDP 减缩因子的任何变化，并非完全是价格变动的反映。也就是说，当进行不同期的比较时，如 D_t^0 与 D_{t-1}^0 比较时，D_t^0 与 D_{t-1}^0 的差异不完全是价格变动的反映，因为可以假定 t 期价格 P_t 与 $t-1$ 期价格 P_{t-1} 相等，则 D_{t-1}^0 的值域也是［$\bar{p}_{\min}$，$\bar{p}_{\max}$］，因此 D_t^0/D_{t-1}^0 的一个界是［$\bar{p}_{\min}/\bar{p}_{\max}$，$\bar{p}_{\max}/\bar{p}_{\min}$］。当 D_t^0/D_{t-1}^0 在这个界内波动时，从理论上讲 D_t^0 与 D_{t-1}^0 的差异也可能完全是数量变动的结果，而价格水平没有任何变化。当 D_t^0/D_{t-1}^0 超过了这个界限时，就肯定是价格变动引起的，因为如果产出价格不变而只是产出数量变动，则 D_t^0/D_{t-1}^0 是不会超出这个界限的。

（3）产出价格与产出数量的综合效应

价格变动对 D_t^0 的变动起主要作用，但是价格变动对 D_t^0 作用的大小并不单纯取决于价格的变动，而是取决于价格变动与相应产品数量的结合。因为产品价格弹性是该产品在 GDP 中的价值比重，而这个比重的大小取决于价格与数量的乘积。因此，在价格发生变动的情况下，数量的绝对量水平的作用就是很大的，特别是在价格变动幅度有限的情况下，数量的因素就成为重要的因素。这个问题也可从另外的角度来理解，对于产出数量很大的产品，较小的价格变动同样可导致对 D_t^0 的较大作用。这提示我们需特别注意国民经济中基础产品的价格上涨。比如 1994 年的农产品提价对总物价水平上涨的广泛影响，就是一个明显的事例。另一个提示是，虽然政府不可能做到对所有产出价格的涨幅都控制在调控目标 g 以下（实际上也不必要），但总体价格调控目标 g 可以成为调控各产出价格涨幅的重要参考数，特别应当成为重要基础产品价格涨幅的重要参考数，即应当尽可能控制重要基础产品价格的涨幅不超过总体价格调控目标 g。

2. 经济增长度量与选择基期关系的数理分析

经济增长率是指实际 GDP 的增长率。而实际 GDP 的度量依赖于基期的选择，因此实际 GDP 增长的度量也必然与基期有关。许多人认为实际 GDP 的增长率与基期的选择无关。这是一个重要的问题，因为它关系到如何正确估价经济增长以及能否进行正确的经济分析。对此，不论在实际测算上采用怎样的特殊处理方法，至少在经济学理论上应有一个正确的认识。

关于经济增长与基价选取有无关系这个问题，在 Dornbusch 所著的宏观经济学①中，有明确肯定的论述。以下将进一步展开有关的分析。问题的核心是：经济增长率是否与基期的选取有关？选择不同的基期对经济增长的度量有怎样的影响？

（1）经济增长率是否与基期的选取有关

现假设 0 期为基期，那么 t 期 GDP 相对于 $t-1$ 期 GDP 的实际增长率为 $r_{t,t-1}^0$：

① 可见 Dornbusch，*Macroeconomics*，p. 34，1987。

$$r_{t,t-1}^{0} = \frac{\sum_{i} p_{0}^{i} q_{t}^{i}}{\sum_{i} p_{0}^{i} q_{t-1}^{i}} = \frac{P_{0} Q_{t}}{P_{0} Q_{t-1}} \tag{8-31}$$

这就是环比经济增长率。可以观察到，（8－31）式的形式与前面的（8－25）式具有某种对称性，因此数学推导也有相应的对称性结果，所以这里将直接给出有关结果，而不再重复推导。由（8－31）式可见，P_0 的不同将直接导致 $r_{t,t-1}^{0}$ 的不同，也就是说与基期的选择有关。

（2）选择不同的基期对经济增长的度量有怎样的影响

在产出数量已定的情况下，选择不同的基期对经济增长度量的影响作用是有限的。根据前面推导出的（8－27）式的结果形式可知，产出数量 Q_t、Q_{t-1} 决定了经济增长率的上界与下界，这就是说无论怎样选择基期 k，$r_{t,t-1}^{k}$ 都将满足：

$$\bar{q}_{\min} = \min\left\{\frac{q_{t}^{i}}{q_{t-1}^{i}}\right\} \leqslant r_{t,t-1}^{k} \leqslant \max\left\{\frac{q_{t}^{i}}{q_{t-1}^{i}}\right\} = \bar{q}_{\max}(k=1,2,\cdots) \tag{8-32}$$

下面进一步分析基期的改变对 $r_{t,t-1}^{0}$ 所产生的作用。先分析 $r_{t,t-1}^{0}$ 关于基期价格的弹性，记 $r_{t,t-1}^{0}$ 关于基期价格 p_0^i 的弹性为 $g_{p_0^i}$，则

$$g_{p_0^i} = \frac{\partial r_{t,t-1}^{0}}{\partial p_{0}^{i}} \frac{p_{0}^{i}}{r_{t,t-1}^{0}} = \frac{p_{0}^{i} q_{t}^{i}}{\sum p_{0}^{i} q_{t}^{i}} - \frac{p_{0}^{i} q_{t-1}^{i}}{\sum p_{0}^{i} q_{t-1}^{i}} = \alpha_{t0}^{i} - \alpha_{(t-1)0}^{i} \tag{8-33}$$

可见，某类产品的基期价格对经济增长度量影响作用的大小，直接取决于按基期价格计算的该类产品的价值比重在 t 期相对于在 $t-1$ 期的变化程度。当比较接近的两期，如 t 期与 $t-1$ 期相比较时，如果近似地认为国民经济结构没有重大变化，该类产品的生产情况也没有明显变化，则可粗略地认为该类产品的价值比重变动差异较小，这时关于该类产品基期价格的弹性的影响作用也就较小。若对相距较远的两期进行比较，该类产品的价值比重变动差异就可能比较大，相应的弹性也就较大。但从总体价格水平变动考察，未必就得出这样的结论。从（8－33）式可以看出，$g_{p_0^i}$ 的符号并不具有确定性，即 $g_{p_0^i}$ 可能为正数，也可能为负数，所以总体价格的变动具有互相抵消作用。也就是说，如果一种产品的基期价格弹性有较大的正值，那么另一种产品的基期价格弹性就可能有较大的负值。

对 $g_{p_0^i}$ 求和，可以清楚地看到这种综合效应。对（8－33）式的 $g_{p_0^i}$ 求和，可得：

$$\sum_{i} g_{p_0^i} = \sum \alpha_{t0}^{i} - \sum \alpha_{(t-1)0}^{i} = 1 - 1 = 0 \tag{8-34}$$

同样，（8－34）式的结果并不表明总体基期价格水平变动对 $r_{t,t-1}^{0}$ 的综合效应为零，（8－34）式只是表明只有当所有的产品价格以相同的比率变动时，基期总体价格变动对 $r_{t,t-1}^{0}$ 的综合效应才为零。也就是说，当所有的产品价格以相同的比率变动时，$r_{t,t-1}^{0}$ 与基期价格无关。这实际上是经济增长度量与基期价格无关的一个充分条件。

因此，经济增长与基期选择无关的充分必要条件是：当且仅当任一期的各类产品的价格都以相同的比率变动，或者是整个经济只生产一种产品。

可给出简单的证明：设以 k 期为基期的经济增长率为 $r_{t,t-1}^{k}$，则

$$\frac{r_{t,t-1}^{0}}{r_{t,t-1}^{k}} = \frac{\sum_i p_0^i q_t^i}{\sum_i p_0^i q_{t-1}^i} \Bigg/ \frac{\sum_i p_k^i q_t^i}{\sum_i p_k^i q_{t-1}^i}$$

若对所有的 i 有 $p_k^i = mp_0^i$（m 为常数），或整个经济只生产一种产品，显然有 $\frac{r_{t,t-1}^{0}}{r_{t,t-1}^{k}}=1$，即经济增长度量与基期价格的选取无关。经济增长度量与基期价格的选取无关，意味着不论 p_k^i 为何值，$\frac{r_{t,t-1}^{0}}{r_{t,t-1}^{k}}=1$ 都成立。这时必须要求任一期的各类产品的价格以相同的比率变动，或整个经济只生产一种产品。否则，就不能保证对任意的 p_k^i 使 $\frac{r_{t,t-1}^{0}}{r_{t,t-1}^{k}}=1$ 成立，比如当 $p_k^1=2p_0^1$ 而其他价格都不变时，$\frac{r_{t,t-1}^{0}}{r_{t,t-1}^{k}}\neq 1$。

可见，在"经济增长度量与基期价格的选取无关"这种观点的背后，实际上隐藏着一个假设：任一期的各类产品的价格以相同的比率变动，或整个经济只生产一种产品。但是现实中各类产品的价格涨幅是不成相同比率的，所以总体基期价格水平的变动对经济增长率的综合效应一般是存在的。

那么如何估价基期对经济增长率的影响，现进行如下推导：

$$\frac{r_{t,t-1}^{0}}{r_{t,t-1}^{k}} = \frac{\sum p_0^i q_t^i}{\sum p_0^i q_{t-1}^i} \Bigg/ \frac{\sum p_k^i q_t^i}{\sum p_k^i q_{t-1}^i} = \frac{P_0 Q_t}{P_0 Q_{t-1}} \Bigg/ \frac{P_k Q_t}{Q_k Q_{t-1}}$$

$$= \frac{P_0 Q_t / P_1 Q_t}{P_0 Q_{t-1} / P_{t-1} Q_{t-1}} \Bigg/ \frac{P_k Q_t / P_t Q_t}{P_k Q_{t-1} / P_{t-1} Q_{t-1}}$$

即：

$$\frac{r^0_{t,t-1}}{r^k_{t,t-1}} = \frac{1/D^0_t}{1/D^k_{t-1}} \bigg/ \frac{1/D^k_t}{1/D^k_{t-1}} = \frac{D^0_{t-1}}{D^0_t} \frac{D^k_t}{D^k_{t-1}} \tag{8-35}$$

（8－35）式表明，基期对经济增长度量指数的影响可以通过用不同期为基期的减缩因子的度量而得到。（8－35）式实际上还提供了经济增长与基期选择无关的充分必要条件的另一种表达形式，即：若选任意 k 期为基期，则必须满足：

$$\frac{D^0_{t-1}}{D^0_t} = \frac{D^k_{t-1}}{D^k_t}$$

综上所述，GDP 减缩因子的确有许多特性，认真研究这些特性，对深入理解有关经济指标的含义，以及正确利用这些指标来分析实际经济问题，具有一定的指导意义。

第五节　对帕氏价格指数和拉氏价格指数的数理分析

在前面的论述中已经谈及，价格指数在定义结构上主要有两类，一类是帕氏（Paasche）价格指数，另一类是拉氏（ Laspeyres ）价格指数。

帕氏价格指数的定义为：

$$P^0_t = \frac{\sum_i p^i_t q^i_t}{\sum_i p^i_0 q^i_t}$$

拉氏价格指数的定义为：

$$L^0_t = \frac{\sum_i p^i_t q^i_0}{\sum_i p^i_0 q^i_0}$$

这里 p^i_t、q^i_t 分别表示 t 时期第 i 类产品（或劳务，下同）的价格和数量，p^i_0 表示 0 时期第 i 类产品的价格。

比较上面两个式子可以看到，在帕氏价格指数的定义式中，产品数量是现期的 q^i_t。而拉氏指数的定义式中产品数量是 0 期的 q^i_0。在实际中，GDP 价格指数是帕氏价格指数，而 CPI 和 PPI 则是拉氏价格指数。

两种类型价格指数的不同在于，由于取不同期的产品数量，使得定义式中权重不同。在帕氏价格指数中，由于数量向量取自现期，因而权重是随着数量向量的变动而变动的。而在拉氏价格指数中，由于数量向量取自基期，因而实际上是取定了不变的权重。帕氏价格指数取决于价格和数量变动的综合结果。而拉氏价格指数则取决于价格的变动结果。通过（8－25）式的表达式可清楚地看出这一点。由（8－25）式可得：

$$D_t^0 = \frac{\sum_i p_t^i q_t^i}{\sum_i p_0^i q_t^i} = \frac{\sum \frac{p_t^i}{p_0^i} p_0^i q_t^i}{\sum p_0^i q_t^i} = \sum \frac{p_t^i}{p_0^i} \frac{p_0^i q_t^i}{\sum p_0^i q_t^i} = \sum \frac{p_t^i}{p_0^i} \alpha_{t0}^i$$

式中

$$\alpha_{t0}^i = \frac{p_0^i q_t^i}{\sum p_0^i q_t^i}$$

可以验证

$$0 \leqslant \alpha_{t0}^i \leqslant 1 \quad 且 \quad \sum_i \alpha_{t0}^i = 1$$

由 α_{t0}^i 的表达式可知它的经济含义，即 α_{t0}^i 是以 0 期为基期按不变价计算的 t 期 GDP 中第 i 类产品所占的价值比重。

可见 α_{t0}^i 与产品数量 q_t^i 和 $\sum p_0^i q_t^i$ 有密切关系，即权重 α_{t0}^i 随 q_t^i 和 $\sum p_0^i q_t^i$ 的变动而变化。CPI 记为：

$$C_t^0 = \frac{\sum_i p_t^i q_0^i}{\sum_i p_0^i q_0^i} \tag{8-36}$$

从（8－36）式同样可推导出如下结果：

$$C_t^0 = \frac{\sum_i p_t^i q_0^i}{\sum_i p_0^i q_0^i} = \sum \frac{p_t^i}{p_0^i} \alpha_{00}^i$$

式中

$$\alpha_{00}^i = \frac{p_0^i q_0^i}{\sum p_0^i q_0^i}$$

可见权重 α_{00}^i 是与 t 期没有任何关系的常数。因此 C_t^0 仅取决于 t 期价格与基期价格的比值。而 D_t^0 不仅取决于价格的变动，而且还取决于数量的变动。因此，C_t^0 是价格变动的反映，而 D_t^0 则是价格和数量综合变动的反映。

下面考察计算 CPI 的商品样本。这里将要说明的是，CPI 与其依据的商品样本有直接关系。现考察 CPI 指数中增加一种商品对 CPI 指数所产生的影响。设增加的这种商品在 t 期的价值为 A，在基期的价值为 B。增加一种商品后，得：

$$\overline{C}_t^0 = \frac{\sum p_t^i q_0^i + A}{\sum p_0^i q_0^i + B}$$

记 $d = C_t^0 - \overline{C}_t^0$，则得以下结果：

$$d = C_t^0 - \overline{C}_t^0 = \frac{\sum p_t^i q_0^i}{\sum p_0^i q_0^i} - \frac{\sum p_t^i q_0^i + A}{\sum p_0^i q_0^i + B} = \frac{A}{\sum p_0^i q_0^i + B}\left(\frac{C_t^0}{A/B} - 1\right) \tag{8-37}$$

由此式可见，d 的符号取决于$\frac{A}{B}$和 C_t^0 的大小。当$\frac{A}{B}$大于 C_t^0 时，d 为负值，即 $C_t^0 < \overline{C}_t^0$；当$\frac{A}{B}$小于 C_t^0 时，d 为正值，即 $C_t^0 > \overline{C}_t^0$。假设在计算 CPI 时增加一种商品，比如增加第 $m+1$ 种商品，t 期价格为 p_t^{m+1}、抽样数量为 q_t^{m+1}，基期价格为 p_0^{m+1}，则 $A = p_t^{m+1} q_0^{m+1}$ 及 $B = p_0^{m+1} q_0^{m+1}$。此时$\frac{A}{B}$与 C_t^0 相比较，变为$\frac{p_t^{m+1}}{p_0^{m+1}}$与 C_t^0 相比较。

由此可见，增加一种商品对 C_t^0 的变化方向的影响，取决于该商品现期与基期价格之比同 C_t^0 的比较。同样，减少一种商品对 C_t^0 所产生的影响作用道理也是如此。由此得出的结论是：

（1）CPI 与所选的商品样本有密切关系，因此包含一定的主观性，即与如何设计 CPI 的商品种类与数量有直接关系。

（2）为了消除商品种类与数量的变动对 CPI 的影响，计算中对历年的商品种类与数量一般都保持固定不变，以增加可比性。

（3）GDP 减缩因子包含全部社会产品，而不是人为设计取样商品的种类与数量，因此 GDP 减缩因子在理论上具有一定的客观性与全面性。而 CPI 仅能代表某一种价格水平。

由以上的分析可知，不同的价格指数反映不同方面的价格水平变动情况，因此政府如何正确运用价格指数进行分析与决策，是需要认真考虑的问题。通货膨胀的标准定义是指商品和服务价格全面、持续和较大幅度地上涨。然而在具体测度通货膨胀水平时，目前在中国尚没有正式公布 GDP 价格指数，因而不得不借助于特定含义的价格指数来度量通货膨胀。

因此，选择何种价格指数来度量通货膨胀水平，要根据所关注的问题来决定。如果关心价格变动对生产者的影响，则生产者价格指数（PPI）较为合适。如当政府因某种原因需要对生产者给予补贴时，往往需要参考生产者价格指数的变动来决定补贴水平。如果关心价格变动对消费者可能产生的影响，则消费者价格指数（CPI）较为合适。特别是可以将工资与通货膨胀指数相联系，由此可以帮助和保护工薪阶层消费者的利益。

然而，当需要综合分析通货膨胀水平时，GDP 减缩因子就是一种较为合适的指标，因为 GDP 所包含的产出种类是最多的，因此也就能够较全面地反映经济中价格水平的变动。然而需要注意的是，由于 GDP 所包含的产出是本国或本地区的，显然进口商品不在 GDP 的统计之内，因此 GDP 价格指数中自然不包括进口商品价格的因素。也就是说，GDP 价格指数的变动不能反映进口商品价格的变动情况。或者从另一种角度说，进口商品价格的变动对 GDP 价格指数的变动没有直接的敏感性。但是，不排除具有间接的影响，如进口商品价格变动引发国内产品价格变动，实际上就是进口商品价格变动对 GDP 价格指数产生间接作用。因此可以得到一个提示：一个国家的进口规模与 GDP 之比的大小，可以衡量是否采用 GDP 价格指数作为全面度量通货膨胀水平的价格指数的依据之一。因为 GDP 价格指数不包含进口商品价格的因素，因此进口规模与 GDP 之比越大，则 GDP 价格指数较全面地反映通货膨胀水平的程度就越小；反之，进口规模与 GDP 之比越小，则 GDP 价格指数较全面反映通货膨胀水平的程度就越大。

本章小结

1. 数理经济模型是一类重要的经济模型，它提供了分析问题与解决问题的方式，是对经济分析思维方式的一种很好的训练，可以说它是最适合成为首选学习的经济模型。

2. 数理经济模型的建立与应用，主要有如下一些重要环节：提出问题、确定有关的理论、确定假设条件、用数学语言描述问题、数学推导以及对结果进行分析与解释等。

3. 数理经济模型在经济分析方面有广泛的应用，如利用它可以证明居民收入分布结构的状况对总消费水平有直接的影响，收入差距的扩大对总消费水平起到降低的作用。

4. GDP 价格指数是国民经济中的重要经济指标，是比较全面地反映国民经济总体价格变动的重要指标。对 GDP 价格指数的数理分析表明，GDP 价格指数在构造上具有许多特性。

5. 不同的价格指数实际上是不同的数理经济模型；不同价格指数反映的是不同方面价格水平的变动情况。因此政府如何正确运用有关价格指数进行分析与决策，是需要认真考虑的问题。

思 考 题

一、名词解释

（1）政府支出乘数 （2）税收乘数

（3）收入边际替代率 （4）拉氏价格指数

（5）帕氏价格指数

二、简答题

（1）简述建立与运用数理经济模型的基本过程。

（2）试利用数理经济模型分析财政支出的乘数效应。

（3）试利用数理经济模型分析税收的乘数效应。

（4）简述帕氏价格指数与拉氏价格指数的区别。

三、论述题

（1）论述收入差距对产出的效应。

（2）对 GDP 减缩因子定义式进行数理分析。

（3）论述产出价格变动和产出数量变动对 GDP 价格指数的影响。

阅读参考文献

李军：《收入差距对消费需求影响的定量分析》，载《数量经济技术经济研究》2003 年第 9 期。

李军：《对 GDP 减缩因子的分析》，载《数量经济技术经济研究》1997 年第 1 期。

厉以宁、秦宛顺编著：《投资乘数》，载《现代西方经济学概论》，北京大学出版社 1983 年版。

［美］斯蒂格利茨（Joseph E. Stiglitz）：《收入—支出分析的代数模型》，中国人民大学出版社 2005 年版。

［美］蒋中一：《数理经济学的基本方法》，商务印书馆 2004 年版。

［英］R. G. D. 艾伦：《数理经济学》，商务印书馆 2005 年版。

Rudiger Dornbusch, *Macroeconomics*, Page 34, Mcgraw-Hill, 1987.

Jeffrey Baldani, James Bradfield, Robert W. Turner, *Mathematical Economics*, 2 edition, South-Western College Pub, 2004.

Alpha C. Chiang, Kevin Wainwright, *Fundamental Methods of Mathemati-*

cal Economics, 4th edition, McGraw-Hill Education, 2005.

Michael Carter, *Foundations of Mathematical Economics*, 1st edition, The MIT Press, 2001.

W. E. Diewert (Editor), A. O. Nakamura (Editor), *Essays in Index Number Theory (Contributions to Economic Analysis)*, North Holland, 1993.

Franklin M. Fisher (Author), Karl Shell (Author), *Economic Analysis of Production Price Indexes*, Cambridge University Press, 1997.

第九章　经济模型在财政经济分析与预测中的应用

内容提要

经济模型在财政经济分析与预测中有广泛的应用。本章首先概述以财政收入和财政支出为核心的财政经济的某些基本问题；其次介绍利用经典的 IS－LM 模型及蒙代尔－弗莱明模型来分析财政政策的效应；第三是论述经济预测的基本过程、长期与短期预测等基本问题；第四是探讨财政收入预测的理论与模型，给出财政收入预测模型的数理结构，分析国家与地方两种不同水平上的财政收入预测模型框架。

第一节　财政经济概述

财政是国民经济的重要组成部分，是政府赖以履行其职能的重要基础，也是政府的重要经济政策工具。因此，与财政相关的经济问题，历来受到政府乃至全社会的关注。在经济学中，财政政策是一个重要的经济变量，许多理论和模型都涉及财政政策分析。

1. 财政收入与财政支出

财政经济是与财政收入及财政支出行为有关的经济。财政收入也称政府收入或公共收入，是指政府按有关法律法规的规定，为履行其职能而筹集的一切资金的总和。一般而言，政府主要有三种获取财政收入的方式：税收、借债和印发钞票。

一般来说，税收是政府获取财政收入的主要方式，它是通过法律形式划定下来的政府收入，是政府财政收入中最主要和稳定的一部分。借债和印发钞票主要是用于弥补财政赤字。借债是指政府面向公众借债，如向公众发售各类债券等。印发钞票是指政府开动印刷钞票的机器，简单地印发钞票。这种通过印发钞票获取的政府收入在经济学中称为铸币收入或铸币税（seigniorage）。由于增发钞票这种方式会导致没有实物对应的货币供给的增加，因此很容易引发通货膨胀。

通货膨胀具有改变资源配置格局的效应，因此通过印发钞票而获取财政收入，类似于政府强行增收了通货膨胀税（inflation tax）。这里的通货膨胀税并非是政府真正征收的一个税种，而是从理论上讲由于政府通过印发钞票导致通货膨胀而使货币贬值的结果，如同政府增加一种税收一样，而为通货膨胀纳税的人就是每一位货币持有者。基本原理是，政府通过大量印发货币可以提高政府控制货币的比例，也就是提高政府控制经济资源的比例，从而相当于提高了政府财政收入。目前在许多国家这种以印发钞票取得财政收入的方式是被法律严格禁止的。

财政支出也称公共支出或政府支出，是指政府为履行其职能而支出的一切费用的总和。在现实经济中，政府财政支出的安排问题似乎比财政收入问题受到的关注程度相对更高一些，因为政府如何花钱更加直接涉及各方面的利益。因此，政府的财政支出计划一般要受到相关机制的约束。如在中国，政府的财政预算（财政收入与财政支出的计划）要通过全国人民代表大会的审议和通过。如何有效地进行财政监管是值得研究的问题。

财政支出的内容与范围，同政府对财政职能的定位有密切关系。在过去的传统计划经济体制下，中国的财政职能主要是经济建设的职能。因此在这种体制下的财政支出，是以经济建设为核心内容进行安排，如投资建厂、开设工程、更新改造以及技术挖潜等。而在市场经济条件下，经济资源的配置应主要由市场的供给和需求关系来决定，相应的政府财政职能应以公共财政职能为主。公共财政职能就是满足社会公共需要以及弥补市场缺陷或市场失效的职能。社会公共需要包括行政、公安、司法、基础科研、基础教育、基本卫生保健、社会保障、基础公共设施和城市维护建设、环境保护等多方面的内容。

财政支出可以大于或小于财政收入。财政支出大于财政收入称为财政赤字，财政支出小于财政收入称为财政盈余。稳定的财政政策应是以收定支，收支平衡。但是财政赤字有时是被政府作为刺激经济的一种经济政策来执行的。为此，对赤字政策一直存在很多争议，因为财政赤字被认为是一种财政风险。

国际上评价财政风险通常有两个指标：一是赤字率，即财政赤字占GDP的比重；二是负债率，即政府负债余额占GDP的比重。按欧盟1997年通过的《稳定与增长公约》的规定，欧元区各成员国的财政赤字不得超

些变量不受财政支出的影响。正是有这样的假定才能使政府支出的效应完全由消费进行传导，从而政府支出乘数为$\frac{1}{1-c}$。这样的假定条件下的结果表明，政府增加支出1元钱可得到$\frac{1}{1-c}$元的总收入增加，其中c为边际消费倾向。

在实际分析中，一定要注意有关的前提条件，而不能简单地套用。比如，政府支出的扩大将提高总需求水平，但这并不意味着实际产出就一定增加，因为实际产出的多少还要看供给方面的情况。实际产出是由供给与需求共同决定的。

在这里，实际上还有一些重要因素没有考虑进来，如价格及利率。如果把价格和利率也考虑进来，则财政政策不仅有“乘数效应”，而且也有“挤出效应”。

1. 财政政策与挤出效应

财政政策的挤出（crowding out）效应在经济学中是指这样一种现象：政府支出的增加可能导致投资的下降，因此最终的结果可能是总收入并没有增加，或者是没有完全达到支出对总收入增加的乘数效应，也就是政府支出的增加把一定的投资挤掉了。由于存在着挤出效应，因此不能简单地套用财政支出的乘数计算公式，而要对实际经济进行具体分析。

但政府支出是否会导致挤出效应的发生，同样存在一定的条件。其中，利率的可变程度和产出的决定因素是重要的影响因素。可用IS－LM模型对挤出效应进行说明。

IS－LM模型是从产品市场和货币市场两个方面来描述总需求的。在两个市场中分别建立产出与利率之间的关系，然后通过两个市场的均衡确定由需求所决定的产出与利率的关系。在产品市场中用IS曲线来刻画，在货币市场中用LM曲线刻画。在一般情况下，IS曲线和LM曲线如图9－1表示。

在IS曲线中，字母I表示投资，字母S表示储蓄。在IS曲线上，产品市场实现总供给与总需求的均衡，这时，产出Y和利率r应满足如下方程：

$$Y = C(Y - T) + I(r) + G + NX \tag{9-1}$$

这个方程包含了国民收入平衡式，消费函数和投资函数。方程的意义是，产出数量Y必须等于对产品的需求$C + I + G + NX$。

在LM曲线中，字母L表示流动性（liquidity），字母M表示货币。在

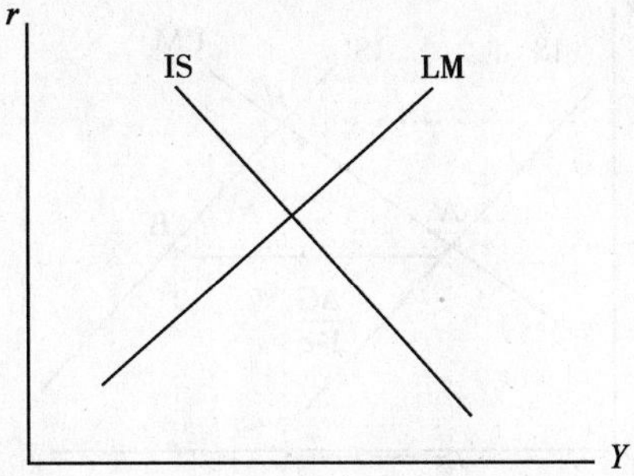

图 9－1　IS－LM 模型

LM 曲线上，货币市场实现供给与需求均衡，这时，产出 Y 和利率 r 应满足如下方程：

$$M/P = L(r, Y) \tag{9-2}$$

这个方程描述货币供给等于货币需求。其中利率 r 与实际货币供给 M/P 呈反向关系，与产出 Y 呈正向关系。

可以用 IS－LM 模型解释政府支出的挤出效应。首先，政府支出的增加，ΔG 导致 IS 曲线上移，即在图 9－2 中移动到 IS′。如果利率 r 固定不变，则产出将从 A 移动到 B，这时 A 与 B 的距离即是 $\frac{\Delta G}{1-c}$，其中 c 为边际消费倾向。但是，如果利率是可变动的，这时政府支出的增加，ΔG 导致 IS 曲线上移，使利率也发生变化。即在 LM 曲线不变的情况下导致利率上升，而利率上升导致投资下降。这时在图 9－2 中 A 点不是移动到 B，而是移动到 H。因此经济的实际产出增加将是图 9－2 中的 ΔY，而不是 $\frac{\Delta G}{1-c}$。由图 9－2 可见，ΔY 将小于 $\frac{\Delta G}{1-c}$。因此，总收入水平的最后结果，实际上是政府支出增加和引发利率上升使投资减少，两者综合效应的净结果。

存在两个极端的情况：一是，利率被固定在一个水平上，此时图 9－2 中的 LM 曲线是一条水平的直线，政府支出增加的效应将全部发挥而没有挤出效应。二是，产出是由生产要素所决定，此时 LM 曲线是一条垂直的直线，政府支出增加的效应将全部被挤出而没有乘数效应。即在第二种情况下，无论怎样增加政府支出，总收入水平都将保持不变。

对于第二种情况可以这样理解：当总产出是由生产方面决定时，总产出 Y 实际上就是由生产函数决定的。如总需求已超过总产出所对应的生产

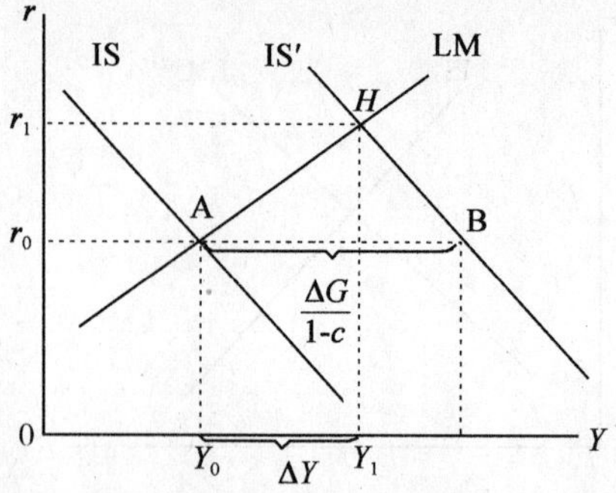

图 9－2　挤出效应

能力，这时总产出水平将取决于生产能力，而不是由体现为 $C+I+G+NX$ 的需求决定。这时财政支出增加 ΔG，最先的反应是对商品或服务的需求增加 ΔG。但是因为 Y 已经由生产能力决定了，因此在 $Y=C+I+G+NX$ 中 Y 为一定而 G 增加，必然导致式中某一项应减少。由于可支配收入没有改变，因此消费需求 C 没有改变。在不考虑开放经济的影响作用时，唯一可改变的只有投资需求 I。而为了使投资 I 下降，利率就必须上升。

通过这样的分析可见，当经济处在生产能力的饱和状态时，是容易发生挤出效应的，这种状况是与供不应求相对应的。当经济处在生产能力闲置的需求不足状态时，则不容易发生挤出效应。因为需求不足时需求水平的提高可以启动闲置的生产能力，从而提高总产出水平。从中国当前的现实情况看，中国经济目前主要是处在总需求水平相对不足的阶段，而不是受生产能力的制约。因此，从理论上讲目前中国发生较大规模的挤出效应的条件是不成熟的。也就是说，在目前的中国实施积极的财政政策，有助于提高总需求水平，从而使闲置的生产潜力得以发挥而拉动经济增长，并不会导致显著的投资下降的挤出效应。

与挤出效应概念相对应，在经济学理论中还有一个“挤入效应”的概念。所谓挤入效应是指在考虑投资组合（portfolio）时政府支出的增加可以导致投资增加的情况：当货币（money）、债券（bonds）和实际资本（real capital）或股权（equity）可以充分替代，并且私有部门的投资决定是由股权收益率来决定时，如果政府的债券是和货币进行密切的替换而不是和股权替换，那么在投资组合中相对于货币而言，股权的份额就会相对变大，因此债券增加将导致降低（bid down）股权的收益率，从而使私有部门进行投资。

通过上述分析可以看到，利用 IS – LM 模型分析财政政策的效应，是一个有效途径。财政政策的作用体现在 IS 曲线中，即式中 G 和 T 这两项。可以看出，在 IS – LM 模型中，政府支出 G 和税收 T 是外生变量。在其他条件不变下，G 的增加将提高总需求水平，而 T 的增加将降低总需求水平。但是究竟是怎样的后果不能由 IS 曲线单独决定，还要看货币政策如何与之对应。利用如此方式表述的 IS – LM 模型只能进行定性的分析。如果要进行数量分析，就需要将上述方程具体数量化。在具体实现时可分别估计上述方程。并可根据不同的实际条件寻找更合适的方程，进行具体问题的具体分析。

值得强调的是，利用 IS – LM 模型所进行的有关分析，只适用于短期而不适用于长期。从长期来看，总收入水平最终是由实际生产能力决定的，即由生产函数来描述。

2. 开放条件下的财政政策效应分析

经济全球化使各国经济处于开放经济的状态下。因此，如何考虑在开放经济条件下的财政政策效应，是非常现实的问题。所谓开放型经济就是指一个国家或地区的经济是世界大经济系统中的一个组成部分，该国家或地区的经济不仅受其内部因素的影响，而且也受外部因素的影响。

在开放条件下，内部经济与外部经济发生关系的途径主要有进出口贸易、利率、汇率、价格以及其他如技术、信息等多方面的传导形式。在开放经济条件下的财政政策效应，同传导机制有密切的关系。因此在进行实际的分析时，需要结合国家或地区的贸易体制、利率机制和汇率机制等对于预测的条件做出判断。

（1）长期效应分析

现对从长期看的财政政策对贸易的影响作用进行预测性分析。假设经济是处在小型开放的经济中。如果政府拟通过增加财政支出的方式扩大内需，其结果将是怎样的？小型开放的经济含义，指相对于世界经济而言本区域经济是世界经济的一小部分，以至于本区域经济不对外部经济产生任何的影响，本区域经济是外部利率和汇率的接受者。

由于从长期看的收入水平 Y 是由生产函数决定的，由国民储蓄 $S=Y-C-G$ 的关系可以看到，政府支出 G 的增加将减少储蓄 S。此时利率由世界利率决定，因此投资将保持不变。这意味着政府支出 G 的增加将导致储蓄水平低于投资水平，两者之间的差额 $S-I$ 将通过从国外的借债来补偿。

而净出口 $NX = Y - C - G - I = S - I$，因此 S 的降低意味着 NX 的降低。这意味着经济处在贸易赤字之中。

同理可分析减税政策的效应。减少税收 T 将增加国民的可支配收入 $Y - T$，从而使消费增加，于是同样降低国民储蓄 S。由于净出口 $NX = S - I$，故 S 的降低同样意味着 NX 的降低，也就是经济处在贸易赤字之中。因此从长期看，长时期实行财政赤字的政策容易导致贸易赤字，即出现所谓“双赤字”的局面。

（2）短期效应分析

从短期来看，开放经济条件下财政政策的作用机制却有所不同。可以用蒙代尔—弗莱明模型（Mundell-Fleming model）来解释。蒙代尔－弗莱明模型实际上是 IS－LM 模型在开放条件下的版本。这两个模型都是描述价格给定条件下影响总需求变动的诸因素之间的关系。两者也都强调产品市场与货币市场的区别。重要的不同点是，IS－LM 模型的分析对象是封闭经济，而蒙代尔－弗莱明模型的分析对象是小型开放经济。

蒙代尔－弗莱明模型中的利率由世界利率水平决定，而 IS－LM 模型中的利率是内生变量。事实上，IS－LM模型的主要意义就反映在封闭经济中利率与收入的关系，而蒙代尔—弗莱明模型的主要意义是体现在小型开放经济中汇率同收入的关系。一个相同点是，财政政策在这两个模型中都是重要的外生变量。蒙代尔—弗莱明模型可表示为下面的方程：

$$Y = C(Y - T) + I(r^*) + G + NX(e) \qquad IS^*$$

$$M/P = L(r^*, Y) \qquad LM^*$$

式中 e 为汇率，r^* 为世界利率。IS^* 和 LM^* 的曲线如图 9－3 所示。

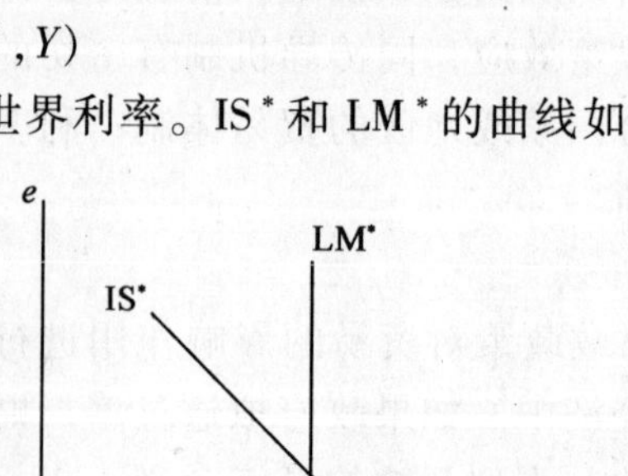

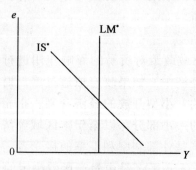

图 9－3　蒙代尔—弗莱明模型

图 9－3 中 LM^* 为垂直的直线，这是因为在 LM^* 方程中没有 e。在 IS^* 中 e 与 Y 呈反向关系。开放经济条件下财政政策的效应，同汇率的状况有

很大的关系。具体看下面的有关情况。

首先考察浮动汇率（floating exchange rates）下财政政策的效应，即考察在浮动汇率下政府增加支出或减税以刺激国内需求所得到的结果。根据蒙代尔－弗莱明模型，由于 r^* 为固定，故 LM^* 方程将在实际货币供给 M/P 不变下决定出产出 Y。此时，由于 r^* 为固定，因而投资将不变，故由 IS^* 方程可得：在已定的 Y 下 G 增加或 T 减少，都将导致 $NX(e)$ 减少。由于净出口 NX 与 e 呈反向关系，因此 NX 的减少意味着汇率 e 的上升。也就是，在浮动汇率的情况下，积极财政政策的效应将导致汇率上升而总收入水平不变。在图 9－4 中，G 的增加或 T 的减少导致 IS_0^* 向上移动到 IS_1^*，由于 LM^* 不变，因此其效应是汇率从 e_0 提高到 e_1 的水平，而产出没有变动。

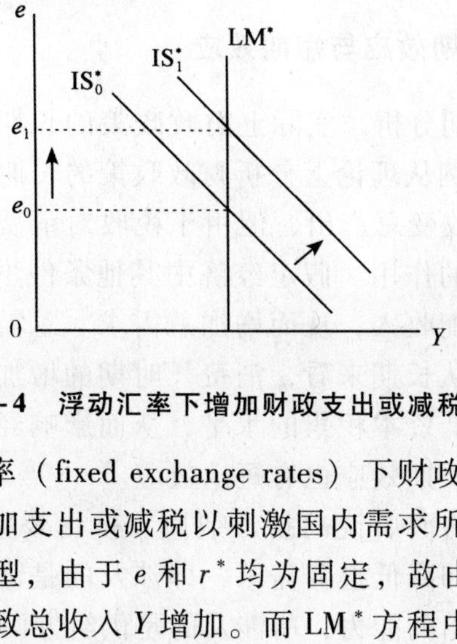

图 9－4　浮动汇率下增加财政支出或减税效应

其次考察固定汇率（fixed exchange rates）下财政政策的效应，即考察在固定汇率下政府增加支出或减税以刺激国内需求所得到的结果。同样根据蒙代尔－弗莱明模型，由于 e 和 r^* 均为固定，故由 IS^* 方程可得：G 增加或 T 减少，都将导致总收入 Y 增加。而 LM^* 方程中，利率 r^* 是固定的，因此 Y 的增加必然给实际货币供给造成提高压力，即为了保持市场的均衡，就必须增加货币供给的实际水平。因此，在固定汇率的情况下，积极财政政策的效应将导致总收入水平及货币供给的实际水平提高。在图 9－5 中，LM^* 将移动到 LM_1^*，即从而总产出从 Y_0 增加到 Y_1。

如果以稳定物价为政策目标，即保持价格 P 不变，这时必须增加名义货币供给 M。如果中央银行是以控制货币供给 M 为目标，或者由于某种原因无法增加 M 的水平，那么必然要求价格 P 下降，即出现通货紧缩。这表明，固定汇率条件下的积极财政政策也可能引发通货紧缩。

上述分析还表明，不同的汇率体系对货币供给自动调节灵活性的要求是不一样的。在浮动汇率下，可以降低货币供给自动调节的灵活性，而在

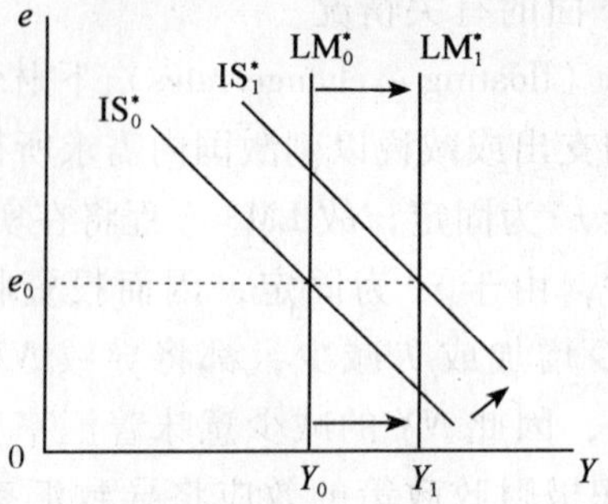

图 9－5 固定汇率下增加财政支出或减税效应

固定汇率下，则要求有较高灵活性的货币供给自动调节机制。

3. 财政政策的长期效应与短期效应

以上的分析是短期分析。实际上财政政策的长期效应和短期效应是不同的。下面以减税为例从理论上分析财政政策的长期效应和短期效应。

尽管税收不直接改变总产出，但由于税收对消费等有影响，因而税收仍会对经济产生重要的作用。假定经济中其他条件不变，从短期来看，减税可以增加居民可支配收入，从而增加总需求。总需求的增加将有助于提高总产出水平。但是从长期来看，消费长时期的增加将减少国民储蓄，而国民储蓄的减少将降低资本积累的水平，从而影响经济增长的潜力。由此可见，税收政策既有长期效应也有短期效应。

这种效应并不是前面所说的挤出效应。挤出效应是指政府支出增加，在提高总需求的同时却降低投资需求，即涉及的是需求方面。这里降低资本积累水平而影响产出的能力，所涉及的是供给方面。

此外，这里的分析是基于其他条件不变这一前提条件。实际上现实经济始终处在不断发展变化之中。如政府支出水平一般是与财税收入水平相适应的。因此在减税的同时，如果支出水平也相应降低，那么支出降低的直接效应就是减少总需求。总需求的减少会造成短期内产出的减少。因此产出的最终变动取决于减税使消费增加而导致产出增加的正效应，及因减少税收而相应减少政府支出从而使得产出减少的负效应这两种效应的净结果。另外，减税使人们的可支配收入提高。在收入提高引起消费增加的同时，激励人们投入更多的劳动以获取更多的收入，从而使产出增加。低税可以吸引更多的投资，而更多的投资使产出增加。可见，现实经济中税收政策的效应是多方面的，是与特定的经济环境条件，如经济体制、市场机制及消费者行为特点等联系在一起的。

对增税的效应也可做类似的分析。但不论怎样，可以得出如下结论：财税政策对经济确有重要影响，可以作为政府调控经济的手段；同时，财政政策的长期效应与短期效应未必是一致的。因此，如何正确运用财税政策是一个重要而复杂的问题，一定要慎重为之。影响正确决策的一个重要因素是，决策者能否对财税政策的长期与短期的最终净效应做出正确的判断。

第三节　关于经济预测

财政收入是整个财政经济的基础，因为有了财政收入才会有财政支出，才可谈到财政政策的运用。因此，现实经济中对财政收入的预测是很必要的。经济模型在财政收入预测方面可以大有作为。

财政收入的预测属于经济预测的范畴，因此了解经济预测的有关问题是必要的。预测就是对尚未发生的事情做出事先的判断。经济预测问题是一个容易引起争议的问题，不少人对此持否定态度。因为他们经常发现，经济预测的结果往往和实际会有很大的偏差。无论怎样，经济预测会延续下去，因为人们需要有经济的“天气”预报，以便未雨绸缪。

（1）科学预测的基本方式

预测其实并不神秘，几乎人人都能预测，至少是可以“拍脑袋”。然而这里所说的预测，不是指“拍脑袋”式的预测，更不是指八卦式的预测，而是指科学的预测。科学的预测是指运用科学的方法，在对一定事物深入研究并把握其基本规律的基础上进行的预测。

从哲学的角度看，任何事物的发展变化都存在内因与外因。内因就是指事物内在的、本质的因素，它决定了事物发展变化的规律性。外因则是指与之有关的外部的环境和条件。内因是根本，外因是条件，外因通过内因而起作用。

按此哲学原理，科学的预测应包括如下的环节：把握事物的内因，即事物变化的规律性；把握事物的外因，即相关外部环境与条件；在此基础上，将事物的规律性和外部环境与条件相结合进行预测。这实际上就是科学预测的一种基本方式。

经济预测的确有其特殊性。这主要是因为经济是一种人类社会现象，人是经济活动的主体，而人的行为具有很强的主观性和不可测性。但是，对经济的科学预测不是建立在个别和偶然现象的基础上，而是建立在大量观测的基础上，即遵循大数原理。

（2）内在趋势和随机因素

实际上，不论在自然界还是人类社会中，实际的结果最终都可归结为两部分结果的叠加，一部分是规律性结果，另一部分是非规律性结果。实际的结果是规律性结果和非规律性结果的综合。规律性结果是由事物的内因决定的，反映事物发展变化的内在趋势。非规律性结果是偶然性的，主要是事物外部不确定性和随机性所造成的结果，它决定了实际结果离规律性趋势的偏差。趋势线及偏离由图 9-6 表示。

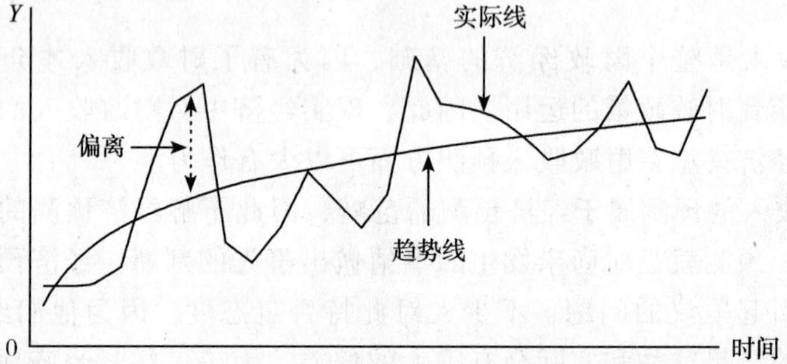

图 9-6　实际线分解为趋势线和偏离

图 9-6 中，横轴表示时间，纵轴表示某经济变量，如实际产出。实际线表示经济变量 Y 的实际轨迹。趋势线表示经济变量本来的内在趋势。按图 9-6 所示。经济的实际线是趋势线和偏差的和。趋势线是由经济中的规律性决定的，偏差是由随机性决定的。规律性关系决定经济变量总体趋势，而随机性决定实际结果围绕内在趋势的波动情况。

经济模型描述的是经济变量间的规律性关系。本书第六章中表达式 $Y=\hat{Y}+u$，说明实际结果 Y 可表为对它的估计 $\hat{Y}$ 加误差 u。建立模型就是建立对 $\hat{Y}$ 进行估计的模型。

（3）模型的局限性与意外事件的预测

从实际预测的角度说，只有模型还是不够的，还需要把握运用模型的有关外部条件。对实际预测来说，不仅要掌握经济运行的规律性部分，还要对可能发生的重要影响因素进行识别，包括对意外的突发性事件的判别。这种外部因素的判别不能由模型来完成，它们是模型的外生变量，是模型的输入。

有些人过于高估经济模型的作用，期望它能预测出类似于20世纪70年代初期的石油危机这种重大突发事件是否还会发生，甚至是在什么时间发生。可以明确地说，经济模型不具有预测偶发事件的功能，因为经济模型是建立在规律性关系基础上的。如果你能确定发生此种重大事件的外部条件，那就等于已对此有了判断，而无须再用模型进行预测了。

对偶发事件的预测并不是不可能，但这属于另一类问题，不属于经济模型的范畴。预测的准确程度同掌握与之有关的信息的充分程度有直接关系。为什么短期预测会比长期预测的准确性相对要高，就在于对短期内有关因素的识别比长期情况相对容易、相对准确。但是直到目前，人们还没有办法能够有效地对意外的突发性事件进行准确判别，因此经济预测难免出现偏差。

（4）长期预测和短期预测

有必要区分长期预测和短期预测。因为长期预测和短期预测的理论基础不同以及相应的关注点也不同。短期预测需要在把握经济变量间规律性关系的基础上，对有关的具体影响因素有很好的把握。也就是说，短期预测不仅需要有好的模型，而且更需要对短期内相关影响因素有很好的判别，如政府是否要控制投资规模，今后两年内是否会发生干旱或洪水，是否发生重大流行性疾病，是否发生重大政治事件等。而从长期来看，时间越是遥远，对有关因素的识别和判断就越困难。从长期来看，实际结果是围绕内在趋势线波动的，因此这时对趋势线的判断远比对偏差的判别更重要。因此长期预测的重点在于对长期趋势的预测，而短期预测的重点在于对实际的波动性的判断。如果能够对未来10年后的具体经济场景进行精确的描述，如是否要发生特大洪水，是否有某种重大疾病的发生，政府是否要进行宏观调控等，那么你才能对未来进行精确的预测，否则你的预测只能是趋势性预测。

（5）如何理解预测

对预测意义的理解不要局限在预测结果是否准确。进行经济预测的过程，实际就是对经济不断认识的过程，而这种认识有时会比预测的结果更有意义。预测结果的偏差有时也并非是预测本身的问题。经济发展变化的结果，是经济中各方面力量博弈的结果。经济中各个方面可能会根据预测结果而调整策略，最后的均衡可能是偏离原来预测的结果。就像一个人在局外预测股市可能很准，但一旦真的进入，就不像他在纸上计算出股市会这样或那样了。可能有无数个在纸上计算股市很准的人，一旦实际进入股市，股市中的资金量就会发生实质的变化，而不再是他原来计算的那样了。如果每个预测者都按预测的结果调整其行为，那么原有的各方面的关系格局已经改变，必然导致实际的结果与预测的结果会有很大偏离，从而导致实际的预测失灵。

基于历史数据建立的经济模型，如计量经济模型，实际上是对历史及现实的经济结构与关系的再造。由此从模型所得出的预测结果，实际上是隐含着未来的经济结构和经济关系与现实相同的假设。因此对预测结果，特别是对长期的预测结果，应理解为按现有经济结构与关系的外推结果，而且是对未来趋势的预测而不是针对实际值的。未来的实际值取决于未来当时的各方面的具体条件，包括政治的、经济的及自然的，等等。但现在对此是无从所知的。一个好的预测结果应当是在趋势线上下附近，而没有大的偏差。

第四节　财政收入预测理论分析

1. 财政收入预测的基本思路与目的

对财政收入的预测同样需要从两个方面来把握，即首先是对财政收入规律性关系的把握，其次是对随机性和突发性因素的把握。

从规律性因素看，财政收入与经济发展水平有紧密的关系。因为财政收入来源于经济，确切地说来源于经济活动所创造的价值。虽然财政收入是国家通过法律来确立的，具有鲜明的无偿性和强制性，但财政收入不是无源之水。如果没有经济中的生产与经营活动，就没有财政收入。经济活动的成果直接影响财政收入的水平。虽然一个国家或地区的财政收入状况与许多因素有关，如同财税体制、财税政策、征收手段、执行力度及纳税人的意识等多方面因素有关，但从根本上讲，它取决于该国家或地区的经济发展水平。因此，对财政收入的预测需要同对经济的预测紧密结合起来。对财政收入的预测应当建立在对经济增长预测基础之上。然后，建立财政收入与经济增长之间的相互作用关系。

对财政收入的预测，首先需要有明确的预测目的。预测目的不同，采用的预测理论、方法及预测技术，以至模型内容、结构及数据等均可能不同。一般而言，财政收入预测的目的可以有以下几个方面：

(1) 财政收入的总量水平

财政收入的总量水平，即财政收入的多少，体现了政府可利用的财力。因此对财政收入总量水平的预测，有助于政府把握未来财政收入状况，以便对有关工作进行安排。在编制财政预算时把握好可用的财力，对于做好财政预算的收支平衡很有帮助。对资金的缺口可以及早准备措施。

如果以财政收入总量预测为目的，从理论上讲不必要将财政收入总量分解来进行预测。如果直接对总量进行预测的效果较好，就没有必要进行分解预测。分解预测反而可能会引致效果不好的情况。如果直接对总量进行预测的效果不好，那么就有必要进行分解预测。总之，是否需要将总量分解，需要看具体的实际情况，而不能一概而论。

（2）财政收入的结构

财政收入的结构说明财政收入的各种来源。财政收入的结构是指构成财政收入总量的各分项收入的数量比例关系。对财政收入结构的预测，有助于政府把握未来税源的变动趋势，从而根据经济发展更好地把握未来税收的形势，对税收工作做到胸有成竹。

在实际中财政收入结构的划分不是唯一的。财政收入结构可按税种划分，或者按产业分类划分，或者按不同收入群体划分，等等。如果以财政收入的结构比例为主要预测目的，则需要将财政收入总量进一步划分为所需要的各分项收入。而财政收入的结构涉及如何对财政收入进行适当的分类，这是一个基本和重要的环节。对财政收入的分类，直接关系到模型的结构设计、解释变量的选择和相关数据收集与处理等多方面的问题，因此对财政收入的分项分类不要轻视。

（3）财政收入的长期预测与短期预测

有时政府所关注的财政收入不是现时的，而是未来几年甚至十几年后的财政收入水平；有时政府需要知道当年甚至是几个月内的财政收入情况。这便是财政收入的长期预测与短期预测的问题。区分长期预测和短期预测是十分必要的，因为经济增长在长期与短期的决定机制是不同的，从而与预测所依据的理论、方法及预测模型的机制等都有很大的关系。

从长期来看，经济增长主要取决于实际生产能力，而在短期则主要取决于供给与需求的关系。如果是长期预测，需重点把握的应是长期趋势性；而如果是短期预测，则需重点把握的应是短期波动性。如果是长期预测，应重点考虑的是经济中内在、本质和长期性影响因素；而如果是短期预测，那么应重点考虑的是现实经济中具体的、偶然的和突发性影响因素。

（4）财政与经济关系的预测

有些时候，对财政收入预测的关注点并不完全是在财政本身，而是在财政收入与经济某些方面的关系。例如关注财政收入与经济增长的关系是否协调，或经济中某些因素对财政收入会有怎样的作用，或财政收入某些因素的变化对经济的影响作用，等等。

如果预测的目的是为了分析与判断财政与经济的关系，则构建模型时的关注点就不能局限在财政方面，而还要关注有关的经济方面。如应当考虑通货膨胀对财政收入的作用，以及相关产业的发展和结构调整对财政收入的影响作用等许多具体问题。

（5）财政风险的评估

财政收入的多少，直接影响抵抗财政风险的能力。因为财政收入多，相应地财政赤字就会降低，财政风险也会降低。同时，政府还需要考虑应对意外事件的支付，如弥补社会保障资金的缺口、债务的偿还等。

2. 财政收入预测的影响因素

影响政府财政收入的因素是繁多而复杂的。一般可归结为两类因素：制度因素和经济因素。

（1）制度因素

从制度方面看，税收是在一定税收制度下的税收，税制不同，税收的情况也就不同。事实上，税制具有丰富的内容，它涵盖了课税的主体、课税的对象以及税收的种类、税基和税率等多方面的内容。税制的不同可以导致不同的课税主体、课税对象、税种、税基以及不同的税率。因此，税制的任何变化通常会对税收格局产生深刻的影响。

为了说明税制对财政收入的影响，图 9－7 给出了中国财政收入占 GDP 比重的曲线。从图 9－7 可见，1978 年国家财政收入占 GDP 的比重是 31.1%，以后便一路走低，到 1995 年该比重已经降到 10.3% 的最低点。1994 年实施分税制后，国家财政收入占 GDP 比重不断下降的局面开始得到逐步扭转，从图 9－7 可以看到，从 1996 年起国家财政收入占 GDP 比重的曲线开始上升，到 2005 年该比重已上升到 17.3%。由此可见税制对财政收入的确有较大的影响作用。

数据提示我们，对财政收入的预测要充分注意财政体制的变化情况。这涉及数据口径的一致，另外还涉及建立预测模型时是否需要考虑加入政策变量。

需要注意的是，对财政体制的分析并不是要对财政体制本身的未来发展趋势进行预测，而是要着重考虑不同体制下的因素的差异，因为这些差

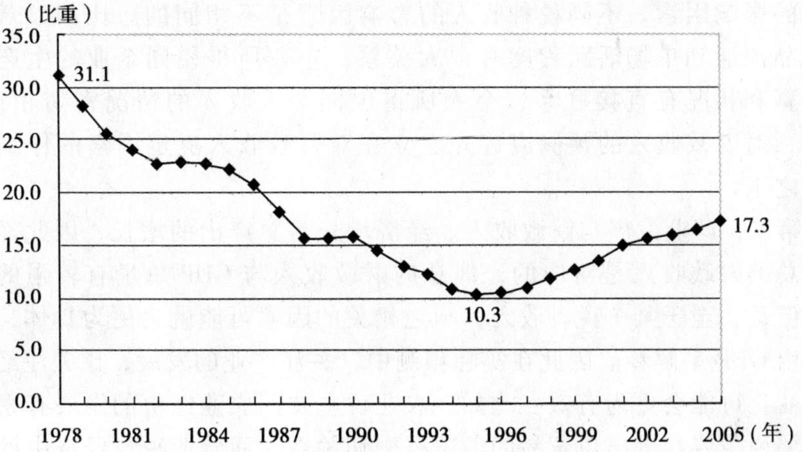

图 9－7　中国财政收入占 GDP 的比重（%）

异对财政收入的影响可能是重要的。从科学的方法论角度看，目前尚没有对制度的变化进行定量预测的有效方法。制度的设计与变动在很大程度上属于政治和社会的范畴，取决于许多不确定和无规律的因素。

（2）经济因素

从预测的角度看，对财政收入的预测应主要从经济因素来考虑。如果财政体制已定，那么经济因素对财政收入的影响作用可以说是主要的，甚至是决定性的。如果财政体制已定，那么经济活动水平高，相应的财政收入水平也就高。如果不是这样的情形，可能就是财政体制本身有问题。从根本上讲，如果没有经济的发展，再好的财政体制也不会自动提供收入。因此，经济因素是影响财政收入预测的主要的、内在的和本质的因素。

应予以考虑的经济因素有：

第一，经济增长与财政收入。在前面的论述中已经阐明，财政收入与经济发展有密切的关系。因此从理论上讲，经济增长是对财政收入最重要的影响因素，而且是一种长期的、稳定的影响因素。但是，这并不说明对财政收入的预测就可以用 GDP 来简单地估算。虽然这是一种可行的方法，但这样做会忽略许多应考虑的细节，因而从理论上讲预测的相对误差会大一些。特别是对预测精度要求较高，考虑问题要求较细时就更不合适，因此应尽可能避免使用 GDP 直接估算财政收入。

实际上，总的财政收入是各种税收和其他收入的和。因此，对构成总财政收入的各个分项可分别进行预测，这样可对不同的分项收入考虑不同的影响因素。不同税种收入的影响因素是不相同的。比如，营业税与商品流通和市场活跃程度有很大关系，企业所得税同企业的生产与经营的赢利状况有直接联系，个人所得税同个人收入的情况密切相连等。因此，对财政收入的预测应首先建立在对财政收入决定因素的仔细分析基础之上。

第二，产业发展与财政收入。经济增长是总产出的增长，因此经济增长同总的财政收入是对应的，即总的财政收入与GDP总量有较强的相关性。但是，至于某个税种收入，与之相关的因素可能就会更为具体，而不适合由GDP来解释。因此在实际预测中，关注产业的发展，比关注经济总量的变化可能会更为有效。比如，农业税主要同农业经济的发展有密切关系，关税主要与进出口贸易的情况有密切关系，而营业税与经济中的生产经营活动特别是第三产业的发展状况有密切关系。尤其是近几年高新技术产业的迅速发展，已成为税源的新增长点。考虑产业发展的因素对预测财政收入是非常重要的。

第三，通货膨胀与财政收入。总体价格水平的变动对财政收入也是有直接作用的。理论上讲财政收入可以用GDP来解释，但财政收入同GDP有很大的不同，财政收入的全部不一定都是GDP的内容。实际上，财政收入是具有可支付能力的货币概念，而GDP是统计与核算上的概念、是产出实物量的概念。因此从理论上讲，以现价计算的财政收入，主要取决于按现价计算的产出的价值，而不是按不变价计算的价值。现价计算的产出价值等于产出数量乘以产出价格，即 $Y=P\times Q$，其中 P 为价格、Q 为产出数量。可见对现价计算的产出 Y 有两个影响因素，一个是价格因素 P，另一个是产出数量 Q。Q 增加的因素是经济增长，而价格 P 上升的因素是通货膨胀。

因此从理论上讲，当价格 P 有较大变动时，即使产出数量变动不大，那么同样可以导致以现价计算的产出价值有较大的变动，从而可能导致出现经济增长相对缓慢而财政收入还有较快增长的情况。由此可以理解为什么有时会经济增长很快，而财政收入增长缓慢，或经济增长较慢而财政收入增长较快。当然还存在其他的影响因素。

第四，时间因素与财政收入。在分析财政收入的影响因素时，应区分时间的长期因素和短期因素。长期因素是一种长时间存在的、相对稳定的影响因素。也就是从长期来看，这种因素将始终影响财政收入。短期因素是一种仅在短期内存在的、有波动的影响因素。也就是从短期来看，这种因素将只在短期内影响财政收入。财政收入最终是由各种因素综合作用决定的。其中，长期因素决定财政收入的长期变动趋势，而短期因素则影响财政收入在短期内的波动性。

一般而言，财政收入与经济增长有正向关系。但在现实经济中的某个特定时间内，二者并不总表现为同向一致关系。具体而言，财政收入的增长率并不一定总是与经济增长率保持一致。也就是说，有时较高的经济增长率对应于较低的财政收入增长率，而有时较低的经济增长率对应于较高的财政收入增长率。

第五，某些影响财政收入的短期因素。经济中一些短期因素会使财政收入与经济增长的关系变得复杂。

流转环节因素。目前一些税收是针对流转环节而进行的。由于流转环节的复杂性使税收增长与产出增长在一定时间内很难有一致性。如商品流转发生的时间不一定与产出增长是同步的，而且对发生流转而进行课税的商品未必都是统计期内的产出成果，如转售的一套旧房子就不是当年 GDP 的内容。

需求变动因素。当某种商品或服务成为一时的消费热点时，与之相关产业或行业的产出及营销效益会显著提高，有关的产业或行业就可能成为利税大户，相应的税收因此可能会显著增加。这种税收的增长带有明显的需求变动的特点。然而，需求是易变的。事实上，在当前的社会中很难有一种商品或服务能够保持久盛不衰的需求。因此，一旦需求变化，往往会影响到有关产业的发展，从而相应的税收出现较大的波动。

季节因素。季节因素也会成为引起某些商品在特定时期内市场销售波动的重要因素，从而引发相应税收的变动。如棉衣在冬季会比在夏季更容易销售，与此有关的税收情况也就不同。

政策因素。由于政策的规定，有些企业可以享受优惠或减免的税收政策。如“对被认定为高新技术企业的生产性外商投资企业（不包括北京市新技术产业开发实验区的新技术企业），其生产经营期在 10 年以上的，可从获利年度起的第一年和第二年免征所得税，第三年至第五年减半征收所得税”。① 在这种税收政策下，可能会出现尽管产出增长很快，但产出对税收增长的贡献作用较小，甚至不起作用。

① 见《国家税务总局关于高新技术企业如何适用税收优惠政策问题的通知》第二条，国税发［1994］151 号。

收入分配结构因素。由于收入分配结构不同而造成税收结果不同。比如一次性收入为8000元，被一个人所有与被10个人所有，税收结果是不同的。收入分配的结构一般是随着经济的发展而变动的。因此收入差距的扩大或缩小，对税收会有不同的影响效果。从长期而言，随着经济的增长，国民收入的提高有助于税收的提高。但从短期而言未必如此。

由此可见，多方面的复杂因素使税收增长与产出增长很难有一致的关系。但是，从长期来看税收水平最终要与经济发展的水平相适应。税收最终将由经济活动的情况决定。

3. 对财政支出的预测

同样可以利用经济模型进行财政支出的预测。然而，财政支出的预测在预测机理上同财政收入的预测有明显的不同。财政支出在很大程度上是在财政收入的基础上进行计划与安排的，因而具有很强的计划性和主观性。因此，按经济发展来预测财政支出，未必与财政支出的主观计划相一致。这与考虑问题的角度有关。如果从收支平衡的角度出发，对财政收入规模的预测在很大程度上就是对财政支出规模的预测。如果从财政支出要适应经济发展要求的角度出发，那么实际上就是要回答这样的问题：未来的经济发展需要有怎样适度的财政支出规模？这对财政支出的预测，就不能仅由财政收入来预测，而是要根据经济发展对财政支出的需求而定。

第五节　中国财政收入的内容与结构

为了进行对财政收入的预测，首先需要确定财政收入的具体内容与结构。现考察以下两个方面：一是分税制下的中央财政与地方财政，二是财政收入的类别。

1. 中央财政收入与地方财政收入

按中国现行的分税制财政体制，财政收入分为中央财政收入和地方财政收入。中央财政收入是中央政府（国务院）的财政收入，地方财政收入是地方政府的财政收入。中央财政收入和地方财政收入之总和为国家财政收入。有如下表达式：

国家财政收入总额 = 中央财政收入总额 + 地方财政收入总额　(9 - 3)

在上式中，中央财政收入总额有对应的政府主体，即中央政府，而地方财政收入总额是一个统计概念，是指全国所有地方政府的财政收入的总和。有如下表达式：

$$\text{地方财政收入总额} = \sum_{i=1}^{n} B_i$$

式中 B_i 表示第 i 地区政府财政收入。如果中央财政收入总额用 B_0 表示，则国家财政收入总额为：

$$\text{国家财政收入总额} = \sum_{i=0}^{n} B_i$$

图 9 - 8 是 1978—2005 年中央财政收入总额和地方财政收入总额分别占国家财政收入总额的比率。可以看到，在 1978 年地方财政收入总额比率高达 84.5%，中央财政收入总额比率仅为 15.5%。2005 年，地方财政收入总额比率降为 47.7%，而中央财政收入总额比率上升到 52.3%。从图 9 - 8 可以清楚地看到，这种变化发生在 1994 年实施分税制后。可见，分税制改革的一个效果是提升了中央财政收入。

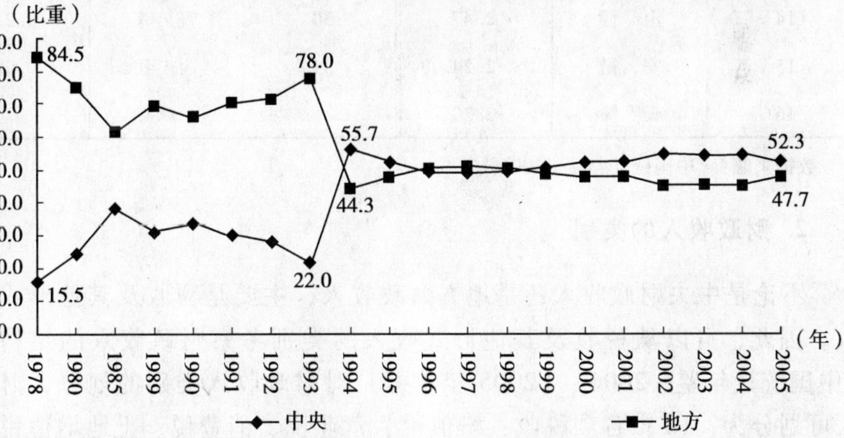

图 9 - 8　1978—2005 年中央、地方财政收入的比率（%）

数据来源：《中国统计年鉴—2006》。

表 9 - 1 给出了地方财政收入总额的内部结构，即全国 31 个省市地方财政收入占全国地方财政收入总额比率的数据。可以看到，在 2005 年广东省地方财政收入所占比重最高，其次是上海市和江苏省。

表 9－1 2005 年各地区财政收入占全国地方财政收入总额的比率（%）

序号	地区	比重	序号	地区	比重
1	广　东	12.14	17	黑龙江	2.14
2	上　海	9.52	18	云　南	2.10
3	江　苏	8.89	19	广　西	1.90
4	山　东	7.21	20	内蒙古	1.86
5	浙　江	7.17	21	陕　西	1.85
6	北　京	6.18	22	重　庆	1.73
7	辽　宁	4.54	23	江　西	1.70
8	河　南	3.61	24	吉　林	1.39
9	河　北	3.46	25	贵　州	1.23
10	四　川	3.22	26	新　疆	1.21
11	福　建	2.91	27	甘　肃	0.83
12	湖　南	2.66	28	海　南	0.46
13	湖　北	2.52	29	宁　夏	0.32
14	山　西	2.47	30	青　海	0.23
15	安　徽	2.24	31	西　藏	0.08
16	天　津	2.23			

数据来源：《中国统计年鉴—2006》。

2. 财政收入的类别

不论是中央财政收入还是地方财政收入，主要是税收及其他形式的收入。因此，可以从税收及其他形式收入的类别考察财政收入的结构。按《中国统计年鉴—2006》（2005 年数据）对财政收入类别的划分，财政收入可划分为：（1）各项税收：增值税、营业税、消费税、土地增值税、城市维护建设税、资源税、城市土地使用税、企业所得税、个人所得税、关税、证券交易印花税、车辆购置税、农牧业税和耕地占用税等。（2）专项收入：排污费收入、城市水资源费收入、矿产资源补偿费收入、教育费附加收入等。（3）其他收入：利息收入、基本建设贷款归还收入、基本建设收入、捐赠收入等。（4）国有企业亏损补贴：此项为负收入，冲减财政收入。主要包括对工业企业、商业企业、粮食企业的补贴。值得注意的是，如上所述的财政收入的类别会根据经济发展情况而变化，即不存在固定不变的财政收入的类别。

从实际数据可以看到，税收是财政收入中占最大比率的收入。按2005年数据，在国家财政收入总额中，税收所占比率为91%；在中央财政收入总额中，税收所占比率高达97%；在地方财政收入总额中，税收所占比率为84.3%。可见，这些数据足以说明税收是财政收入的主要部分，特别是在中央财政收入中表现尤为突出。

3. 税收结构

由于税收是整个财政收入的主要部分，因此对税收结构的考察是非常必要的。

(1) 国家财政收入中的税收结构

表9-2是2005年国家财政收入中各项税收占总税收（诸项税收之和）的比率。在表9-2中不仅可以看到数据，而且还可看到税收结构的税种内容。

表9-2　2005年国家财政收入中的各项税收比例（%）

税种	比例
消费税	5.68
增值税	37.50
营业税	14.71
进口产品消费税、增值税	14.64
资源税	0.49
城市维护建设税	2.76
企业所得税	18.57
个人所得税	7.28
城镇土地使用税	0.48
其他各税	2.70
关税	3.70
船舶吨税	0.05
农业税	0.21

续表

税种	比例
契税	2.55
耕地占用税	0.49
外贸企业出口退税	-14.07
证券交易印花税	0.23
车辆购置税	2.03

注：本表根据《中国统计年鉴—2006》的有关数据计算而得。

从表9-2可以看到，2005年国家财政收入中，增值税占总税收的37.5%，它是最大税源，其次企业所得税的比率为18.57%。其后依次为营业税、进口产品的消费税和增值税、个人所得税以及消费税等，这些税种的收入占总税收的比重都在5%以上。其中外贸企业出口退税是负税。

（2）中央和地方财政收入中的税收结构

表9-3是中央和地方的税收结构。可以看到，中央税收项目和地方税收项目有相同也有不同，这正是分税制的结果。通过表9-3还可看到，在中央财政的税收结构中，增值税、进口产品的消费税与增值税、企业所得税及消费税占据了主要地位；在地方财政的税收结构中，营业税、增值税、企业所得税占据主要地位。

表9-3　　中央和地方的税收结构（2005年）

中央税收项目	占中央总税收的比重（%）	地方税收项目	占地方总税收的比重（%）
消费税*	10.18	增值税	22.48
增值税	49.41	营业税	32.24
营业税	0.81	资源税**	1.12
进口产品消费税、增值税*	26.24	城市维护建设税	6.22
城市维护建设税	0.03	企业所得税	16.81
企业所得税	19.96	个人所得税	6.58
个人所得税	7.83	城镇土地使用税**	1.08
关税*	6.64	其他各税**	6.10

续表

中央税收项目	占中央总税收的比重（%）	地方税收项目	占地方总税收的比重（%）
船舶吨税*	0.09	农业税**	0.47
外贸企业出口退税*	-25.22	契税**	5.78
证券交易印花税	0.41	耕地占用税**	1.11
车辆购置税*	3.63	证券交易印花税	0.02

说明：表中*表示中央特有的税种，**表示地方特有的税种，没有标记的为中央和地方同时具有的税种。本表中的比例数据是作者根据《中国统计年鉴—2006》的有关数据计算。

第六节　财政收入预测模型

从财政与经济的关系角度出发，构建财政收入模型的一个基本指导思想是，力图反映财政收入与经济增长之间的关系。也就是，对财政收入的预测应建立在对经济增长预测的基础之上。这实际上要求财政收入模型应包含两个基本模块：宏观经济模块、财政经济模块。这里宏观经济模块和一般的宏观经济模型并没有本质差别，而只是侧重点有所不同，即应按预测财政收入的需要来进行设计。

由于实际中财政收入预测所面临的情况是千差万别的，因此不可能给出一个统一的、标准的预测模式，实际上也不存在这种通用的模式。因此以下讨论的只是处理此类问题的一种方式。对于实际预测问题，只能是具体问题具体分析。下面以数理方式展示财政收入预测模型的内部机制，以揭示在不同层面和不同情况下的财政收入预测模型的基本构造原理。

1. 财政收入预测模型的结构

对财政收入的预测包括两个层面上的预测：国家宏观经济层面上的国家财政收入预测，地区经济层面上的地方财政收入预测。

(1) 国家财政收入预测模型

这里国家财政收入预测模型是指以预测国家的财政收入为目的的模型。对于一个国家而言，国家财政收入总额是一个国家的财政收入最终结果。按中国现行的分税制，可以有两种测算途径：一种是直接测算国家财政收入中的各项收入；另一种是按中央和地方进行分解测算，然后将中央和地方加总而得到国家财政收入。由于财政收入的主要部分是税收收入，因此下面主要讨论税收收入预测。

①直接测算

对国家财政收入的预测是直接在国家宏观经济层面上进行，这时模型包含两个模块：国家宏观经济模块、国家财政收入模块。模块之间的关系可用下图表示。

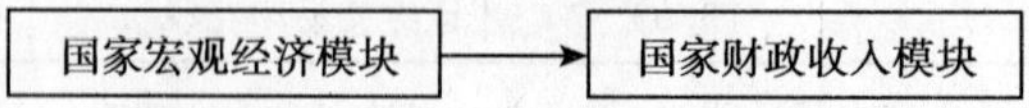

图 9-9 国家财政收入预测模型框架（国家宏观层面）

现在来看看两个模块之间的决定机制。为此，设 B 为国家财政收入总额，且 B 是 n 项税收收入之和，其中第 i 项税收收入记为 B_i。有如下关系：

$$B = \sum_{i=1}^{n} B_i \qquad (9-4)$$

设 Y 为国家宏观经济总产出，且 Y 是由图 9-9 中的宏观经济模块所决定，其结果为：

$$Y = F(X) \qquad (9-5)$$

式中 X 代表求解宏观经济模块而得出的，对 Y 的最终解释变量向量。这里向量 X 可以包含着多种宏观经济变量。

按照经济决定财政的原则，税收的估计式中，以产出 Y 作为解释变量。第 i 项税收 B_i 的估计方程为：

$$B_i = B_i(Y), (i = 1, 2, \cdots, n) \qquad (9-6)$$

对（9-6）式中的 Y 可作抽象理解，即它可以是以产出为主，同时还包含其他有关解释变量的向量。

将式（9-4）、式（9-5）和式（9-6）联立，即得到国家财政收入预测的数理经济模型，即

$$\begin{cases} B = \sum_{i=1}^{n} B_i \\ B_i = B_i(Y)\,(i = 1, 2, \cdots, n) \\ Y = F(X) \end{cases}$$

这个模型中，财政是否对经济产生影响，取决于 X 中是否有财政方面的变量。

②按中央与地方分解测算

按中央和地方分解测算财政收入，模型可划分为四个主要的模块：国家宏观经济模块、中央财政收入模块、地方财政收入模块、国家财政收入模块。国家财政收入模块的功能是将中央财政收入和地方财政收入进行加总。地方财政收入模块是全国层面的，即提供全国各地方财政收入之总和。诸模块之间的关系可用图 9－10 表示。

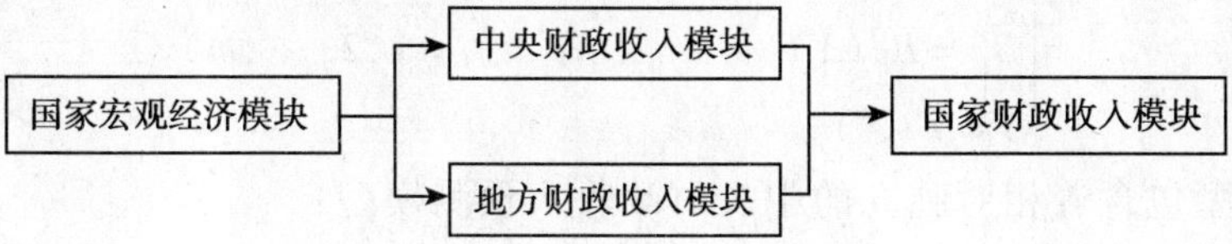

图 9－10　国家财政收入预测模型框架（按中央与地方分解）

记 B^C 为中央财政收入总额，B^D 为地方财政收入总额，于是有如下关系：

$$B = B^C + B^D \tag{9-7}$$

设中央财政收入总额包含 k 项税收收入，其中第 i 项税收记为 B_i^C $(1 \leqslant i \leqslant k)$，于是中央财政收入总额 B^C 可表示为：

$$B^C = \sum_{i=1}^{k} B_i^C \tag{9-8}$$

设地方财政收入总额包含 m 项税收收入，其中第 j 项税收数量记为 B_j^D $(1 \leqslant j \leqslant m)$，于是地方财政收入总额 B^D 可表示为：

$$D^D = \sum_{j=1}^{m} B_j^D \tag{9-9}$$

设中央财政收入中的第 i 项税收 B_i^C 可以用宏观经济总产出 Y 解释，即有如下估计方程：

$$B_i^c = B_i^c(Y)\ (i = 1,2,\cdots,k) \tag{9-10}$$

设地方财政收入中的第 j 项税收 B_j^D 可以用宏观经济总产出 Y 解释，即有如下估计方程：

$$B_j^D = B_j^D(Y)\ (j = 1,2,\cdots,m) \tag{9-11}$$

同样，宏观经济模块所决定的 Y 为前面的（9－5）式。于是，将式（9－7）式（9－11）和式（9－5）联立，则得到按分解为中央和地方财政收入的国家财政收入预测模型：

$$\begin{cases} B = B^C + B^D \\ B^C = \sum_{i=1}^{k} B_i^C \\ B^D = \sum_{j=1}^{m} B_j^D \\ B_i^C = B_i^C(Y) & (i = 1, 2, \cdots, k) \\ B_j^D = B_j^D(Y) & (j = 1, 2, \cdots, m) \\ Y = F(X) \end{cases} \tag{9-12}$$

上述模型包含着相对独立的中央财政收入预测模型：

$$\begin{cases} B^C = \sum_{i=1}^{k} B_i^C \\ B_i^C = B_i^C(Y) & (i = 1, 2, \cdots, k) \\ Y = F(X) \end{cases} \tag{9-13}$$

（2）地区层面的地方财政收入预测模型

地方财政收入预测模型是指那种以预测地区层面的地方财政收入为目的的模型。这里强调地区层面的地方财政收入，是为了同宏观经济层面的地方财政收入总额区分开。如江苏省地方财政收入、上海市地方财政收入等，都是地区层面的地方财政收入。

特定地区的财政收入预测，其基本理论同国家宏观经济层面的财政收入预测理论基本相同，即地方财政收入主要取决于当地经济发展水平。同样，地方财政收入预测模型主要由地区宏观经济模块和地区财政收入模块构成。

地区经济乃至地方财政收入，是处在国家宏观经济之中的。因此在国家的地方财政收入模型中，需要考虑国家宏观经济变量对区域经济变量的影响。例如，经验数据显示，区域价格水平的变动与国家总价格走势有很密切的关系。因此，在地区经济模型里，需要把国家宏观经济变量作为区域经济模型的输入变量。然而如何决定这些输入变量同样是需要认真考虑的问题。一种简单可行的方法是参照有关权威机构的研究结果。有关国家宏观经济分析与预测的信息是比较多的。当然，如果有条件，也可以单独建立国家宏观经济模型来决定输入区域经济模型的变量。国家宏观经济变量与地方财政收入模型的关系可用图 9-11 表示。

现在用数理结构展示地区层面的财政收入预测模型的内部机制。设全国地方财政收入总额 B^D 涵盖 s 个行政区，其中第 i 个行政区的地方财政收入记为 G^i（$1 \leqslant i \leqslant s$），则全国地方财政收入总额 B^D 可表示为：

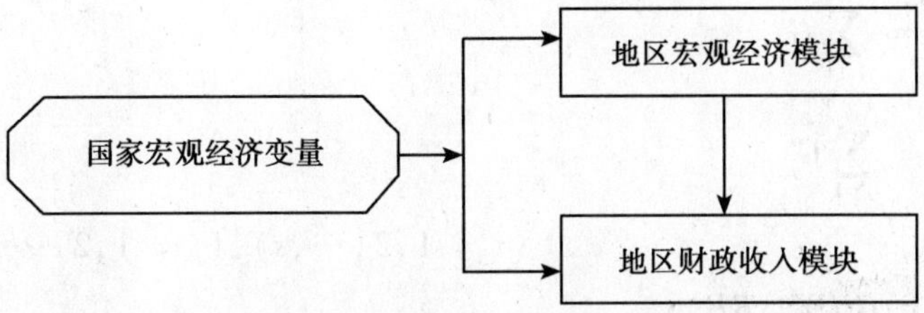

图 9－11　地方财政收入预测模型框架（地区层面）

$$B^D = \sum_{i=1}^{s} G^i \qquad (9-14)$$

设全国各行政区的税收都包含相同的 m 种税收，记第 i 个行政区的第 j 项税收为 $G_j^i(j=1,2,\cdots,m)$。于是，第 i 个行政区的地方财政收入总额 G^i 可表示为：

$$G^i = \sum_{j=1}^{m} G_j^i(i = 1,2,\cdots,s) \qquad (9-15)$$

设 Y_D^i 为第 i 个行政区的经济总产出。考虑到地区的财政收入有时可能要受到中央财政相关因素变化的影响，因此对 G_j^i 的估计方程可写成：

$$G_j^i = G_j^i(Y_D^i, BB)(i = 1,2,\cdots,s) \text{ 及}(j = 1,2,\cdots,m) \qquad (9-16)$$

式中 BB 表示中央财政的某种因素。

在对地区总产出 Y_D^i 进行估计时，需要考虑地区经济受国家宏观经济的影响。因此在对 Y_D^i 估计时，以国家宏观经济总产出 Y 作为一个解释变量，即有如下表达式：

$$Y_D^i = F_D^i(X_D, Y) \qquad (9-17)$$

式中 X_D 为来自地区宏观经济模型的对 Y_D^i 的最终解释变量向量，Y 代表国家宏观经济对地区经济的影响因素。

于是，将（9－15）—（9－17）式的诸方程联立，得到第 i 个 $(1 \leqslant i \leqslant s)$ 行政区的地方财政收入预测模型：

$$\begin{cases} G^i = \sum_{j=1}^{m} G_j^i \\ G_j^i = G_j^i(Y_D^i, BB) & (i = 1,2,\cdots,s),(j = 1,2,\cdots,m) \\ Y_D^i = F_D^i(X_D, Y) \end{cases}$$

如果分别考虑 $i=1,2,\cdots,s$，然后进行加总，则得到全国地方财政收入总额 B^D，即得如下模型：

$$
\begin{cases}
B^D = \sum_{j=1}^{s} G^i \\
G^i = \sum_{j=1}^{m} G_j^i \\
G_j^i = G_j^i(Y_D^i, BB) \\
Y_D^i = F_D^i(X_D, Y)
\end{cases}
\qquad (i = 1,2,\cdots,s),(j = 1,2,\cdots,m)
$$

2. 地方政府财政收入预测模型的设计

上面以抽象形式给出了不同层面的财政收入预测模型的内部机制，但没有给出宏观经济模块和财政收入模块的内部构造。由于宏观经济模块及财政收入模块本身都没有唯一的标准结构，因此难以给出统一、标准式的宏观经济模块和财政收入模块。下面以地区层面的地方财政收入预测模型为例，说明宏观经济模块和财政收入模块的结构设计。

(1) 地区宏观经济模块结构的设计

宏观经济模块的构建，总体上讲可以参照第七章中关于建立宏观经济模型的论述来进行。这里针对财政收入预测问题，提供一个比较简单的地区宏观经济模块的基本结构。该宏观经济模块包含生产、投资、固定资产、劳动力、收入、消费、金融及价格等方面。将财政单独作为一个模块来处理。模型的基本情况可用图 9－12 表示。

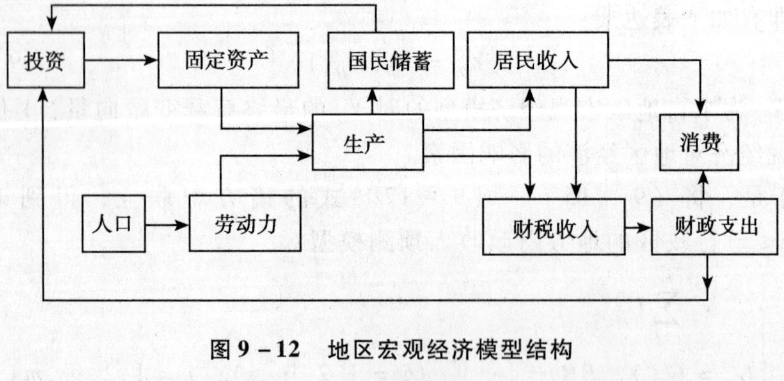

图 9－12 地区宏观经济模型结构

产业分类可以是：农业、工业、建筑业、交通运输邮电业、商业及其他服务业。农业构成第一产业，工业和建筑业构成第二产业，交通运输邮电业、商业及其他服务业构成第三产业。三个产业增加值之和构成 GDP。

整个模型的经济变量主要有：GDP、各产业的增加值、各产业的劳动力、各产业的固定资产投资、居民收入、居民消费、社会消费、储蓄存款、银行贷款、各种价格指数等。

在生产模块中，GDP等于第一产业、第二产业和第三产业这三个产业增加值的总和。第二产业可分为工业与建筑业。第三产业可分为交通运输邮电业、商业及其他服务业（第三产业中除交通、运输、邮电业及商业以外的产业）。这些产业的生产函数是分别估计的。各部门总产出取决于各部门的固定资产和劳动力。将三个产业的增加值加总而得到GDP。

部门的固定资产取决于部门的投资水平。部门投资方程一般是较难估计的，例如经验表明建筑业投资很容易受宏观调控政策的影响。一种可参考的方法是，先对总投资进行估计，然后按历史上投资比例分配系数的时间趋势来分解总投资。可考虑的价格指数有零售价格指数、居民消费价格指数、投资品价格指数及总量增加值和各产业增加值的减缩因子。由于地区经济系统是开放系统，故需要引入国家宏观经济对地区经济有影响作用的有关变量。如地区的价格指数可用全国的价格指数来解释。

（2）地区财政收入模块结构的设计

在财政收入方面，税收可按税种划分。如国家财政收入预测模型中的税种，可划分为增值税、企业所得税、营业税、进口产品的消费税和增值税、个人所得税、消费税以及外贸企业出口退税等。除这几个主要税种外，其余项目归并为其他收入项。地方财政收入可分为营业税、增值税、企业所得税、个人所得税及其他税等。各种税的税收收入方程可用相关产业的增加值来解释，以此反映经济增长对税收的决定作用。当然，在实际中还需要结合具体情况，采用适当的变量作为税收的解释变量。

以地区财政收入模块为例，地区财政的总税收可划分为企业所得税、个人所得税、营业税、增值税及其他税。其中，企业所得税可用第二产业、第三产业的增加值来解释，个人所得税可用居民收入来解释，营业税可用交通运输邮电业、建筑业及其他服务业的增加值来解释，增值税可用工业及商业的增加值来解释。其他税涉及多个方面，很难找到稳定的因素来解释，故可用GDP来估计。总税收减去财政补贴即为财政收入。由于补贴部分更难找到规律性的估计方式，故采用按时间趋势进行自回归外推。财政支出用财政收入来解释。这意味着假定财政支出水平取决于财政收入水平。

模型中的财政收入模块主要反映财政收入、税收收入与经济增长的相互作用关系。模型中宏观经济模块的总产出（增加值）即为财政收入模块的输入，即各项财政收入是由经济的产出水平决定的。如果模型需要考虑财政收入与财政支出的效应，则可通过消费和投资两个途径作用到宏观经济，从而可使模型中的财政因素对宏观经济产生作用。图 9－13 简要地表示地区模型中财政收入模块与宏观经济模块的联结关系。

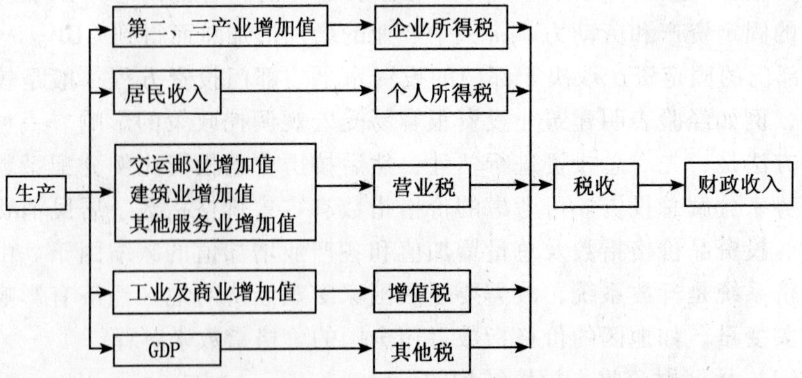

图 9－13 地区财政收入模块与宏观经济模块的联结关系

本章小结

1. 不论在现实经济中，还是在经济学理论中，政府的财政收入（税收）与财政支出都是重要的经济变量。财政是整个经济的重要组成部分。

2. 经济模型在财政的有关分析与预测方面有广泛的应用。利用 IS－LM模型分析的结果表明，在不同情况下政府支出不仅有乘数效应，还可能有挤出效应。

3. 对经济进行预测的过程，实际上就是对经济有关问题不断认识的过程，而这种认识有时会比预测结果本身是否准确更有意义。

4. 构建财政收入预测模型的基本指导思想是，对财政收入的预测应当建立在对经济增长预测的基础之上，因此财政收入预测模型应包含两个基本模块：宏观经济模块和财政收入模块。将两个模块有机地结合，即构成一个完整的财政收入预测模型。

思　考　题

一、名词解释

(1) 财政收入　　(2) 财政支出

(3) 铸币税　　(4) 财政政策

(5) 挤出效应　　(6) 分税制

(7) 税收结构

二、简答题

(1) 简述财政经济的主要内容。

(2) 简述什么是积极的财政政策。

(3) 简述财政政策的挤出效应。

(4) 简述评价财政风险的指标。

(5) 简述如何理解经济预测工作。

三、论述题

(1) 论述建立财政收入预测模型时需要考虑的经济因素。

(2) 论述地方财政收入预测模型的基本框架。

阅读参考文献

李军:《北京市宏观经济与财政税收模型》,载汪同三等编《中国社会科学院数量经济与技术经济研究所经济模型集》,社会科学文献出版社 2001 年版。

李军:《南宁市宏观经济模型及应用》,载汪同三等编《中国社会科学院数量经济与技术经济研究所经济模型集》,社会科学文献出版社 2001 年版。

余永定:《IS、LM 曲线的移动与财政、货币政策》,载余永定、张宇燕、郑秉文主编《西方经济学》,经济科学出版社 2003 年版。

金人庆:《中国财政政策:理论与实践》,中国财政经济出版社 2005 年版。

王国清:《财政学》,高等教育出版社 2006 年版。

刘黎明:《财政体制的理论与模型方法研究》,首都经济贸易大学出版社 2007 年版。

赵云旗:《中国分税制财政体制研究》,经济科学出版社 2005 年版。

N. Gregory Mankiw, "*Changes in Saving: The Effects of Fiscal Policy*", *Macroeconomics*, *Page* 62, Worth Publishers; Fifth edition, 2002.

N. Gregory Mankiw, "*The Open Economy in the Short Run*", *Macroeconomics*, *Page* 342, Worth Publishers; Fifth edition, 2002.

Oscar Bajo-Rubio, *Macroeconomic Policy in an Open Economy: Applications of the Mundell-Fleming Model*, Nova Science Publishers, 2002.

Richard Kopcke (Editor), Geoffrey M. B. Tootell (Editor), Robert K. Triest (Editor): *The Macroeconomics of Fiscal Policy*, The MIT Press, 2006.

第十章　评价模型及其应用

内容提要

以上各章所述模型是经济学框架之内的模型，其应用多限于经济分析领域。然而，实际上在经济与管理的众多领域，都广泛运用模型。本章是对评价模型的介绍。主要内容有：评价的基本问题；评价模型的基本原理与环节；建立评价模型的一种基本模式；通过案例讲述评价模型的建立。本章并不是对评价模型的全面的、系统的介绍，而主要是介绍建立评价模型的一种基本方式，并以此展示经济模型应用的广泛性。

第一节　关于评价问题

评价是决策的重要基础。因此，如何进行评价，是一个关键问题。在发达国家，评价早已成为咨询服务业的一个重要内容。其中，基于商业行为的评价市场已被细分化，如仅企业评价就可以划分为财务评价、信用评价、战略评价、人力资源评价、经营评价、行业评价、资信评价，等等。

由于评价具有商业价值，有关的核心性和关键性的评价理论与方法，已成为评价机构如咨询公司的商业秘密。目前，各评价机构都各自独立研制评价模型，并建立相对独立的自成体系的评价程序或评价方法。这些评价模型、评价程序或方法等，均为高度的商业秘密。目前一些国际上著名的咨询机构，如麦肯锡、波士顿、兰德、标准普尔、邓白氏等，不仅都有各具特色的评价模型，而且都有各具特色的市场领域。

麦肯锡咨询公司（McKinsey & Company）。该公司是美国 1926 年成立的专门为企业高层管理人员服务的国际公司。目前，麦肯锡所属的分公司遍及世界各地。麦肯锡的目标与使命是：（1）为高层管理综合研究和解决管理上的问题；（2）对高层主管所面临的各种抉择方案提供全面的建议；（3）预测今后发展中可能出现的新问题和各种机会，制定及时且务实的对策。麦肯锡的主要业务范围是：为各类客户特别是为企业设计、制定相配套一体化的战略开发、经营运作、组织结构等解决方案。主要客户对象是：面向总裁、高级主管、大公司的管理委员会、非营利性机构及政府高层领导。关于麦肯锡公司更多的情况可浏览其网站主页：http：//www. mckinsey. com/。

波士顿咨询公司（The Boston Consulting Group）。该公司（BCG）是一家著名的美国企业管理顾问公司，成立于1963年。公司的使命是协助客户创造并保持竞争优势，以提高客户的业绩。提供的主要服务产品包括：（1）企业策略；（2）信息技术；（3）企业组织；（4）营运效益。波士顿公司自己开发的分析工具主要有：经验曲线、以时间为本的竞争、针对市场细分的营销法、投资或产品组合策略（增长/占有率矩阵）、以价值为本的管理模式、持续增长方程式、股东总值、策略性的市场细分和价值链分析等。关于BCG公司更多的情况可浏览其网站主页：http：//www. bcg. com/home. jsp。

兰德公司（RAND Corporation）。著名的美国兰德公司与上述公司有所不同，兰德公司主要从事具有综合性的、重大的政治、经济、军事以及科技等各领域的咨询服务。兰德公司深受美国政府的重视，被认为是美国最重要的综合性战略研究机构。因此兰德公司的客户对象主要是美国政府的各类机构。可以说，美国政府对内对外的各项政策，从具体的技术问题到国家的战略原则，兰德公司几乎都进行研究。关于兰德公司更多的情况可浏览其网站主页：http：//www. rand. org/。

标准普尔（Standard & Poor's）。标准普尔是国际上著名的评级机构，其业务主要涉及信用评级、指数、风险评估、投资研究、金融数据和估值服务等。标准普尔的起源可追溯至1860年，其创始人普尔（Henry Varnum Poor）率先向欧洲金融市场提供当时尚在发展中的美国市场的投资信息和分析意见，为其做出明智投资决策提供依据。目前，标准普尔1200指数和标准普尔500指数已经分别成为全球股市表现和美国投资组合指数的基准。关于标准普尔更多的情况可浏览其网站主页：http：//www. standardandpoors. com/。

邓白氏公司（Dun&Bradstreet）。成立于1841年的邓白氏公司是美国历史最悠久的企业信用评估公司之一。1841年，邓白氏公司创始人刘易斯·大班（LewisTappan）在纽约成立了第一家征信事务所。美国的4位总统：林肯、格兰特、克里夫兰和麦金力曾先后在邓白氏公司供职。经过160多年的发展，邓白氏公司已成为一个全球性的征信公司，同时也是在纽约证券交易所上市的公司。1994 年，邓白氏公司进入中国，在上海设立邓白氏国际信息（上海）公司，1996 年又在北京设立了分公司，目前这些公司主要为中国企业提供信用咨询服务。关于邓白氏公司更多的情况可浏览其网站主页：http：//www. dnb. com/us/。

相对而言，中国咨询服务业起步较晚。中国咨询业的起步是从 20 世纪 70 年代末至 80 年代初开始的。当时主要是引进日本企业管理诊断的理论与方法。到 90 年代初期，中国咨询业处于相对稳定的发展阶段。这一时期，咨询服务的对象从中小企业向乡镇企业和一部分大企业扩展。咨询内容从生产、质量、财务管理等向经营战略、经营组织、产品开发、技术应用、项目可行性研究等领域扩大。但是到了 20 世纪 90 年代后期，由于缺乏统一的行业管理与市场规范以及长期的无序发展，使得中国咨询业发展出现低潮。这时期行业评比排序成为获利的一种方式，以至发展到只要企业付出一定的费用，就可以获得某种奖项或证书，就可以进入优秀企业的排序。这种企业评价不仅不是真正意义上的企业评价，而且也有悖于咨询业的职业道德。目前，此类的评比与排序活动已被明令禁止。

目前中国咨询服务业的发展已正规化。从发展趋势上看，目前中国咨询业主要有以下两方面的趋势特征：

（1）向专业化过渡，专业化与正规化的操作方式成为主流。曾经流行的所谓点子公司、策划公司已成为过去。在专业化与正规化的要求下，咨询业务越来越转向由知识与技术含量高的专业公司来开展。目前的专业化发展主要有三个方面：一是一些证券公司从事的投融资咨询业务；二是一些会计、审计、税务事务所从事的财务会计与税收咨询业务；三是计算机和软件公司从事的利用计算机与网络技术同企业经营管理相结合的业务，如 MRP、ERP 等业务。

（2）向高新技术领域渗透。网络已成为未来经济运行的一个重要支撑工具，以网络技术为代表的高新技术将深刻影响咨询业的发展。现代咨询业将是运用数字化管理理论结合 IT 技术，特别是 Internet 技术为企业提供咨询服务。

从目前中国咨询机构的性质来看，大致可分为“官方”与“民间”两种形式。它们在不同的历史时期扮演着不同的角色。随着中国向市场经济体制方向的转变，它们所处的位置与地位正发生着微妙的变化。从发达国家的情况看，民营咨询机构是咨询产业的主力军。美国绝大多数咨询公司是私营的，不隶属于政府部门或企业单位，而是独立地选择或承担咨询项目，从而有利于客观、中立地开展咨询业务。

第二节 关于评价模型

评价问题的复杂性使得评价不具有固定的评价模式。评价对象的不同、评价目的的不同、评价条件的不同等，使得评价所依据的理论、方法与模型等也不尽相同。特别是中国的国情与国外的不同，因而不能照搬国外现成的评价模型，来处理中国国情下的评价问题。需要结合本国实际，研制适合本国国情的评价模型。不论怎样，通过建立评价模型进行评价工作，已成为目前评价领域中的一种主流趋势。利用评价模型进行评价具有一些独特的优势。

1. 评价模型的优势

（1）评价模型是一种有助于科学管理与决策的有效工具

科学的决策应是在汇集各种信息基础之上的综合决策。评价模型实际上是提供对各方面决策信息进行有效综合的一种科学手段。在综合决策中存在如何将不同方面、不同类型的信息进行有效集成与综合的问题。而评价模型将提供综合评价中的定量计算和实际操作问题，因而能显著提高决策的效率。另外，评价模型实际上也是对各种知识与经验的整合。评价模型不仅可以把多方面的信息有效地整合在一起，而且还可以集中多方面人才的智慧与经验，以弥补个人在某些知识与经验上的不足。因此可以说，成功的评价模型有助于提高评价与决策的科学性。

在一些发达国家，评价模型不只是被咨询公司使用，很多商业公司也结合自身业务，自主开发有关的评价模型。如保险公司利用评价模型销售汽车保险，这种评价模型可以根据一个人的年龄、婚姻、生育状况、驾龄和以往驾车记录等多方面的信息，评价一个人的赔付概率，以此决定此人需要出多少钱买汽车保险。赔付概率越高，所需付出的保险费用就越高。再如，商业性金融机构也都研制自己的评价模型，对客户信用等级进行评价，以此作为确定客户所享受的信贷额度的重要基础。

（2）评价模型可以使评价工作规范化、程序化和规模化

在实际评价工作中，需要进行许多不同方面的前期研究。由于涉及的领域及问题不同，以及任务承担者不同，导致在研究内容及表现形式上缺乏统一性与规范性，从而容易导致重要决策信息的遗漏或不充分。评价模

型提供的评价准则与评价指标有助于提高此类研究的规范性和有效性。

评价模型一旦被确定，评价所需要的原始信息和程序就被固定下来，因此就可以按一定的规范和程序进行评价。这样就不会因为有关人员的变动或其他有关因素的变动而对整个评价工作产生较大影响。对评价模型的使用者而言，主要工作是按模型的要求采集信息，然后将信息输入模型，模型就会给出结果。这样可在很大程度上降低对模型使用者的知识的要求，使用者也无须懂得评价模型的内在理论与运行过程。

2. 评价模型的机理与主要环节

事实上评价模型的机理与经济模型的机理是一样的。两者都是输入基础信息，从模型得到输出结果。评价模型的运行过程可用图 10－1 表示：

图 10－1　评价模型的运行过程

如图 10－1 所示，评价模型运行过程与经济模型运行过程（第一章图 1－2）是完全一样的。这里模型之所以称为评价模型，是因为这里模型的应用是限于评价方面。因此对评价模型的理解，在很多方面可参照对经济模型的理解。对此这里不再赘述。

因此，实际上可以将与评价相关的评价模型作为经济模型中的一个子类。事实上评价模型的建立也经常需要在许多方面综合运用经济模型的理论与方法。如评价模型中有些关系式的确定可能需要进行数理推导，而有些参数的确定可能需要用计量模型的方法进行估计。

从建立评价模型的过程来看，需要把握一些重要环节。这些环节包括：（1）确定评价问题及有关问题；（2）建立评价理论；（3）建立评价指标体系；（4）建立评价模型；（5）实际评价；（6）反馈与修正。这些环节构成的过程及关系可用图 10－2 表示。

图 10－2 中的“问题”指评价问题，也就是需要确定的评价对象。如企业效益、技术选择或是投资项目可行性等都可以是评价对象。评价理论是指基于对评价问题的分析与研究而形成的基本思路，如对评价问题的背景情况、评价立场、评价准则以及评价方法等进行论述。评价模型是评价

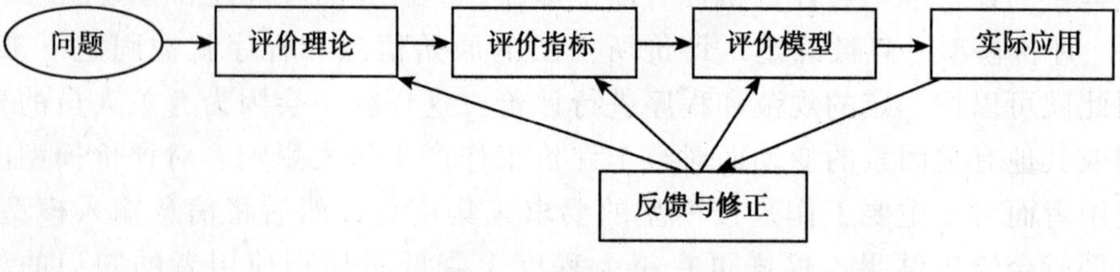

图 10－2 评价过程环节示意

指标体系中各指标间连接关系的具体实现，如具体实现各指标值的计算，并按模型的设定条件输出评价结果。建立的评价模型需要实际应用，以检验模型的合理性与可靠性，并对存在的问题进行修正。在正式使用评价模型之前，可能需要对评价模型进行多次修正。

在上述评价过程的各环节中，评价理论、评价指标和评价模型是核心部分的内容，对此将在下一节做进一步阐述。

第三节 建立评价模型的一种基本模式

图 10－2 实际上已显示出建立评价模型的一种基本模式，即在明确确定评价问题的基础上按如下过程进行评价：

建立评价理论⇒建立评价指标体系⇒构建评价模型

上述三个环节应构成一个彼此关联的有机整体，而不是彼此孤立的三个部分。建立评价理论是整个评价工作的基础，实际上是为建立评价指标体系提供理论框架。而建立评价指标体系则是评价理论的指标化。评价指标体系是以指标形式表现的评价理论。而评价模型的建立需要符合评价理论的要求，评价指标体系中的各评价指标就是评价模型的变量。

建立评价指标体系是由评价理论过渡到实际操作的一个重要环节。只有具体的指标才能使建立评价模型成为可能，因为评价指标是模型的变量，是构成评价模型的基本要素。也只有设计出评价指标，才能对评价问题进行量化分析。

应当注意的是，所要建立的是评价指标体系。也就是说，按评价理论确定出的评价指标不是彼此孤立的、毫无关系的，而是需要按一定的规则来建立某种关联。当然，在有些时候评价指标体系可能就是由单一评价指标构成的。但在一般的情况下，评价指标体系是多个指标有机地关联在一起而构成的一个系统。

1. 建立评价理论

建立评价理论是评价工作过程中一个重要的和实质性的环节，也是研究实际问题的环节。需要强调的是，这里建立评价理论，不是泛指一般的评价理论，而是针对实际评价问题而建立具有针对性的评价理论。这种针对实际具体问题的定制评价理论，正是其商业价值所在。

评价理论需回答一系列问题，如应该怎样评价？为什么这样评价？从哪些方面评价？评价重点是什么？采用什么方法评价？等等。实际上一个评价理论就是要说清楚评价的合理性和可行性。评价理论未必都是长篇大论，关键是要有实质性的、可操作的具体做法。建立评价理论的过程要求对实际问题进行深入而系统的研究。在具体研究过程中，存在研究的方式与方法问题。很多著名的咨询公司都拥有各自独特的分析问题的方式与方法。

建立评价理论的成果是形成一种有机的评价思想系统，它是评价理论思想与成果的集中体现，是为建立评价指标体系及评价模型的重要理论基础。在考虑评价时要尽可能全面，尽可能不要遗漏重要的方面。忽略任何一个重要的方面，不仅可能会导致评价的失真与不当，而且容易误导决策。当然，对于复杂的评价问题要做到百无一漏是困难的，但考虑问题的全面性应是一个明确努力的方向。

评价理论应包含如下几个方面的内容：

(1) 评价的立场与出发点

评价中所采用的评价立场是十分重要的，因为对任何事物的评价，立场及出发点都是最根本的。从不同的立场出发，从不同的角度出发，从不同的利益出发，评价结果往往是不同的，甚至截然相反。比如从企业利益出发，以企业利润最大化为准则的评价结果，对企业是最佳的，但从社会与公众利益出发，企业最大利润下的最优评价结果，可能产生的是严重的环境污染，从而增加治理环境污染的社会成本和损害人民的健康，因此从社会公众立场出发的评价结果是否定的。

评价立场与出发点的确定，在很大程度上取决于对评价的需要。企业关注的是自身的利润，政府关注的是国民经济的总体发展，社会公众关注的是对社会环境及其生活的影响。因此，从企业、政府与社会公众三个不同的角度来评价同一个问题，会有不同的评价立场、不同的评价标准以及不同的评价指标，从而会得到不同的评价结果。实际中评价立场与出发点的确定，需要根据具体问题来决定。

（2）评价的目的

明确确定的目的同样是重要的。评价的目的是多种多样的。比如从企业自身利益出发的企业评价，其目的可以是企业总体发展战略，或是评价企业财务效率与风险，或是为人力资源的充分利用，或是识别相关企业的资讯状况等。从政府立场出发的产业评价，目的是为了选择重点支持的高新技术产业。不同目的的评价，所采用的评价指标体系与评价模型都会有所不同。

（3）评价的基本原则

对于明确的评价意义，需要进一步明确确定评价中的一些原则。这里评价原则是指评价所要遵循的基本准则及评判标准。评价原则体现了评价的总指导思想、价值取向和评判标准的总体框架。如进行高新技术选择的评价时，原则可以是高科技性原则、战略性原则、关键性原则、前瞻性原则和急迫性原则等。这些原则之间的关系可能是协调一致的，也可能是相互矛盾的。如对一个具体评价对象而言，在经济性原则和高科技性原则之间可能是不协调一致的关系。即如果追求高科技性，那么可能在短时间内无法取得理想的经济收益。

2. 建立评价指标体系

按评价理论来实现具体的评价，一个重要的环节是按评价理论的指导建立评价指标体系。或者说，评价指标体系是对评价理论的具体展现。同时，所建立的评价指标体系为实现具体度量与测算提供基础。否则，如果仅是停留在理论层面上则是无法实现具体观测的。

需要指出指标体系与指标之间的差异。首先，指标体系是由具体的指标构成的，即指标是构成指标体系的要素。但如果仅是看指标，它们是分散和孤立的，并不体现不同指标之间的关系。指标体系则是将指标按一定理论或规则进行系统性安排。这里强调的是建立指标体系，而不仅是指标，意义就在于：指标体系可以体现出评价所遵循的基本思想。

评价指标体系表现为一种在评价理论指导下逐次展开的层次结构，如图 10－3 所示。图 10－3 中，指标 A 为总指标，它分解为 A_1，…，A_N 共 N 个指标。每一个 A_i（$1 \leq i \leq N$）分别对应于相应的评价方面。每一个 A_i

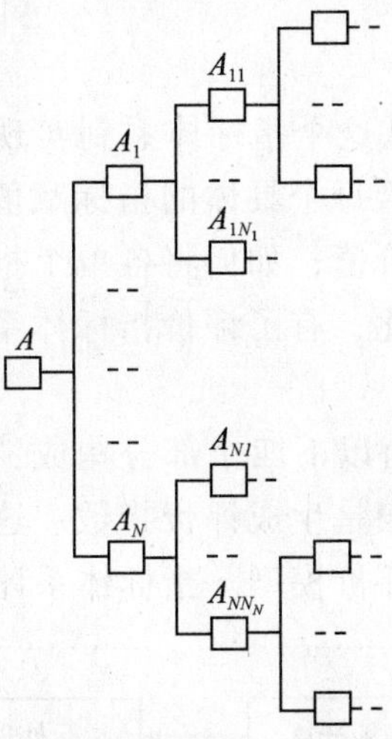

图 10－3　评价指标体系的层次结构

$(1 \leqslant i \leqslant N)$ 进一步分解为下一级的指标，如每一个 A_i 分解为 A_{i1}，…，A_{iN_i}。A_i 称为一级指标，A_{ij}称为二级指标，如此下去。

一般地，记任意指标为 $A_{i_1 i_2 \cdots i_n}$。其中 A_{i_1} 表示一级指标中的第 i_1 个指标，$A_{i_1 i_2}$ 表示二级指标，即 A_{i_1} 中的第 i_2 个指标，如此下去，$A_{i_1 i_2 \cdots i_n}$ 表示 n 级指标，即 $A_{i_1 i_2 \cdots i_{n-1}}$ 中的第 i_n 个指标。

总指标 A 是评价的总结果。这种指标体系按层次分解的意义在于，所得到的总评价结果不是单一指标决策的结果，而是综合考虑到各个方面的因素后而得到的一个综合结果。在评价指标体系中，要看这个指标体系的理论性与合理性，一级指标的设计是很关键的，一级指标表明了评价的各个方面的特性，它就是评价的方面体系。

评价指标体系的可行性，如可观测性和可计算性等，取决于最底层指标的情况。最底层的指标是指指标体系中没有再下一级指标的那种指标。如果每个最底层指标均为可测、可计算的，则从理论上讲评价指标体系将是可测算的。

指标值可分为主观指标值和客观指标值。主观指标值是根据人为主观判断决定的指标，客观指标值是根据客观资料如统计数据、测算结果等而决定的指标值。

3. 建立评价模型

有了评价指标体系，从这个指标体系到实现定量计算还有许多问题需要解决，主要包括：如何给每个具体的指标赋值；如何将指标值转化为具有评价意义的、规范的评价值；如何将各单个指标进行综合构成综合评价值，如何确定权重等。因此，有了评价指标体系，需要在此基础上建立一个评价模型。

一个完整的评价模型由以下四个部分构成：一是原始数据，二是指标计算，三是指标值处理，四是生成评价指数。这种基于评价指标体系而构建的模型，称为指标体系评价模型。指标体系评价模型如图 10－4 所示：

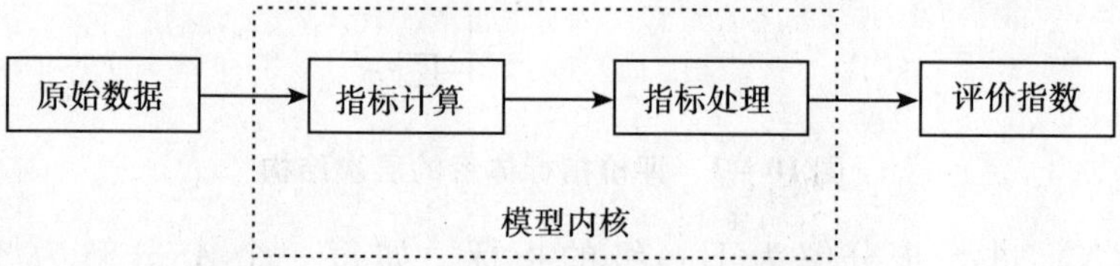

图 10－4　指标体系评价模型

评价模型的关键是模型的内核部分，即如何计算指标，然后再如何处理这些指标，使之能生成恰当的最终评价指数。模型的内核要解决如下几方面的问题：

（1）计算指标值

这是对输入的原始数据进行计算的过程。如原始数据是资产和负债，计算出的资产负债率（负债/资产）就是计算指标值。

（2）消除量纲的差异（无量纲化处理）

不同的指标往往有不同的计量单位（量纲）。因此对诸指数进行加权综合，就不是简单的加减关系，如 100 万元的销售额与 80% 的资产负债率如何汇总？这需要在模型的内核进行无量纲化处理。这是评价模型的内核需要解决的一个重点问题。

（3）评价指数的稳定性

评价模型最终生成的评价指数应具有稳定性。这种稳定性表现为，当评价因素的原始数据发生变化时，经过评价模型而得到的最终评价指数值不应因此有不合理的表现，如超出合理的范围。

（4）评价模型的灵敏性

一个成功的评价模型应具有适度的灵敏性，即主要表现为：一方面，不应当因输入变量的数值有微小的变化，而导致评价模型的输出结果有不合理的巨大变化；另一方面，也不应当因为输入变量的数值有较大的变化，而评价模型的输出结果却没有应有的反应。

（5）评价指标汇总

上述的指标计算仅解决单一指标的计算，而评价通常是多指标的。因此就有如何将各单一指标汇总的问题。这个汇总过程通常是对各指数的加权汇总的过程。具体的加权汇总的框架与结构，主要是由评价指标体系的设计以及赋予怎样的权重来决定的。评价模型的核心技术是指标的综合汇总。对此并没有统一的、标准的方法。目前主要采用的是加权平均的方法。即一般形式表现为：

$$\sum_{i_1}\sum_{i_2}\cdots\sum_{i_n} a_{i_1 i_2 \cdots i_n} A_{i_1 i_2 \cdots i_n}$$

这里 $a_{i_1 i_2 \cdots i_n}$ 为指标值 $A_{i_1 i_2 \cdots i_n}$ 的权重，且满足以下关系：

$$\sum_{i_1}\sum_{i_2}\cdots\sum_{i_n} a_{i_1 i_2 \cdots i_n} = 1$$

这里的一个关键点是如何确定权重。这在很大程度上取决于对不同因素重要性的认识。可以用两种方式确定权重，一种方式是通过实际数据经验分析，另一种方式是通过专家问卷调查的统计结果。目前对评价指标汇总还没有统一的规范的做法，后面举一个企业评价模型的实例，作为指标汇总的示例。

4. 评价模型的应用

评价模型建立后通常需要反复检验和修正。为此，可以设计不同情况下的各种模拟计算，以检验模型的有效性、合理性和可行性等。实际上在建立模型的过程中任何环节都需要及时检验与修正，而不是等模型建立完成后才进行。

这里涉及如何看待模型的评价结果的问题。评价模型计算出的定量结果，与所采用的评价计算方法有密切关系，采用的计算方法不同，分值的结果很有可能是不同的。因此，定量结果实际上并不具有绝对的客观性，而是在一定方法与规则下的相对性结果。特别是综合分值的计算结果，与不同因素所设定的权重有直接的关系。

这种量化结果与实际是否相符，必须要进行具体的分析。同时，即使有了定量的评价结果，也有必要进行定量与定性相结合的分析。为了尽可能做出正确的决策，可采用多种分析决策方法。主要有：

（1）按综合分数决策。即按综合评价分值的排序进行决策。需要提示的是，这种方式简单易行，但通常需要从其他的角度再做进一步的分析。

（2）按分类分数决策。在关注综合评价分值的基础上，考察按分类因素的各次级综合分值。这种按子类别的考察是极为必要的，往往可以获取具有更高参考价值的信息。特别是从特殊意义考虑时，这种考察分类分值的方式是更为重要的。

（3）设定底线（排除法）决策。在具体决策时，可按各重要因素分类计算评价结果，设定各类的最低分数线，将排在最低分数以外的评价对象排除。实际上，这是一种合适的评价思想，因为谁是最好可能不重要，重要的是通过评价能够识别出不合格者或劣势所在。

特别需要指出的是，评价模型的运用并不是要替代人工决策。评价模型本身并不是决策者，而仅仅是一种辅助决策的工具。评价模型的应用，实际上是为了提供决策支持。

总之，按建立评价理论、建立评价指标体系、建立评价模型的顺序进行评价，是一种基本的评价模式。下面通过具体的案例来说明建立评价理论、评价指标体系和评价模型的过程。

第四节 建立评价理论的案例：高新技术产业园区评价理论

本节的问题是：如何在理论上对一个高新技术产业园区的发展状况进行评价？

1. 基本思考

在当今时代，高新技术及其产业已成为拉动经济增长、促进经济与社会发展的重要动力。建设高新技术产业园区是发展高新技术及其产业，促进科技产业化，提高综合竞争力的一种有效方式，在中国当前的经济发展中越来越显示其重要作用。

高新技术产业园区出现在中国并获得蓬勃的发展并非偶然之事，而有其深刻的时代背景与现实意义。只有对这种时代背景与现实意义有深刻的认识，才能正确理解高新技术产业园区的战略意义及其功能作用，这也是构成正确评价高新技术产业园区的重要理论基础。

首先，从中国国情来看，设立高新技术产业园区是中国经济体制改革与科技体制改革，促进经济与科技紧密结合，促进科技产业化的一个具体的重要实现方式。在中国传统的计划经济模式下，经济与科技是彼此脱节的两个系统。一方面，科技部门只管科技领域本身，对花了大量人力物力所得到的科研成果能否产业化，能否实现市场价值，则不是科技部门所考虑的事。因此经常出现科研单位的大量科研成果由于远离市场需求而被企业敬而远之的局面。而另一方面，众多企业却常苦于无好的产品可生产，无好的项目可上，无人才可以利用。其结果，一方面是大量的技术力量和人才集中在国家"象牙塔"式的科研院所和大学内，科研人员遵循着以评职称、获奖为中心目的的科研道路；而另一方面，企业长期严重缺乏研究与开发人才，企业创新能力严重不足，多数企业只能从事技术含量低、附加值低的生产。这就是人们常说的经济与科技"两张皮"的局面。

由于科学技术作为第一生产力，在经济与社会发展中的重要作用越来越显著，如何促进中国科技产业化，就成为中国经济发展中的一个关键性因素。因此，国家创办高新技术产业园区的一个直接原因，就是要促进科技与经济的紧密结合，促进科技产业化。

其次，从国际竞争来看，高新技术产业园区是为了适应日趋激烈的世界竞争，以大力发展高技术及其产业而争夺竞争制高点的一种有效发展模式。当今世界，科学技术日新月异，以信息技术、生物技术为代表的高新技术及其产业迅猛发展，深刻影响着各国的政治、经济、军事、文化等各个方面。在日趋激烈的综合国力竞争中，一个国家能否在高新技术及其产业领域占据一席之地，已成为竞争的焦点。国际经验表明，创办高新技术产业园区是一个成功的经验。因此从竞争的意义上讲，创建高新技术产业园区的一个重要目的在于，发展高新技术及其产业，提高综合竞争能力。

因此，综合以上两个方面来看，创建高新技术产业园区，是为了适应中国经济发展的内部需要和适应国际竞争的外部环境，而实施的一项重要发展战略。国家创办并大力发展高新技术产业园区，有深远的战略意图。这种战略意图即成为评价高新技术产业园区发展的重要准则。

2. 高新技术产业园区的评价理论框架

根据上述分析，对高新技术产业园区的评价必须是综合的评价，而不能局限于单一或很窄的层面上。这种综合评价需要考虑高新技术产业园区的战略意义、经济意义和社会意义等多个方面。

(1) 高新技术产业园区的战略意义评价

在战略意义方面，对高新技术产业园区应从以下几方面进行评价：

第一，促进科技与经济的结合，促进科技产业化。这是创办高新技术产业园区的最直接的原因，也是高新技术产业园区要实现的一个主要目标。

第二，发展高新技术及其产业。这是高新技术产业园区发展的一项重要内容。也就是，高新技术产业园区在发展内容上，不应是一般性水平的科技成果转化，而是要注重发展高新技术，并使之产业化。

一般意义上的科技与经济的结合，其内容与方式是相对广泛的，其中发展高新技术及其产业是一个具有相对针对性的更具体的内容与方式。作为高新技术产业园区在促进科技与经济结合，以及促进科技产业化过程中的作用，并不是要担负一般性的促进与转化作用，而是要重点发展高新技术，并通过产业化的方式发展高新技术。这要求在发展内容上一定要高起点。

第三，建立创新基地与高新技术企业孵化器。这是发展高新技术产业园区的一种重要方式和途径。实际上也是对高新技术产业园区发展方式与途径的一种约定。也就是说，高新技术产业园区在促进科技与经济结合、促进高新技术开发及其产业化发展方面，并不是简单地将科技成果转化为产品或商品，而主要是要通过创新的方式与孵化的方式来实现。这种创新与孵化的效应通常具有很强的带动与辐射效应，是难以用经济价值来衡量的。因此，创新与孵化的发展模式，应是评价高新技术产业园区的重要准则。

第四，促进相关产业发展、改善产业结构。这应当是高新技术产业园区在促进科技与经济结合、促进高新技术开发及其产业化方面结果的一个重要体现。高新技术产业园区的发展应与外部经济的发展相协调。在此方面，高新技术产业园区应充分发挥技术、人才及信息等多方面的优势，对相关技术、相关产业的发展起积极的带动与引导作用，特别是要在国家目前正在大力实施的产业结构调整中充分发挥积极的作用。事实上，高新技术产业园区对相关经济的积极影响，往往比其自身的发展更具有意义，这正是建立高新技术产业园区一个重要战略目的所在。

第五，培养新型的企业家与科技人才。日趋激烈的竞争，最终是人才的竞争。在中国当前的国情下，特别需要科技与经济相结合的人才，需要有一大批既懂科学规律又懂现代管理的企业家，及既有很强科研能力也懂市场规律的新型科技人才。高新技术产业园区应培养新型的企业家与科技人才，使园区成为他们的“创业乐园”。高新技术产业园区对于培养适应时代发展需要的特殊人才是非常重要的。

第六，成为技术与经济信息集散地。在当今的信息社会里，信息的价值是难以估量的。高新技术产业园区不仅是物流经济体系，而且也是技术与经济的信息集散系统。国际、国内的各种交往，国际著名企业与机构在园区内设立分支机构，各类信息发布等，都会直接或间接地成为技术与经济信息交流的方式与渠道。在当今信息经济时代，信息的交流有时甚至比技术或产品更有价值，因为信息流动效应的影响往往不是对园区本身，而是对整个技术领域、整个产业都有重要作用。高新技术产业园区的信息集散地效应有时远大于其本身的经济价值。

（2）高新技术产业园区的经济意义评价

科技与经济相结合以及高新技术及其产业化，其最终目的都是为了促进经济发展。也就是说，发展高新技术产业园区的核心目的就是促进经济发展。因此，高新技术产业园区的经济价值是非常重要的评价方面。

首先，要处理好园区的战略功能与其经济价值效应的关系。一方面，园区自身经济的发展，是有效发挥其战略功能的重要基础。如果园区自身没有良好的经济效益，没有适度的发展规模，就没有长远发展的实力与潜力，也就谈不上发挥战略功能。只有在园区本身经济发展的基础上，其战略功能才能真正得到体现。因此，切不可脱离园区的经济发展而空谈战略功能的发挥。另一方面，园区战略功能的有效发挥，可以更有力地促进高新技术产业园区的发展，为园区提供长期发展的动力。因此，高新技术产业园区的经济发展与其战略功能的发挥是相辅相成的。

其次，要充分注意高新技术产业园区自身经济发展同外部经济发展的协调性。高新技术产业园区的经济价值主要通过两个方面来体现：一是高新技术产业园区本身直接产生的经济价值，具体表现为高新技术产业园区的主要经济指标；二是高新技术产业园区产生的带动效应，即带动相关产业或相关经济的积极发展。高新技术产业园区自身的发展固然是重要的，但从国家的战略意图来看，高新技术产业园区自身求发展并不是最终目的，而是为了发挥带动效应、辐射效应与示范效应等多方面的效应。也就是说，不应把高新技术产业园区当作是独立的经济利益集团，而应把高新技术产业园区的发展放在产业经济、区域经济乃至全国经济的大经济系统范围内加以考虑。

因此，如果不考虑或处理不好园区经济发展与其外部经济发展之间的关系，园区的发展就可能与外部经济发展不协调，甚至可能以牺牲总体利益为代价。比如，如果高新技术产业园区不努力发展外向型经济，不开拓新技术或新产品领域，而采取传统的技术与产品发展战略，实际上就失去了产业结构调整与改善经济结构战略意图的作用，甚至可能导致恶性竞争。因此，园区的主要发展模式，一是要参与国际竞争，占有越来越大的国际市场份额；二是要造新“蛋糕”，而不是同国人争夺现有的“蛋糕”。

具体来看，高新技术产业园区的经济发展评价应在以下几个方面考察：

第一，经济增长。经济增长主要是指一定地域内总产出的增长，一般用国内生产总值（GDP）来度量。经济增长是经济发展的重要基础，而高新技术产业又是推动经济增长的重要基础。高新技术产业园区经济发展的一个重要体现，就是园区总增加值等总量规模的经济指标的提高。

第二，经济效益。高新技术产业园区的经济效益，是评价高新技术产业园区经济发展状况的一个重要指标。主要经济效益指标包括增加值率、利润率以及投入产出率等。

第三，产业结构。产业结构是衡量高新技术产业园区经济发展状况的一个重要方面。产业结构可以按技术领域的产值结构的比例关系度量，也可以按主要产品产值的比例关系度量。园区的产业结构可以衡量园区的技术与产业的特点、发展水平、风险与稳定性等多方面情况。因此对产业结构的评价是非常重要的。

第四，高科技与高技术含量。经济总量规模的扩大与良好的经济效益，并不足以说明高新技术产业园区的经济发展状况就是好的。还要看发展的技术与产品的内容，这就是要求高新技术产业园区的发展要有较高的高科技与高技术含量。

第五，国际化程度。高新技术产业园区的战略意图决定了高新技术产业园区不应是封闭的内向型经济体，而应是一个面向全球的开放型经济系统。因此高新技术产业园区的国际化程度，是一个重要的衡量指标。如外资的规模、进出口规模以及进出口规模占增加值的比重等，都是衡量国际化程度的重要指标。

第六，发展潜力。对高新技术产业园区发展潜力的评价通常是困难的，但的确又是非常重要的。对发展潜力的评价往往涉及诸多方面，如园区硬件设备与设施环境、人力资源状况、R&D 投入水平以及融资能力和园区总体服务水平等。

第七，技术与经济的结合。对于一个园区而言，由于所处的经济发展阶段不一样，对高科技与高技术的水平要求也是不一样的。从技术与经济的结合来考虑，并非高科技与高技术含量越高就越好。关键是要使发展的内容与当地的经济发展水平相适应。高新技术产业园区的发展同样有不同的发展阶段的问题。

（3）高新技术产业园区的社会意义评价

由于高新技术产业园区在发展高新技术及其产业，促进科技与经济的结合，促进科技产业化等方面具有重要作用，因此高新技术产业园区同样有直接或间接的社会意义、国防意义和政治意义等。比如在就业方面，从局部范围来看由于高新技术对人才的需求主要是高素质人才，高新技术企业往往是高智力密集型企业，因此从局部看高新技术企业的发展导致就业机会减少。但从大范围来看，高新技术产业园区的发展具有三个方面的效应，其结果通常有利于就业：

第一，高新技术产业园区的发展改变传统的人才需求结构，增加高素质人才的需求，从而有利于人力资源素质的提高。

第二，高新技术产业园区的发展引发规模扩展，可直接导致对人力资源需求的增加，从而增加就业机会。

第三，高新技术产业园区发展的连带效应是巨大的，可带动信息、交通运输、房地产、饮食及娱乐等多种产业的发展，从而扩大就业规模。

以上对高新技术产业园区评价理论的分析，可以为建立高新技术产业园区发展的综合评价指标体系提供理论基础。归纳起来，实际上可以构建如表 10－1 所示的，高新技术产业园区发展综合评价指标体系框架。具体的指标则需要在此框架内进行进一步设计。如对科技与经济结合及科技产业化的评价指标，可设计为：（1）科研机构、高等院校所属企业及科技研发型企业总数占园区总企业数的比重；（2）科研机构、高等院校所属企业及科技研发型企业总产值占园区总产值的比重。

表 10－1　　高新技术产业园区发展综合评价指标体系

一、战略意义评价
1. 科技与经济结合及科技产业化
2. 高新技术及其产业
3. 创新基地与企业孵化
4. 产业发展与经济结构
5. 人才培养与开发
6. 信息交流

续表

二、经济意义评价
7. 经济规模
8. 经济效益
9. 产业与经济结构
10. 国际化程度
11. 发展潜力
12. 发展模式
三、社会意义评价
13. 就业
14. 税费总额

在评价指标体系的设计过程中，需要考虑指标数据的可获得性与可计量性。如果无法取得数据或无法计量，那么最终还是无法实施评价。这里特别需要注意的是，虽然有一些评价指标在目前的统计制度下没有统计数据，有些甚至根本无法定量化，但由于它们具有重要的评价意义，或者是为了保持评价体系在理论上的完整性，建议将这些评价指标仍保留在评价指标体系中。至少每一个指标表示了需要考虑的一个方面。

构成评价指标体系的具体指标（即分解到最底层的指标）实际上仅反映一个方面中的一个侧面，而不能反映该方面的全部。因此需要特别提示的是，认真理解评价指标体系设计的总体理论框架，比简单地看单一指标更具有重要的意义。评价指标体系所指示的各个方面，反映评价所要考虑的重要准则。同时，每个指标并非仅具有一个方面的内涵，而是可以体现多方面的内涵。比如税费指标可以体现园区的经济效益，同时还可以体现园区对国家的贡献。

指标值对应的实际情况是好还是不好，具有一定的相对性。从不同的角度来看，评价的结果可能不同。比如在产业结构中，某一产业的比重很高，比如在70%以上，这一方面反映园区具有鲜明的产业特色，在该产业方面具有突出的竞争优势；但另一方面则表明产业较为单一，而单一的产业结构，通常意味着存在较强的风险和缺乏发展的稳定性，从长期发展来看是不利的。总之，对评价理论与评价指标体系需要正确理解。

第五节　建立评价指标体系的案例：一个企业的评价指标体系

本节的问题是：如何建立一个企业的评价指标体系？

企业评价具有重要意义。首先，企业评价是企业进行科学决策的重要环节。企业在生产与经营过程中，需要及时了解自身运行状况，及时发现问题，从而适时调整战略。其次，企业评价对政府进行相关决策有重要的支持作用。企业是宏观经济的基础，因此企业评价提供最基本和最直接的信息，对政府制定相关经济政策提供重要依据。再次，企业评价具有重要的市场导向与投资指南作用。企业评价的有关信息是重要的市场信息，具有很高的商业价值，因此企业评价已成为咨询业的重要内容。

企业评价有从各种不同立场出发的评价。如有基于企业立场的评价、基于政府立场的评价和基于社会立场的评价等。评价立场的不同，直接影响到评价准则的确定，同时也直接影响评价因素权重的确定。比如，对于从企业立场出发的评价，利润最大化通常是企业选择的评价准则，而环境污染则可能不是所考虑的重要因素。对于从政府立场出发的评价，企业的高新技术性或纳税能力可能是重要评价指标，但企业对高新技术的追求可能使低教育水平的公众增加就业困难。因此，企业利润，技术发展，环境保护，就业问题，从不同的利益角度出发，会给予不同的权重。下面以基于企业立场的评价为例，来研究建立企业评价的理论与指标体系的过程。

对企业进行有针对性的分析，是建立企业评价理论与指标体系的第一步。一般而言，对企业的分析可从企业的外部环境和内部因素两方面进行。企业外部环境涉及经济、技术、社会、法律和政治等多方面的分析。企业内部因素的分析涉及企业财务状况、产品生产及竞争能力、设备状况、市场营销、研究与开发、人员的数量和素质及组织结构等。结合评价的目的与重点进行有针对性分析。本节仅提供评价的一般性框架。

将外部环境和内部因素综合在一起进行分析，就是著名的SWOT分析矩阵的基本思想。SWOT分析矩阵是进行企业外部环境分析和内部条件分析的一种分析工具。利用这种分析工具，有助于企业找出外部环境和内部条件的最佳战略组合。其中字母S（Strengths）为企业的长处或优势；W（Weaknesses）为企业的弱点或劣势；O（Opportunities）为外部环境中存在的机会；T（Threats）为外部环境中存在的威胁。进行企业分析是一门系统性很强的学科，这里不可能展开论述。

第一，企业的现实经营状况应是需考察的一个重要方面，此即业绩评价。一个企业状况的好坏，其现实的经营业绩是重要的方面。利润水平、销售收入及劳动生产率等应是重要的评价指标。

第二，企业的发展潜力是应考虑的又一个重要方面。有些企业的现实业绩可能不是很理想的，但从长远看却具有潜力。企业的实力、所属行业发展趋势以及市场需求等应是需考虑的重要评价因素。

第三，要考虑企业的潜力转变为现实能力的可能性，并考虑企业的经营风险。企业的经营风险来自技术、投资、销售、财务及需求变化等许多方面。

第四，要考虑企业的行为经营，即对信誉与信用的评价。一个业绩良好的企业，可能有不当的甚至违法的经营手段与方式，如违约、拖欠、偷税漏税甚至走私等。企业的经营行为应是企业评价的重要指标之一。上面所述的企业评价思想，可通过图 10－5 表示。

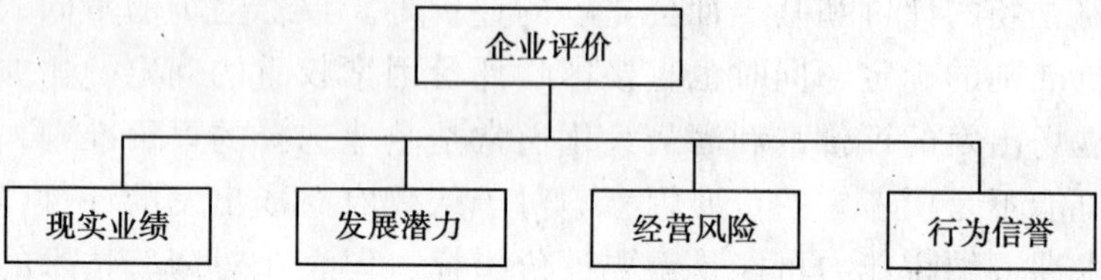

图 10－5　企业评价方面体系

上述每一个方面都需要进一步分解为下一级指标。本节提供的一种分解指标体系如下：

（1）现实业绩

关于现实业绩的具体评价指标，请见表 10－2 所示。

表 10－2　企业现实业绩评价指标体系

评价方面		指标名称
规模		
	生产	1. 总产值
	市场	2. 销售收入
	资产	3. 资产总额
效益		
	创造价值	4. 增加值
	企业收益	5. 净利润
效率		
	收益效率	6. 利润率
	附加值效率	7. 增加值率
	劳动效率	8. 劳动生产率
	资本效率	9. 资本产出率

续表

评价方面		指标名称
资　源		
	财力	10. 净资产
	人力	
		11. 专业人员数
		12. 在职人数
	无形资产	
		13. 企业知名度
		14. 产品品牌
		15. 相关认证（ISO 9000 系列、CMM 等相关国际、行业、技术等方面的认证）
财　务		
	支付与偿债能力	16. 流动比率
	立即支付能力	17. 速动比率
	资金结构与安全	18. 负债比率
	资金的流动性	19. 应收账款周转率
	库存利用与周转	20. 存货周转率
	经营活动收益性	21. 销售营业利润率
	投入总资金收益	22. 总资产收益率
	净资产收益	23. 净资产收益率

（2）发展潜力

关于企业发展潜力评价指标体系请见表 10－3 所示。

表 10－3　　企业发展潜力评价指标体系

评价方面		指标名称
企业		
	竞争地位	24. 企业销售收入占行业（或同类企业）销售收入比重
	成长性	25. 销售收入增长率之增长率
	创新性	
		26. R&D 投入总额
		27. R&D 投入总额占销售收入比重
		28. 新产品产值比重

续表

评价方面		指标名称
行　业		
	竞争地位	
		29. 行业收入占 GDP（相关行业）比重
		30. 行业平均利润率水平
	成长性	
		31. 行业收入增长率
		32. 行业平均利润率增长率
		33. 技术发展前景

（3）经营分析

关于企业经营风险评价指标体系请见表 10－4 所示。

表 10－4　　企业经营风险评价指标体系

评价方面	指标名称
技术风险	
	34. 更新频率
	35. 替代技术可能性
产品风险	
	36. 产品更新频率
	37. 替代产品可能性
人力风险	
	38. 领导信誉
	39. 员工技能
投资风险	40. 投资额占净资产比重
销售风险	
	41. 销售地域风险性
	42. 销售地域广泛性
需求风险	
	43. 产品用户广泛度
	44. 用户购买力水平
	45. 产品使用价值评判
财务风险	46. 基于前面现实业绩中的财务评价结果

（4）行为信誉

关于企业行为信誉评价指标体系请见表 10－5 所示。

表 10－5　企业行为信誉评价指标体系

评价方面	指标名称
行为	47. 经营不良行为记录
信用	48. 银行信用等级
客户反馈	49. 投诉率

第六节　建立评价模型的案例：一个企业信用评价模型实例

企业的信用评价是目前咨询业的一项重要业务内容。信用这一概念有狭义和广义之分。狭义的信用源于赊账交易行为，是指交易中不用立即付款就可以获取资金、物资和服务的能力，是建立在信任基础上的一种能力。对这种狭义信用的理解主要有两个要点：一是限于明确的交易行为活动中；二是针对付款方式、付款能力与可靠性。广义的信用则是在包括狭义信用概念的基础上，扩展为超出单纯交易活动之外的多领域、多方面的可信程度。从具体内容看，不再限于支付方面，而是包括非付款方面的行为，如履行合约的情况，遵守行为规范的情况，遵纪守法的情况以及在各类交往中的诚信程度等。信用在市场经济中起着非常重要的作用，它是现代市场经济得以正常运行的基础，甚至有经济学家称成熟的市场经济为“契约经济”和“信用经济”。

表 10－6 是一个企业信用评价指标体系。本节通过该评价指标体系建立一个企业评价模型，以通过实例展现如何通过指标体系建立评价模型。

表 10－6　一个企业信用评价指标体系

指标序号	指标名称
1	资信评级
2	以往付款记录
3	流动比率
4	速动比率
5	现金比率
6	营运资金
7	负债比率

续表

指标序号	指标名称
8	资产总额
9	销售规模
10	应收账款周转率
11	库存周转率

1. 指标体系的说明

（1）资信评级。该指标是指所要评价的企业在有关金融机构中的资信评价等级情况。例如，中国在1990年以后由商业银行系统的资信评级机构开始对企业进行“信誉评级”，其中企业信贷状况是主要依据之一。所谓企业信誉评级是对企业在一般商业交往、投资合作以及信贷活动中的资信度的综合评价。就中国各资信评估机构的评审内容和指标测算上看，主要强调被评企业的资金信用、企业素质、经营管理、经济效益和发展前景。评定的等级分为三等：满分为100分，70分以上为一等；40—70分之间为二等；0—40分之间为三等。在每等内又分三级，共计三等九级。因此该指标值主要是从有关的金融评价机构得到。

（2）以往付款记录。即在金融机构对企业有关以往的支付款项的记录情况，如是否及时，是否有拖欠等情况的发生等。对该指标值的获取同样需要从有关的金融评价机构得到。

（3）流动比率。流动比率表明流动资产可以清偿流动债务的倍数。其计算公式如下：

流动比率 = 流动资产/流动负债

其中，流动比率一般认为2∶1是理想的最低比率。当然也有例外。

（4）速动比率。速动比率反映短时间内，如在几天内清偿其流动债务的能力。其计算公式如下：

速动比率 = 速动资产/流动负债

式中，速动资产 = 现金 + 有价证券（存款 + 短期对外投资） + 应收款项。

速动比率告诉企业能否在最糟糕的情况下支付其所有流动债务。一般认为速动比率要大于或等于1。

（5）现金比率。现金比率包括的资产比速动比率还要少，只包括现金和有价证券，而不含应收账款，表明企业现付能力。其计算公式如下：

现金比率 =（现金 + 有价证券）/流动债务

式中，一般不存在适合所有行业中所有企业的“标准”现金比率，应根据具体目标而定。

（6）营运资金。营运资金是指企业生产和销售产品为获取利润而投入资本的平均占用。其计算公式如下：

营运资金（经营资金）= 总资产 -（长短期对外投资 + 在建工程支出）

（7）负债比率。负债比率是企业资产负债率的另一种表现形式，具体反映企业生产经营资金的来源及资金结构的安全状况。其计算公式如下：

负债比率 = 负债/所有者权益

负债比率的理想状况应在100%以下。

（8）资产总额。即企业的资产总额。

（9）销售规模。即企业的销售收入。

（10）应收账款周转率。应收账款周转率也称应收债权周转率，其应收债权不仅包括应收账款，还应包括应收票据和其他应收款。其计算公式如下：

应收账款周转率 = 净销售额/应收账款余额（平）（次/年）

应收账款周转率反映应收债权的周转速度及企业资金的流动性、支付与偿债能力的大小。

（11）库存（存货）周转率。库存周转率反映库存资产的利用程度和周转速度。其计算公式如下：

库存（存货）周转率 = 销售额/库存（平）（次/年）

2. 指标值

用于上述指标计算的原始数据如下：

表 10－7　　企业原始资料与数据

指标	原始数据	数据单位
资信评级	70	分
以往付款记录	60	分
流动资产	25920714.74	元
流动负债	94487971.41	元
速动资产	16606099.4	元

续表

指标	原始数据	数据单位
现金	28695.47	元
负债	150024121.41	元
所有者权益	99541818.36	元
资产总额	249565939.77	元
销售规模	96355404.54	元
应收款项（平）	6272013.13	元
库存（平）	10006771.24	元

表 10－7 中的资信评级和以往付款记录两个指标，是来自有关银行部门。银行评价的直接结果可能是按某种级别制，如 5A 制。这时应根据其合格的标准等级折算为适当的分值，以便能够和其他指标值进行计算。表 10－7 中的其他数据来自某个真实的企业。

3. 指标值计算及评价模型

根据前面提供的有关指标的计算公式，可以利用表 10－7 的数据得到表 10－6 中各指标的计算结果。具体计算结果如表 10－8 所示。

表 10－8　　指标值计算结果

指标名称	指标值
资信评级	70
以往付款记录	60
流动比率	0.274328196
速动比率	0.17574829
现金比率	0.000303694
营运资金	222106356.8
负债比率	1.507146683
资产总额	249565939.77
销售规模	96355404.54
应收账款周转率	15.36275555
库存周转率	9.629020413

需要将表 10－8 中的指标值转换为相应的指数。这个转换过程需要有评价标准与相应的权重，如表 10－9 所示。

表 10－9　　评价标准与权重

指标名称	指标标准	满分设定（权重）
资信评级	60	10
以往付款记录	60	10
流动比率	2	5
速动比率	1	5
现金比率	0.2	5
营运资金	1000000	5
负债比率	1	10
资产总额	5000000	5
销售规模	1200000000	5
应收账款周转率	10	4
库存周转率	5	4

在实际中，上述指标标准和权重的确定，需要经过多方面讨论，包括征求专家的意见以及反复的验算和修正后最终决定。指标标准和权重一旦决定，就不能随意改动。可以针对不同行业或不同类别的企业制定不同的指标标准和权重。而对相同行业或相同类别的企业则必须要取相同的指标标准和权重。

这里将指标值转变为分值的公式为：

$$Y = A \times (1 - 0.4 \times B/X) \qquad (10-1)$$

式中 X 为实际指标值，即所要转变为分值的指标值；A 为该指标所占的权重；B 为该指标的评价标准；0.4 为转换系数，其含义为 A（1－0.4）为合格时的基准分值。如，当 X 等于 B 时表明该指标是合格的，如果取 A 为 10 分（即该项的最高分为 10 分），则 $Y = 10 \times (1 - 0.4) = 6$ 分，就为及格分。

将表 10－8、表 10－9 和公式（10－1）结合在一起，得到如下的转换结果：

表 10－10 实际分值

指标名称	实际分值
资信评级	6.57
以往付款记录	6.00
流动比率	－9.58
速动比率	－6.38
现金比率	－1312.11
营运资金	4.99
负债比率	－2.06
资产总额	4.96
销售规模	－19.91
应收账款周转率	2.96
库存周转率	3.17

从表 10－10 的结果可以看到，按公式（10－1）的转换分值有的为负，其中现金比率的值为－1312.11。这时，如果直接利用这些分值加总，其他值就会完全被现金比率的－1312.11 抵消掉。因此，还需要进行分值的标准化处理。具体做法如下：由于这种评价给分的最低分应为零，因此首先将小于零的指标值重新赋值为零。这样处理后得到表 10－11。

值得注意的是，表 10－10 中的负债比率是越小越好，而其他的基本上是以大为好，此时计分公式为：

$$Y = A \times (1 - 0.4 \times X/B) \qquad (10-2)$$

表 10－11 有效分值

指标名称	有效分值
资信评级	6.57
以往付款记录	6.00
流动比率	0.00
速动比率	0.00
现金比率	0.00
营运资金	4.99
负债比率	0.00
资产总额	4.96

续表

指标名称	有效分值
销售规模	0.00
应收账款周转率	2.96
库存周转率	3.17
合计	28.65

表 10－11 的合计分值为 28.65 分，由表 10－9 设定的满分为 68 分，为了与人们的习惯相衔接，故转变为百分制。转变为百分制的处理是很容易的，可按如下公式计算：

$$I = 100 \times N/M$$

式中 N 为实际的合计分值，即表 10－11 中的 28.65，M 为表 10－9 设定的各项权重分值之和，I 为百分制下的分值。在此例中，换算为百分制下的该企业评价结果为

$$I = 100 \times 28.65/68 = 42.13$$

即该企业评价的最终得分为 42.13。

事实上，也可将表 10－11 中各指标实际分值分别转化为百分制下的分值，然后再加总而得到，如表 10－12 所示。

表 10－12　百分制下的分值

指标名称	百分制分值
资信评级	9.66
以往付款记录	8.82
流动比率	0.00
速动比率	0.00
现金比率	0.00
营运资金	7.34
负债比率	0.00
资产总额	7.29
销售规模	0.00
应收账款周转率	4.35
库存周转率	4.66
合计	42.13

最后结果可采用A、B制的表现形式。举例如下：

(1) 分值在［90，100］为AAAAA或5A；

(2) 分值在［80，90）为AAAA或4A；

(3) 分值在［70，80）为AAA或3A；

(4) 分值在［60，70）为AA或2A；

(5) 分值在［50，60）为A；

(6) 分值在［0，50）为B。

(以上以百分制为准)

按上述标准，该企业的评级结果应为B。而上述级制仅是示意而已，实际中最终采取怎样的级制还要根据具体情况而定。

关于评价指标标准的确定，可以有几种做法参考。一是根据通行的标准，如实例一和实例二所示意的。但如果过于强调通行的标准，如国际标准，则可能出现中国企业无一合格的情况。在中国现有体制下，不合国际通行标准的企业，可能是一个好企业，或者至少企业在经营上没有太大的风险。因此，需要采用另一种方法，即依据当地经济的实际，根据众多企业的平均水平来制定标准。第三种方式是，先通过经验确定一些“样板”企业，通过对“样板”企业的分析得到平均水平，将平均水平作为标准。必要时可将这三种方法结合使用。

最后，评价模型要通过实际的检验，即评价结果要与实际的企业进行主观经验上的对比，即看实际评价结果是否与主观意见相吻合。如果二者相差较大，就要对模型进行认真的检查，看是否是评价方面的问题，还是主观判断上的问题。评价的参数与模型等都需要进行反复修正。

本章小结

1. 建立评价模型进行评价，目前已成为评价领域中的一种主流趋势。评价并不存在固定的评价模式，评价对象不同、评价目的不同、评价条件不同等因素，使评价所依据的理论、方法与模型等也不相同。

2. 由于国情不同，因此不能照搬国外现成的评价模型，来处理中国国情下的评价问题。需要结合本国实际，研制适合本国国情的评价模型。

3. 评价模型的机理与经济模型的机理是一致的，即两者都是输入基础信息到模型中，由模型得到输出结果。因此，与经济评价有关的评价模型属经济模型的一个子类。

4. 在确定评价问题基础上，按建立评价理论⇒建立评价指标体系⇒建立评价模型的程序进行评价，是一种建立评价模型的基本模式。

5. 建立评价理论是评价过程中的一个重要和实质性的环节，是研究实际问题的环节。需要强调的是，建立评价理论，是对实际评价问题建立具有针对性的评价理论。

6. 要按评价理论来实现具体的评价，一个重要的环节是按评价理论的指导建立评价指标体系。或者说，评价指标体系是对评价理论的具体展现。

7. 评价模型主要由原始数据、指标计算、指标值处理、生成评价指数等部分构成。需要明确的是，评价模型的作用并不是替代人工决策。模型本身不是决策者，而仅仅是一种辅助决策的工具。评价模型的应用，实际上是为了提供一种决策支持。

思考题

一、名词解释

(1) 评价模型　(2) 无量纲化处理

(3) 经济意义评价　(4) 社会意义评价

(5) 战略意义评价　(6) SWOT 分析法

(7) 流动比率　(8) 速动比率

二、简答题

(1) 简述利用评价模型进行评价的优点。

(2) 简述评价模型的机理与主要环节。

(3) 简述建立评价理论的基本内容。

(4) 简述评价理论与评价指标体系之间的关系。

(5) 简述评价模型的内核所要解决的问题。

(6) 简述由评价结果进行分析决策的方法。

三、论述题

(1) 论述建立评价模型的基本模式。

(2) 论述企业评价指标体系应包含的主要内容。

(3) 试建立高新技术产业的评价指标体系。

阅读参考文献

李军：《中国高新技术产业园区评价理论与指标体系》，载《数量经济技术经济研究》2003 年第 7 期。

秦寿康等:《综合评价原理与应用》，电子工业出版社 2003 年版。

喻敬明、林钧跃、孙杰编著:《国家信用管理体系》，社会科学文献出版社 2000 年版。

吴晶妹:《资信评估》(修订本)，中国审计出版社 2001 年版。

[美] 迈克尔·R. 泰兰 (Michael R. Tyran):《财务比率分析》，中国对外翻译出版公司 1998 年版。

叶茂林:《科技评价理论与方法》，社会科学文献出版社 2007 年版。

郭亚军:《综合评价理论、方法及应用》，科学出版社 2007 年版。

席酉民主编:《企业集团竞争力与业绩综合评价》，机械工业出版社 2004 年版。

梁雪春等:《企业资信等级的定性定量评估模型研究》，载《东南大学学报 (哲学社会科学版)》2006 年第 8 期。

曹庆奎、刘开第、李继勇:《工业企业活力综合评价模型研究》，载《系统工程理论与实践》2004 年第 8 期。

陈伟:《标准－普尔政府信用等级评价体系: 分析与启示》，载《国际经贸探索》2002 年第 6 期。

Mark R. Linne, M. Steven Kane, George Dell, *A Guide to Appraisal Valuation Modeling*, Appraisal Institute, 2000.

Daniel L. Stufflebeam, Anthony J. Shinkfield, *Evaluation Theory, Models, and Applications*, Jossey-Bass, 2007.

主要参考文献

［美］弗雷德里克、马克著：《数据、模型与决策》，任建标译，中国财政经济出版社2004年版。

［美］古扎拉蒂：《计量经济学》上、下，中国人民大学出版社2000年版。

［美］蒋中一：《数理经济学的基本方法》，商务印书馆2004年版。

［美］劳伦斯·克莱因：《经济计量学讲义》，航空工业出版社1990年版。

［美］迈克尔·R. 泰兰（Michael R. Tyran）：《财务比率分析》，中国对外翻译出版公司1998年版。

［美］因特里格特、博德金、萧政著：《经济计量模型、技术与应用》，李双杰、张涛主译，中国社会科学出版社2004年版。

［英］R. G. D. 艾伦：《数理经济学》，商务印书馆2005年版。

［澳］J. 卡迈克尔、W. 蒂斯著：《澳大利亚储备银行编制经济计量模型的点滴回顾》，载乌家培、张守一主编：《经济模型在国民经济管理中的应用》，经济科学出版社1987年版。

董麓：《数据分析方法》，东北财经大学出版社2001年版。

郭亚军：《综合评价理论、方法及应用》，科学出版社2007年版。

［英］G. 斯图威尔：《国民账户分析（1986）》，中国统计出版社1990年版。

何新华等：《中国宏观经济季度模型》，社会科学文献出版社2005年版。

黄海波：《经济计量学精要习题集》，机械工业出版社2003年版。

黄益平、宋立刚：《应用数量经济学》，上海人民出版社2001年版。

教材编写组：《运筹学》（第三版），清华大学出版社2005年版。

金人庆：《中国财政政策：理论与实践》，中国财政经济出版社2005年版。

Russell Davidson, James G MacKinnon, *Econometric theory and methods*, Oxford University Press, 2004.

Thomas Sowell, *Basic Economics: A Common Sense Guide to the Economy*, Perseus Books Group; 3 edition, 2007.

W. E. Diewert (Editor), A. O. Nakamura (Editor), *Essays in Index Number Theory (Contributions to Economic Analysis)*, North Holland, 1993.

Walter Rudin, *Principles of Mathematical Analysis*, McGraw-Hill Science/Engineering/Math; 3rd edition, 1976.

William E. Griffiths, R. Carter Hill, George G. Judge, *Learning and Practicing Econometrics*, Wiley, 1993.

William H. Greene, *Econometric Analysis* (6th Edition), Prentice Hall, 2007.